백두혈통의 미래

북한 3대 세습정권의 작동원리

백두혈통의 미래

펴낸날   초판 1쇄 2015년 11월 20일

지은이   이영권
펴낸이   서용순
펴낸곳   이지출판

출판등록   1997년 9월 10일 제300-2005-156호
주 소   03131 서울시 종로구 율곡로6길 36 월드오피스텔 903호
대표전화   02-743-7661 팩스 02-743-7621
이메일   easy7661@naver.com
디자인   김민정
인 쇄   (주)꽃피는청춘

값 18,000원

ISBN 979-11-5555-035-9 93340

※ 잘못 만들어진 책은 바꿔 드립니다.

이 도서의 국립중앙도서관 출판예정도서목록(CIP)은 서지정보유통지원시스템 홈페이지(http://seoji.nl.go.kr)와
국가자료공동목록시스템(http://www.nl.go.kr/kolisnet)에서 이용하실 수 있습니다.(CIP제어번호: CIP2015030513)

북한 3대 세습정권의 작동원리

백두혈통의 미래

이영권 북한학박사

이지출판

북한 3대 세습정권의 안정성을 진단하다

북한 김정은 정권이 출범한 지도 4년을 넘어 곧 5년차에 접어들게 된다. 북한 당국은 44년 만에 갑자기 당 대표자회의를 소집(2010. 9. 28)하여 김정일 국방위원장의 아들 김정은에게 대장 칭호와 함께 당 중앙군사위원회 부위원장으로 추대함으로써 후계자가 결정되었다.

북한에서 당 중앙위원회가 "당 대회와 당 대회 사이에 당의 사업을 조직지도"하는 당의 핵심조직이라 한다면, 당 중앙군사위원회는 "당 대회와 당 대회 사이에 군사분야에서 나서는 모든 사업을 당적으로 조직지도"하는 또 다른 핵심조직이다.

김정은을 당 중앙군사위원회 부위원장으로 추대한 것은 당적으로 조직지도하여 군대를 우선적으로 장악할 수 있도록 한 김정일 국방위원장의 세심한 배려라 할 수 있을 것이다. 그러나 김정일은 김정은에게 여타 중앙당 조직의 핵심 보직은 부여하지 않았다. 정치국 상무위원, 정치국 위원 또는 후보위원 그리고 비서국 핵심

보직인 조직지도부 또는 선전선동부의 그 어느 자리에도 앉히지 않았다. 그의 생존 시 권력이 지나치게 김정은에게 집중되지 않도록 하는 김정일의 의도였을 것이다. 선군정치식 통치론에 근거해서 김정일은 군대만 장악하면 당을 비롯한 여타 부문의 권력 장악은 자동적으로 이루어질 수 있을 것이라는 믿음도 가졌음 직하다.

그러나 김정은이 후계자로 공식 등장한 이후 1년도 채 못 되어 아버지 김정일 국방위원장이 사망했다. 어느 정도 예견된 것이기는 하지만 김정일 위원장의 사망은 세계적으로 큰 뉴스거리가 될 정도로 우리를 놀라게 하였다. 그것은 핵·미사일 문제, 인권 문제 등으로 지탄의 대상이 되어 온 김정일 위원장의 유일독재권력이 세계의 관심을 자극해 왔기 때문일 것이다.

대내외적 관심은 자연히 김정은의 후계권력이 안착될 것인가 아니면 쉽게 붕괴될 것인가에 집중되었다. 아직까지 김정은 후계권력은 여러 가지 측면에서 취약성을 많이 지니고 있기 때문에 쉽게 붕괴될 가능성이 크다는 판단이 확산되고 있는 것도 사실이다. 겉으로 보기에는 현재의 김정은 정권은 체제 공고화를 다져가는 데 박차를 가하고 있는 것처럼 받아들여진다.

여기에서 김일성·김정일·김정은으로 이어지는 3대 세습정권의 안정성 문제를 종합적으로 분석한 이영권 박사의 『백두혈통의 미래』라는 본 저서의 가치가 발견된다. 이제까지 김정은 정권에 대한 여러 분석 논문 또는 글들이 있기는 하지만 이영권 박사의 저서와 같이 이론적 차원의 종합적인 것은 다소 드물다고 할 수 있을 것이다. 제목이 시사하는 바대로 이영권 박사의 『백두혈통의 미래』라는 저서가 김정은 정권의 세습적 특성을 찾는 데서 출발한 것은 의미가 있다.

세습정권은 세습지도자가 다소 지도력이 부족하더라도 상대적으로 쉽게 정권을 유지할 수 있는 이점을 가지고 있다는 가설에서 출발하는 것은 비교적 경험적 타당성을 지닌 것으로 판단된다.

마키아벨리도 『군주론』에서 "세습군주국은 오랫동안 관습을 깨뜨리지 않는 것만으로도 충분히 유지될 수 있으므로 예상치 못한 사태에 대해서만 적절히 대처해도 되기 때문"이라고 하면서 "군주가 평범한 능력만 갖추고 있어도 (…) 자신의 국가를 계속 유지할 수 있을 것"이라고 한 주장이 김정은 세습정권의 안정성에 대한 논리적 뒷받침이 될 수 있다.

김정은 정권이 첫째, 혁명을 계승해서 계속되도록 해야 하며, 둘째, 수령의 후계자가 대를 이어 계속하여 혁명을 수행해야 하며, 셋째, 후계자는 수령의 혈통, 즉 '백두혈통'을 이어받은 자라야 한다는 선전선동을 계속 강화하고 있는 것도 결코 우연이 아니다.

또한 김일성·김정일·김정은으로 이어지는 수십 년에 불과한 기간에 존재해 온 북한의 세습정권이 직면한 현실적으로 도전적인 측면이 있는 것도 사실이기 때문에 김정은 정권의 미래에 대한 좀 더 종합적인 분석을 시도한 것 역시 이 저서의 장점이다.

본 저서는 통치자 개인(김정은)의 통제력, 국가의 기능, 정권의 정통성을 주요 지표로 해서 각 지표에 해당하는 다양한 요소들을 분석한 것은 상당히 체계성을 갖춘 학문적 노력으로 높이 평가할 만하다.

마지막으로, 이영권 박사의 본 저서는 이론적 분석작업의 결과임에도 불구하고 누구나 쉽게, 그리고 평이하게 읽을 수 있도록 꾸며졌다는 점은 크나큰 장점이 아닐 수 없다. 따라서 일반 독자들이 북한 문제에 접근할 수 있도록 한 매력적인 책이며 '하룻밤에 읽을 수 있는 북한'이라는 부제를 달고 싶은 단순 명료하면서도 매우 가치 있는 저서로 추천하고 싶다.

정 영 태
정치학박사, 통일연구원 선임연구위원

★ 차례

추천의 글   북한 3대 세습정권의 안정성을 진단하다   4
프롤로그   김정은 권력의 퍼즐 풀어내기   11

제1장   김정일, 세습권력의 청사진을 그리다

백두혈통 만들기   18
피의 숙청과 우상화로 후계 지위 굳히기   24
김정일 고유정책으로 권력의 공고화를 기하다   28
김정일, '선군권력체계'를 구축하다   56

제2장   김정은, 선군권력을 세습하다

김정은, '선군권력체계'를 이어받다   60
속전속결의 권력승계 과정을 밟다   64
김정은, 빠르게 권력을 장악해 나가다   70
핵·미사일 개발 강행으로 선군정치식 리더십 굳히기   73
공염불 된 '경제난 해결' 공약   77
휴대전화 통한 외부정보 유입 봇물   82
권력 전면에서 사라진 운구차 7인방   85
긴장 고조 노린 의도적 대남도발   89

제3장 김정은 체제 안정성 진단

김정은 정권의 명운 달린 통제 노하우 92
통제 불발시 민중봉기나 쿠데타로 체제 붕괴 99
반당·반혁명 여부는 김정은만이 판단한다 102
보위조직을 발판 삼아 권력의 틀을 다지다 109
체제 통제를 위해 인민군대를 앞세우다 112
선군정치식 권력세습 과정을 걸어가다 116
젊고 건강한 김정은 개인 리더십 과시 121
체제 장악 위해 현지지도 활동에 안간힘 123
노동당 정상화로 권력안정화 129

제4장 김정은 체제, 북한에서는 지금

세 사람만 모여도 입을 다문다 138
탈북자 막으려 철조망에 전문 체포조까지 142
고위급 체제 이탈에 전전긍긍 147
추락하는 파워엘리트들의 정권 지지도 154
파벌형성에 권력다툼까지 156
인민 생활 못 챙기는 김정은 체제의 내각 163
위기의 경제… 대책이 없다 167
배급제의 붕괴로 흉흉한 민심 172

제5장 백두혈통을 사수하라

'김일성 민족'을 강조하는 배경 178
제국주의 위협 과장 통해 체제 결속 184
김정일의 선군정치 노선을 답습하다 188
절정 치닫는 김정은 개인숭배 193
인터넷 없는 지구상의 유일한 체제 197
한류가 북한을 흔들고 있다 202

제6장 김정은, 평양권력 제대로 장악했나

활발한 공개활동으로 지도력 과시 204
노동당의 통제력을 적극 활용하는 김정은 212
공안기구 장악으로 통제력 강화 215
파워엘리트의 균열 가능성 미미 216
무너진 배급망에 흔들리는 민심 217
시장이 인민을 먹여살린다 219
심화되는 빈부격차 223
걷잡을 수 없는 개혁개방 바람 225
뇌물이 시장을 움직인다 228
범죄율 증가에 바짝 죄어진 단속고삐 233
시들해진 노동당 입당 열기 236

에필로그 북한 3대 세습정권의 미래는… 239
참고문헌 244
부록 252

김정은 권력의 퍼즐 풀어내기

북한 김정은 체제가 권력 안착을 위한 몸부림을 계속하고 있다. 불안한 출발이었다는 안팎의 관측에도 불구하고 나름대로 통치 기반을 다지기 위한 정지작업을 서두르고 있는 것이다. 2011년 12월 17일 김정일 국방위원장의 급작스런 사망으로 막내아들이자 후계자인 김정은은 하루아침에 최고지도자의 지위를 거머쥐었다. '조선민주주의인민공화국'을 세운 김일성으로부터 3대에 걸친 권력의 대물림이 현실화한 것이다.

당초 우려가 적지 않았던 것도 사실이다. 스물일곱에 불과한 나이에 통치 노하우를 전수받을 후계수업 기간이 짧았다는 점에서다. 김정은 체제가 얼마 가지 못할 것이란 비관적인 전망도 많았다. 하지만 한국은 물론 서방의 정보 당국은 현재 "예상보다 안정적으로 통치하고 있다"는 잠정 결론을 내놓고 있는 듯하다.

김정일 사망 직후부터 김정은의 권력 승계 과정을 꼼꼼히 짚어

보면 비교적 순조롭게 진행됐음을 알 수 있다. 2010년 9월 28일 노동당 대표자회에서 이미 김정은이 공식적인 후계자로 추대되는 조치들이 있었다. 김정일 국방위원장은 44년 만에 개최한 이 당 대표자회에서 노동당 체제를 재정비하는 인사를 단행했다. 김정은은 당 중앙군사위원회 부위원장 자리를 신설해 임명하였다. 김정은에게 대장 칭호도 부여하여 권위를 뒷받침해 주었다. 김정일은 아들 김정은에게 군사권 장악에 필요한 부분적인 당적 권한을 부여하는 데 한정했다. 김정은이 군대를 먼저 장악하기를 바랐던 것으로 볼 수 있다. 이로써 김정일은 군대 장악이 곧 정권 장악이라는 '선군정치' 식 권력승계 과정을 거치도록 하였다.

김정일 자신의 경우 1974년 2월 노동당 제5기 8차 전원회의에서 후계자로 내정된 이후 1994년 7월 8일 김일성 사망까지 20여 년간 김일성 아래에서 스스로 독자적 권력기반을 다질 충분한 여유를 가졌다. 하지만 김정은은 그렇지 못했다. 그는 자신의 후계권력을 공고화할 시간을 갖지 못했다. 그럼에도 김정은 중심의 후계 유일영도체계 구축과정은 비교적 안정적으로 진행돼 왔다는 평가다. 김정은은 아버지 김정일로부터 물려받은 '선군정치' 식 유일세습권력을 다져나가고 있다.

마키아벨리는 『군주론』에서 '세습군주국'의 이점에 대해 이렇게 지적했다.

"기존의 질서를 바꾸지 않으면서 불의의 사태에 적절히 대처하는 것으로 충분하기 때문에 세습군주국은 새로운 국가보다 훨씬 더 용이하게 보존될 수 있다."

김일성 · 김정일 · 김정은으로 이어지고 있는 북한의 절대권력 체제는 극단적인 '세습군주국'의 모습을 띠고 있는 게 사실이다. 김정은은 아버지 김정일에 이어 '김일성 조선'이라는 '세습군주국'을 이끌어 나가고 있다. 이에 기초해서 김정은은 김정일 시대의 선군정치 질서를 답습해 나가고 있다. 핵문제와 경제발전 문제와 같은 대내외적 사태에 대해서도 김정일 시대와 큰 차이 없이 대처해 나가는 모습을 보이고 있다. 세습정권을 어느 정도 용이하게 이끌어 나가고 있는 것 같다는 분석도 있다.

하지만 '세습군주국'이라고 해서 완전한 안정성을 담보하기는 어렵다. 마키아벨리도 '세습군주'는 "어떤 의외의 강력한 세력이 출현하여 그를 쫓아내지 않는 한" 안전하다는 전제를 달고 있다. 북한에 김정은 이외의 도전세력이 전혀 존재하지 않는다고 단언할 수 없다. 김정은이 그의 앞에 닥칠 여러 어려운 사태에 적절히 대처해 나갈 수 있는 능력을 구비하고 있는지에 대한 의문도 제기될 수 있다.

실제 김정은 리더십을 비롯한 권력구조의 안정성 및 상하 엘리트들의 지지도 측면에서 아직까지 취약한 것이 많다. 그리고 지속되고 있는 경제난으로 국가기능이 대부분 마비상태에 있거나 제한적인 수준에 머물러 있는 것 또한 김정은 정권의 안정을 위협하고 있는 요소[1]다. 갑자기 김정일 정권을 세습하게 된 김정은 정권의 정통성을 어떻게 확고히 하느냐 하는 문제도 여전히 해결되어야 할 숙제로 남아 있다.

　김정은 정권의 취약성은 아버지 김정일 정권 초기에도 강하게 제기된 바 있다. 즉 1990년대 초반 동구 사회주의권의 몰락과 함께 김정일 정권의 붕괴론이 광범위하게 확산되었다. 동구 사회주의권의 붕괴, 김일성의 사망, 식량난으로 인한 대량 기아사태와 탈북이 이어지던 1990년대 초중반 북한 체제의 붕괴가 임박했다는 주장들이 그것이다. 학계에서도 북한 체제의 붕괴론이 대두하였다. 그러나 북한 체제의 붕괴는 현실화하지 않았고 김정일 정권은 안정을 유지하며 생존을 이어갔다. 장거리 미사일 시험발사, 핵실험 등을 통해 대내외적으로 강성대국 건설을 주장하면서 김정일 정권은 더욱더 공고화되는 양상을 보였다.

　이에 따라 1990년대 후반 이후 북한 체제 붕괴론이 아닌 체제 내구력을 설명하는 연구들이 크게 요구되었다. 북한의 3대 세습정권의 안정성 문제가 자연히 학문적 연구대상으로서 충분한 가치와 필요성을 지니게 된 것이다. 이 책이 김일성·김정일·김정은으로 이어지는 3대 세습정권의 안정성 문제를 종합적으로 들여다보려 한 이유도 여기에 있다.

　김정은 체제가 향후 어떤 운명을 맞을지는 아무도 알 수 없다. 한 국가권력의 번영이나 붕괴 여부가 이론적 분석틀이나 정책적

1　2012년과 2013년 두 해에 걸쳐 일시적으로 식량이 증산되어 부족분이 50만 톤 내외에 불과한 것으로 WFP에 보고되고 있지만 아직은 안정적인 단계로 평가하기는 어려운 형편이다.

전망에 의해 좌우되거나 점쳐지기는 어렵다는 점에서다. 특히 북한의 경우 체제 내구력을 분석하고 전망을 내놓을 기본적인 정보가 절대적으로 부족하다는 점에서 어려움은 더 커진다.

주목되는 건 김정은 권력의 대남정책과 대외노선의 향배다. 남북관계는 물론 한반도 평화와 안정에 미칠 영향이 지대하다는 측면에서다. 베일에 싸여 있는 김정은 권력의 퍼즐을 풀어내는 건 평화통일과 남북통합을 위해 각별한 의미를 지닌다. 남북 화해협력과 통일의 디딤돌을 놓는 소담스런 과정이란 평가도 있다. 북한 김정은 권력의 행보에 우리가 잠시도 눈을 뗄 수 없는 것도 이런 이유 때문이다.

백두혈통의 미래

제1장

김정일, 세습권력의
청사진을 그리다

백두혈통 만들기
피의 숙청과 우상화로 후계 지위 굳히기
김정일 고유정책으로 권력의 공고화를 기하다
김정일, '선군권력체계'를 구축하다

백두혈통 만들기

　1973년 9월 당 중앙위원회 제5기 제7차 전원회의에서 김정일은 당 중앙위원회 비서로 임명되었고 이듬해인 1974년 2월 조선노동당 제5기 제8차 전원회의에서 김일성의 유일후계자로 추대되었다. 그러나 김정일의 후계가 공식적으로 공개된 것은 이로부터 약 6년 후인 1980년 10월 6차 당 대회에서였다. 김정일이 후계자로서 당 중앙위원회 정치국 상무위원회 위원, 정치국 위원, 비서국 비서, 군사위원회 위원으로 선출된 것이 바로 6차 당 대회였다.

　이때부터 북한은 사회주의체제 하의 '세습군주국가' 양태를 보이기 시작하였다. 김정일은 그의 후계권력을 정당화하고 강화할 수 있는 권력기반 구축작업에 돌입하였다. 김정일은 김일성을 단순한 세속적인 국가최고통치권자 지위가 아닌 신과 같은 '신성 절대군주'로 통하도록 수령의 권력체계를 먼저 만들어 나가는 노력을 기울였다. 그리고 수령권력이 대를 이어 영속화된다는 논리를 내세워 자신의 세습후계권력에 정통성을 부여해 나갔다. 김정일은 아버지 김일성을 '신성 절대군주'인 수령으로 높이 받들어 나감으로써 후계자로서 자신의 권력기반을 공고화하고자 하였으며, 김일성 사후에는 김정일 스스로 '신성 절대군주'인 수령으로 등장하였다.

■ 조선혁명박물관(위)과 당창건사적관(아래)을 돌아보는 김일성 · 김정일 부자 ⓒ 로동신문

김정일은 1941년 2월 16일 시베리아에서 '유라'라는 이름으로 김일성과 김정숙 사이에서 장남(2남1녀)으로 태어났다. 그러나 북한은 김일성 부자 세습체제 구축과정에서 출생지를 시베리아가 아닌 백두산 부근 통나무집에서 태어난[2] 것으로 선전함으로써 '백두혈통'을 인위적으로 조작하여 부자 세습권력의 근거를 만들고자 하였다. 출생연도도 1942년으로 둔갑시켰다. 그들은 김일성의 항일혁명활동 근거지였다는 백두산에서 김정일이 출생하였다는 '사실'을 강조하여 운명적인 김일성 권력세습의 정통성을 만들고자 하였다. 이에 대해 황장엽은 다음과 같이 증언했다.

"김일성은 자기가 만주에서 싸운 것이 아니라 백두산을 근거지로 하여 국내에서 싸웠으며 중국공산당의 영도 밑에 중국혁명을 위해 싸운 것이 아니라 조선혁명을 위하여 싸웠다는 것을 선전하기 위하여 '백두산 밀영에서 김정일을 낳았다'고 꾸며 내었다. …이 사실에 대하여서는 우리의 기억도 생생하다. 어느 날 김일성은 빨치산 참가자들을 불러 '김정일이 탄생한 백두산 밀영 자리를 찾아내라'고 과업을 주었다. 그러나 그들이 없는 것을 찾아낼 수 없었기 때문에 이리저리 찾느라고 하다가 찾지 못하였다. 그러자 김일성은 자기가 직접 나가 찾아보겠다고 하면서 돌아다니다가 경치가 좋은 곳을 찾아내어

---

2 북한 당국은 김정일에 영웅 칭호를 수여하는 중앙인민위원회 정령을 통해 "김정일 동지는 백두산 밀령에서 탄생하시었다"고 공식천명하였다. 「로동신문」 1982년 2월 16일.

■ 김일성의 항일혁명활동 근거지였다는 백두산에서 김정일이 출생하였다는 '사실'을
  강조하여 그곳에 밀영지를 정하고 그 뒷산을 '정일봉'이라고 이름 지었다.

'여기가 밀영지였다'고 지적하고 그 뒷산을 '정일봉'이라고 이름지
어 주었다."[3]

김정일은 만경대혁명학원을 1기생으로 졸업(1953)했고 이후 동
독 항공학교를 수학한 것으로 알려져 있다. 1964년 4월에는 김일
성종합대학 정경학부를 졸업하였고 「사회주의 건설에서 군(郡)의
위치와 역할」이라는 졸업논문을 제출했다고 한다. 이후 그는 당 중
앙위 고관 및 김일성 경호원(1963~1969), 당 문화예술과장, 조직부
부부장(1970년 전후) 그리고 당 조직 및 선전선동 담당비서(1973. 9)

3 황장엽, 『북한의 진실과 허위』(서울 : 시대정신, 2006), p.42.

를 역임했으며 1980년 10월 노동당 6차 당 대회에서 당 제2인자로 공식화되었다. 여기에서 김정일은 당 정치국 상무위원회 위원 (4위), 당 정치국 위원(4위), 당 군사위원회 위원(3위), 당 비서국 비서 (2위) 지위에 올라 당권 장악을 통하여 승계권력을 공고화하는 데 매진하기 시작하였다. 1983년 9월 9·9절(35주년) 행사 때 김정일은 당 공식서열 2위로 부상하였다.

김일성은 그의 집권기 공산주의 국가의 권력승계 과정에서 발생한 암투, 혼란, 갈등 사례[4]를 직접 목격하였고 여기에서 장기독재자로서 군림에 대한 불안과 우려감을 갖게 되었을 가능성이 크다. 1953년 스탈린 사후 후르시초프에 의한 격하운동, 1970년 초 중국의 류사오치(劉少奇), 림뱌오(林彪) 사건, 1976년 마오쩌둥(毛澤東) 사망과 4인방 숙청 등은 김일성으로 하여금 '부자 세습' 권력기반 구축의 필요성을 갖도록 한 것으로 판단된다.

이에 따라 북한 당국은 김일성 사후를 보장할 수 있는 이론적 배경을 만들어 나가면서 부자 세습을 위한 구체적 환경을 창출해 나갔다. 1956년 '주체'를 제창하고, 1967년 '주체사상'으로 체계화하여 1974년에는 이를 '김일성주의'로 승화시키기에 이르렀다.

---

4 소련의 말렌코프(1953), 후르시초프(1956), 폴란드의 라코시(1956)의 경우 반대파에 의해 실각되었으며, 폴란드의 오하브(1956), 체코의 노보트니(1968), 폴란드의 고물카(1970), 불가리아의 체르벤코프(1954) 등은 인민봉기로 축출되었다. 이외에도 폴란드의 게로(1956), 동독의 울브리히트(1971) 등은 소련의 개입과 민중봉기, 반대파의 음모가 상호작용하여 쓰러졌다. 송정호, "김정일 권력승계의 공식화 과정 연구"(한양대 정치외교학과 박사학위논문, 2004), pp.32~33.

이후 주체사상을 대를 이어 실현해 나가야 한다는 당위성을 부각
시킴과 동시에 김일성을 신격화하는 데 주력하게 되었다. 신격화
되고 우상화된 권력은 자연히 대를 잇는 후계권력 구축에 대한 정
당성을 제공하는 데 용이한 것이었다.

김정일은 1982년 10월 그가 직접 집필하였다는 「혁명적 수령관」
이라는 논문을 통해 수령의 절대적 권위를 강조함으로써 '혁명계승
론'을 부각시킨 바 있다. 아울러 김정일은 '혁명적 수령관'이나 '사
회정치적 생명체론' 등을 동시에 내세워 수령과 인민대중의 관계를
사실상의 주종관계로 규정했고 자기 권력기반 구축을 위한 선행조
치로 이데올로기 강화 노력을 전개하며 후계 입지를 다졌다.

이후 김정일은 1982년 3월 논문 「주체사상에 대하여」를 발표하
여 자신만이 주체사상의 해석권을 갖는다는 것을 알리기 위해 내
외에 배포하는 등 김일성 주체사상과 함께 자신의 사상을 강화해
나갔다.[5] 또한 6차 당 대회, 1982년 4월 당·정 연합회의 보고를
통해 주체사상으로 북한 주민을 '인간개조', '사상개조' 하고 북한
사회를 개조(사회개조)해야 한다고 역설하기도 하였다.

또한 당 규약과 사회주의 헌법에 주체사상을 당·정 활동은 물
론 주민들의 가치판단 기준으로까지 삼아야 한다고 제시하였으며,

---

5 김정일은 여기에서 주체사상의 창시, 철학적 원리, 사회역사적 원리, 주체사상의 지도원
  칙, 주체사상의 역사적 의의를 밝혔다. 김정일, "주체사상에 대하여", (위대한 수령 김일성
  동지 탄생 70돌 기념 전국주체사상토론회에 보낸 논문, 1982. 3. 31), 『김정일선집 7』
  (평양 : 조선로동당출판사, 1996), pp.143~216.

신문, 방송, 잡지 등 각종 선전매체를 총동원하여 '지도자론'을 비롯한 김일성 부자 세습체제 합리화 논문을 연일 발표하였다.

피의 숙청과 우상화로 후계 지위 굳히기

한편 김일성 부자 세습체제를 반대하거나 부정적 반응을 나타내고 있는 권력 상층 내부의 인물을 숙청하거나 김일성 족벌 내의 인물을 견제하는 조치를 적극 펼쳤다. 권력 상층부의 숙청인물과 족벌 내 견제인물들은 다음과 같다.

:: 숙청인물

성 명	당시 직책	시 기
오택봉	당 정치위 후보위원	1975. 4
유장식	당 정치위 후보위원	1975. 9
이용무	당 정치위원, 군 총정치국장	1977. 9
김동규	부주석, 당 정치위원(서열 3위)	1977. 10
장정환	인민무력부 부부장	1977. 10
김철만	인민군 제1부총참모장	1979. 9
김병하	국가보위부장	1982. 1
김경린	재정부장	1982. 1
한익수	정치위 후보위원	1982년 전후
태병열	당 군사부장	1983년 이후

:: 족벌 내 견제인물

성 명	김정일과의 관계	암투 내용
김영주	숙부	1975. 4 이후 부총리 해임, 공직에서 탈퇴
김성애	계모	1974년 이후 여사 칭호를 동지로 격하, 공식활동 제한
김평일	이복동생	1982년 6월 몰타에 유배, 1983년경 귀국 *명문상 영어교육차 파견
김성갑	계모 친동생	평양시 당 책임비서 해임 후 핵심부에서 제외

이와 같은 일련의 과정을 거친 후 김정일의 공식지위가 당 정치국 상무위원회 서열 2위, 당 비서 서열 2위, 당 군사위 서열 2위 등 사실상 김일성 다음 실권자로 부상하였으며 김정일을 추종하는 신진인물을 대거 권력 핵심에 올려놓았다. 37명의 정치국원 중 18명, 10명의 당 비서 가운데 9명이 50대 이하였으며 248명의 중앙위원 중 139명이 신진인물이었다. 37명의 정치국원 중 10명, 19명의 군사위원 중 6명, 248명의 중앙위원 중 49명이 만경대혁명학원 출신자였다.

1984년 초에는 김정일 추종인물 최영림을 부총리로 임명하였다. 당 정치국 및 비서국, 검사위원회 등 조직인물을 김정일 중심의 인물로 개편, 김정일의 정치인맥을 강화하였으며, 정권기관(정무원, 최고인민회의 등)에도 김정일 추종인물로 인맥을 형성해 나갔다. 당시 부상된 인물은 다음과 같다.

이어서 김정일 후계체제를 공고화하기 위한 방편으로 김정일의 우상화 조치가 뒤따랐다. 세습체제 구축 초기단계에서는 당 중앙이

구 분	인 물
정치국 상무위원(1)	오진우 (인민무력부장)
당 정치국(15)	임춘추(사상), 강성산(경), 오극렬(군), 최영림(경), 서윤석(경), 김강환(군), 김중린(사상), 전병호(경), 김두남(군), 안승학(경), 김영남(외), 허담(외), 홍성룡(경), 김복신(경), 채희정(경)
당 비서국(14)	허담(외교), 허정숙(사회단체), 채희정(경제), 안승학(경제)
계 20명	

라는 막연한 대명사로 김정일을 지칭했으나 그 후 세습체제가 구축되어 감에 따라 친애하는 지도자, 탁월한 사상이론가, 영재, 영웅, 은혜로운 향도의 빛, 향도성, 어버이, 스승 등 과장적 표현이 확산되었다. 김정일 성명 아래에는 각하, 지도자 동지 표현이 붙었다.

1982년 2월 14일 조총련 한덕수가 보낸 생일축전에서는 위대한 김일성주의 사상이론가이시며, 혁명과 건설의 영재시며, 전체 총련 일군들과 70만 재일동포의 은혜로운 스승이신 친애하는 지도자 김정일 동지 등 6개의 수식어가 총망라되어 있다. 김정일에 대해 김일성과 같은 차원의 신격화가 전개되었다. "향도성의 빛발이 지나면 그곳은 금방 옥토로 변한다"(조선문학 등 선전잡지), "옛날에는 수령님이 축지법을 쓰셨는데 오늘에는 주체의 별님이 땅을 넓히는 천지확장술과 시간을 주름잡는 축지법을 쓰신다", "앉은뱅이도 서게 하며 장님도 눈을 뜨게 하는 신통력" 등의 신격화 표현이 대표적이다.[6]

동시에 당시 북한의 정치 · 경제 · 사회문화 등에서 이룩한 성과를 김정일의 공로로 찬양하기도 하였다. 1983년 9월 검덕광산 제3선광장 공동보고에서 "수령님의 영명한 방침과 지도자 동지의 모범적 지도에 의해 이룩되었"다고 찬양하였다. 창광거리 주변의 고층건물은 "김정일의 대담한 결단"이 아니면 이룩될 수 없었다고 과장하기도 하였다. 또한 각지, 각급 공장기업소 내에 '김정일 사적관', '김정일 학습연구실'을 설치하였고 김정일 생일인 2월 16일을 1975년부터 공휴일로 지정하였다.

이와 함께 북한 당국은 「대를 이어 충성하렵니다」, 「친애하는 지도자 동지」 등 60여 곡의 김정일 찬양 가곡집과 김정일의 어린 시절과 치적을 찬양한 100여 종의 작품을 수록한 『영원한 성좌』를 발간하였다. 그리고 『김일성선집』과 같은 김정일의 언행을 집대성한 인민의 지도자를 시리즈로 발간하였다. 아울러 해외 친북단체로 하여금 김정일 후계지지 강연회(1981. 11, 일본), 김정일 위대성 강연회(1981. 12, 인도)를 개최했으며, 김정일에 대한 축전을 보내도록 하였다. 이탈리아에서는 신문광고를 통해, 김정일은 나폴레옹만큼 키가 작고 시저만큼 사고력이 깊으며, 알렉산더 대왕처럼 정열적이라고 선전하는 양태를 보였다.

또한 북한 당국은 80년도 이후에 발표된 「주체사상에 대하여」(1982. 3. 31, 조선로동당출판사), 「조선로동당은 영광스러운 '트·디'의 전통을 계승한 주체형의 혁명적 당이다」(1982. 10. 17, 로동신문),

---

6 전현준, 『金正一 리더십 研究』(서울 : 民族統一硏究院, 1994), p.31.

「맑스 레닌주의와 주체사상의 기치를 높이 들고 나가자」(1983. 5, 근로자) 등 세 편의 주요 논문을 통해서 김정일의 사상과 이념을 부각시켰다.

김정일 고유정책으로 권력의 공고화를 기하다

정치 · 외교부문

김정일은 김일성의 주체사상화를 실현하여 권력승계를 위한 이념적 계승 명분을 혁명투쟁의 맥락에서 찾고 조국통일의 위업 실현을 김일성 부자 세습체제의 정치미래상으로 부각시켰다.[7] 그리고 조선노동당이 북한의 사회주의혁명 건설을 실현하는 주체적 지도역량임을 강조하면서 당 지도체제를 강화하고자 하였다.[8]

대내적으로는 대남 · 대외정세에서 반혁명세력이 크다는 점을 부각, 계급투쟁노선을 계속 견지할 것을 주장하였고, 계급투쟁의 방향으로서는 대내 반종파투쟁, 대남 · 대외 반제투쟁을 전개할 것을

---

7 김정일은 "오늘 우리 당 앞에는 온 사회의 주체사상화를 다그치며 조국통일의 위업을 실현하여야 할 무거운 혁명임무가 나서고 있다"고 밝혔다. 김정일, 「조선로동당은 영광스러운 'ㅌ · ㄷ'의 전통을 계승한 주체형의 혁명적 당이다」, 「로동신문」(1982. 10. 17), 『김정일선집 7』 (평양 : 조선로동당출판사, 1996), p.277.

8 김정일은 "당은 정치조직 가운데서 최고 형태의 조직이며 프롤레타리아 독재체계에서 지도적 및 향도적 력량"을 가진다고 규정하였다. 사회과학출판사 편, 『철학사전』 (평양 : 사회과학출판사, 1985), p.146.

강조하기도 하였다.

김정일은 1982년 10월 17일에 발표한 논문 「조선로동당은 영광스러운 'ㅌ · ㄷ'의 전통을 계승한 주체형의 혁명적 당이다」를 통해 "우리 혁명은 아직 끝나지 않았으며 우리는 계속 간고한 투쟁을 하여야 한다"고 주장하고 "제국주의가 있고 기회주의가 남아 있으며 계급투쟁이 계속되는 한 우리는 당의 통일단결을 위한 투쟁을 끊임없이 강화하여 나가야 한다"고 하면서 "당 조직과 모든 간부들과 당원들을 우리 당의 반종파투쟁 경험으로 튼튼히 무장시켜, 그들이 언제나 예리한 당적 · 계급적 안목을 가지고 종파주의, 가족주의, 지방주의 등 당의 통일단결을 저해하는 온갖 불건전한 요소들을 반대하여 비타협적으로 투쟁하도록 하여야 한다"고 주장하였다.[9] 이는 부자 세습체제에 반대되는 요소와 투쟁을 강력히 전개할 것임을 시사한 것이라 할 수 있다.

김정일은 1980년 10월 6차 당 대회에서 당 · 정 실권을 장악한 이래 자신의 정치적 권위를 과시하고 지도권을 강화하기 위한 방책의 하나로 소위 '실무지도' 활동을 전개하기 시작하였다. 1981년 5월 그의 추종인물로 알려진 오진우 등을 대동하고 묘향산지구 건설장을 '실무지도' 한 것을 시초로, 1983년 8월 옥류관 개수공사장 등 공식적 실무지도 횟수를 늘려 나갔다.

9 김정일, 「조선로동당은 영광스러운 'ㅌ · ㄷ'의 전통을 계승한 주체형의 혁명적 당이다」 「로동신문」 (1982. 10. 17), 『김정일선집 7』 (평양 : 조선로동당출판사, 1996), p.282.

■ 오진우, 김영남, 김중린, 연형묵

당시 김정일의 실무지도 내용에 나타난 특징을 보면, 그의 초기 실무지도는 문화분야에 치중하였으며 상대적으로 경제분야는 적었던 것으로 나타났다. 김정일 실무지도 때 수행한 인물들로는 군부인물 오진우, 외교분야의 김영남, 허담, 사상분야의 김중린, 연형묵, 경제분야의 서윤석으로 나타나 김정일 실무지도 내용과 수행인물의 정치성향과 일치하지 않고 있어 김정일의 실무지도 자체가 정치적 이미지 부각에 초점을 두었던 것으로 보인다.

외교적 측면에서는 한반도 공산화 통일을 촉진시킬 수 있는 '국제혁명역량과의 연대성 강화'라는 기본노선에 입각해서 첫째, 중·소를 위시한 공산주의 제국과의 유대관계 발전 및 강화, 둘째, 비동맹제국과의 단결과 혁명지원역량 강화, 셋째, 미·일을 비롯한 서방자유세계에 대한 침투외교 강화에 역점을 두었던 것으로 알려지고 있다.[10]

권력세습이 공식화되고 3년 후인 1983년 6월 김정일이 중국을 전격적으로 방문함으로써 세습체제에 대한 대중 공인화 노력에

■ 덩샤오핑, 후야오방, 자오쯔양, 펑전

돌입하였다. 비록 비공식 방문이기는 하나 이 방문을 계기로 김정일은 외교무대 전면에 나서기 시작한 것으로 판단된다. 김정일은 중국 방문기간 중(1983. 6. 2~12) 당 지도자 예우 차원에서 덩샤오핑(鄧小平), 후야오방(胡耀邦), 자오쯔양(趙紫陽), 펑전(彭眞), 리셴녠(李先念) 등 중국 최고지도자들과 연쇄회담을 가진 데 이어 1983년 9·9절 축사사절로 방문한 중국 전인대 상무위원장 펑전을 상대로 공개 의전활동을 전개하였으며, 1983년 12월 평양을 방문한 가이아나 대통령 '번햄'으로부터는 직접 훈장을 수여받기도 했다.

---

10 김일성, (조선로동당 제6차대회에서 한 개회사 1980. 10. 10), 『김일성저작집 35』 (평양 : 조선로동당출판사, 1987), pp.285~289, 김정일, "주체사상에 대하여(위대한 수령 김일성 동지 탄생 70돌 기념 전국주체사상토론회에 보낸 논문, 1982. 3. 31)", 『김정일선집 7』 (평양 : 조선로동당출판사, 1996), pp.143~216, 김정일, "맑스 레닌주의와 주체사상의 기치를 높이 들고 나가자(칼 맑스 탄생 165돌 및 서거 100돌에 즈음하여 발표한 논문, 1983. 5. 3)", 『김정일선집 7』 (평양 : 조선로동당출판사, 1996), pp.430~461.

경제부문

김정일이 1998년 공식 등장한 이후 북한 경제건설의 기본방향이나 경제정책은 이전 시기와는 확연한 차이를 보여 주었다. 김정일 권력세습 공식화 이후 북한은 '먹는 문제', '입는 문제' 등 주민들의 의식주 생활 향상을 정책 중점사업으로 강조하고 나섰다. "먹는 문제가 해결되어야 공산주의도 할 수 있다", "쌀은 곧 공산주의다"라고 하면서[11] "직물 15억 미터 고지 점령운동을 전개한다"든가 "먹는 문제와 입는 문제에서의 공산주의적 시책을 실시한다"고 선언하였다.[12] 김정일은 공장, 기업소의 부산물을 이용하여 생활일용품을 생산토록 촉구하는 한편, 당 간부들을 각 지방에 순회시켜 관계일군들 회의를 소집하여 인민소비품 생산을 독려하였다.

그러나 제3차 7개년 계획(1987~1993)은 실패했으며, 3년간의 완충기간에는 '고난의 행군길'을 걸어야 했다. 완충기 동안 심화된 경제난과 계획경제부문의 위축을 타개하기 위하여 북한은 1998년을 기점으로 경제정책의 우선순위를 3대 제일주의 관철에서 먹는 문제의 해결과 선행부문 정상화로 옮겨갔다.[13] 1998년 9월 17일에 발표된 「로동신문」·『근로자』의 공동논설 "자립적 민족경제건설노선을 끝까지 견지하자"는 강성대국 건설을 위해 사회주의 경제건설

---

11 "쌀은 곧 사회주의이며 쌀은 곧 공산주의이다〈해설〉", 『조선녀성 1호』(2006), p.10.

12 「로동신문」, 1983년 12월 20일.

13 최수영, "김정일 시대의 경제정책 : 평가와 전망", 『KDI 북한경제리뷰』 8월호(한국개발연구원, 2008), p.3.

의 기본노선인 중공업의 우선적 발전을 보장하면서 경공업과 농업을 동시에 발전시키는 전략으로 복귀하였음을 보여 주고 있다.[14]

　1998~2000년간에 나타난 북한 경제정책의 변화는 "당의 혁명적인 경제정책"이라는 표현으로 정리되었다. 박송봉 노동당 군수공업부 제1부부장은 『근로자』 2000년 3월호에서 "당의 혁명적 경제정책"이 "제국주의자들의 경제봉쇄가 강화되고, 사회주의 시장이 없어진 현실적 조건에 맞게 경제문제와 인민 생활의 문제를 올바로 풀어나가기 위한 길을 밝힌 사회주의 경제건설의 가장 정확한 지도적 지침"[15]이라고 주장하고 있다.

　'혁명적 경제정책'의 주요 내용은 '강성대국 건설'이라는 국가적 목표를 달성하기 위해 ① '우리식'의 경제토대, 경제구조를 살리고 효과적으로 이용하는 것, ② 자본주의적인 '개혁', '개편'을 받아들이지 않는 것, ③ 경제에 대한 국가의 중앙집권적·계획적 지도관리원칙을 견지하는 것, ④ 정치 도덕적 자극을 앞세우는 기초 위에서 물질적 자극을 적절히 배합할 데 대한 원칙과 경제사업에서 실리를 보장할 데 대한 원칙을 추구하는 것, ⑤ 금속 기계공업부문 등 경제의 중심고리를 틀어쥐고 선후차를 가리어 풀어나가는 것 등으로 되어 있다.

---

14 "자립적 민족경제건설노선을 끝까지 견지하자", 「로동신문」·「근로자」 공동논설, 1998년 9월 17일.

15 『근로자』(2000. 3), pp.45~48. 『2003/2004 북한경제백서』(서울 : 대외경제정책연구원, 2004), p.289에서 재인용.

혁명적 경제정책은 당시 아시아 국가들의 경제위기 등으로 불안한 대외환경 속에서 새로 출범한 김정일 정권의 안정성을 강화하기 위해, 중공업 중심의 자립적 경제건설 노선으로 복귀하면서 경제사업에서의 '실리'를 추구하는 정책이 추가된 것으로 정리할 수 있다.[16]

2000년대에는 선군정치를 내세우며 선군시대 경제건설 노선을 강성대국 건설의 기본방향으로 설정하였다. 그리고 사회주의 경제건설의 목표를 이루기 위해서는 인민경제의 개건·현대화 및 사회주의 경제관리를 개선해야 한다고 주장하였다. 이러한 김정일 시대의 경제정책 방향과 방안은 북한이 처한 대내외적 상황을 반영하는 것이다.

'선군시대 경제건설 노선'은 "국방공업을 우선적으로 발전시키면서 경공업과 농업을 동시에 발전"시킨다는 경제전략으로 요약된다. 즉 1998년부터 2002년까지는 경제·국방건설 병진노선 아래 혁명적 경제정책과 군사력 강화정책이 별개로 진행되었다면, 2002년부터 경제발전과 국방건설을 함께 아우르는 경제전략으로 선군시대 경제건설 노선이 등장한 것이다.[17]

2002년 7월부터 시행된 '7·1경제관리개선조치'는 사회주의 경제관리 정책 중 가장 개혁적인 제도라고 할 수 있다. 7·1조치를

---

16 앞의 책, p.297.

17 김성주, "'선군시대 경제건설 노선'의 형성과 변화과정 연구", 『통일연구』 16권 2호, 2012, p.133.

통해 국정가격을 평균 25배 인상하면서 시장가격에 근접하게 현실화하였고, 동시에 국정가격을 고정시키지 않고 수급상황에 따라 능동적으로 조절하도록 하였다. 또한 전반적인 가격 인상에 따른 노동자의 생활수준 저하를 보전하기 위해 생활비(임금)를 평균 18배 인상하였다.[18]

또한 2003년 3월 농민시장을 종합적인 소비품시장으로 확대하는 조치를 취했으며, 같은 해 6월에는 경제관리 개선조치와 관련하여 '개혁'이라는 용어를 사용하기도 하였다. 경제관리 개선조치 이후의 북한은 경제특구를 지정하는 등의 개방정책도 시행했다. 2002년 9월에는 신의주를 특별행정구로, 10월에는 금강산 관광지구를, 11월에는 개성공업지구를 각각 경제특구로 지정하였다.[19]

경제개혁의 결과 북한에서 나타난 변화는 무엇보다 상업·유통 측면에서 시장화가 급속히 진행되었다는 점이다. 부업, 장사 등 개인의 상행위가 확대되고 계획 외 생산물의 시장 판매 허용 및 기업 간 원자재의 직접 거래 등이 성행함에 따라 시장메커니즘이 작동하는 시장경제가 북한에 자리잡게 되었다.[20]

그러나 2000년대 중반 이후 북한의 경제정책은 2000년대 전반기와는 반대로 개혁에 역행하는 조치들을 추진했다. 2005년 10월

---

18 최수영, 앞의 글, p.7.

19 박순성, "김정일 시대(1994~2004) 북한 경제정책의 변화와 전망", 『북한연구학회보』 제8권 1호, 2004년 여름, p.69.

20 최수영, 앞의 글, p.16.

에는 조선노동당 창건 60주년을 맞이하여 '국가배급제를 재개' 하고 시장거래를 통한 식량매매를 단속하는 조치를 시행했다. 기업과 협동농장의 현금보유 한도 및 부업활동에 대한 규제도 강화되었으며, 2006년에는 상설시장을 제외한 지역의 상거래를 금지하고 판매자의 나이를 제한하는 등 시장규제를 강화하는 조치를 연달아 시행했다.

시장규제정책은 2009년 11월 화폐개혁으로 정점에 이르렀다. 1가구당 10만 원 한도 내에서의 신/구 화폐 교환으로 주민들이 보유하고 있던 북한 원화의 대부분이 몰수되는 결과를 초래했다. 또한 신/구화폐를 1:100으로 교환함으로써 시장가격의 안정을 도모했으나, 근로자의 임금은 구화폐 단위의 명목임금을 유지함으로써 실효성을 얻지 못했다.[21]

한국은행 통계자료에 따르면, 김정일 시대 북한의 경제성장률은 1999~2005년 사이 다소 성장세를 보였으나 2006년 이후에는 국제사회의 대북제재와 시장규제조치 등의 영향으로 악화되는 현상을 보였다.

이처럼 김정일 시대의 경제정책은 계획경제와 시장경제의 갈등 속에서 제기되었고, 전반기에는 시장개혁의 요구가, 후반기에는 계획경제를 정상화해야 한다는 요구가 주로 반영되었다. 그러나

---

21 이영훈, "김정일 시대의 북한경제 종합평가 및 김정은 시대의 개혁·개방 가능성 전망", 『북한연구학회 춘계학술발표논문집』(2012), pp.146~148.

:: 1996~2011년 북한 경제성장률

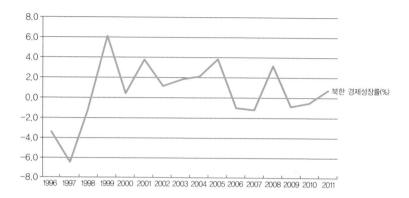

화폐개혁 이후 계획경제의 정상화가 큰 성과를 얻지 못하면서 2010년 이후 대외개방과 북중무역에 주력하였다.[22]

이러한 김정일 시대의 경제정책을 시기적으로 구분해 보면 첫째, 1997~2001년 경제체제 정비 시기, 둘째, 2002~2005년 개혁개방 추진 시기, 셋째, 2006~2009년 반개혁 시기, 마지막으로 2010년 이후의 개방 확대 시기로 구분할 수 있다.

사회 · 문화부문

김정일은 '소매 없는 옷'과 '앞가슴이 많이 파진 옷'을 묵인한다든가[23] 구두와 두발의 치장에서 미적 감각을 살리도록 권하는 등 사회적 자유스러운 분위기를 확산시킴으로써 새로운 세습통치에

22 앞의 글, p.144.

대한 사회적 지지기반을 확대하고자 하였다. 이에 더하여 주택난 해소책으로 평양시내에 고층 아파트군을 건설하고 지방에는 신도시 개발을 추진하여 새로운 시대의 새로운 면모를 선보여 세습권력의 정통성을 강화하고자 하였다. 평양시 창광원거리, 문수거리 일대에 15~41층의 고층 아파트 건설, 안주, 신단천, 남청진 등에 신도시 개발이 이때 이루어졌다.

다른 한편으로 김정일이 이 같은 자유스러운 면모를 창출하고자한 것과는 달리 주민통제와 동원체제는 오히려 더 강화하는 이중적 모습을 보이기도 하였다. 북한은 1970년 이후 사회적 일탈행위가 속출하고 주민들의 불평불만이 팽배해지자 각종 제도적 장치와 행정력을 동원하여 주민통제 장치를 강화하는 모습을 보였다. 기존 사회안전부 이외에 국가보위부(1980년 국가정치보위부를 개칭), 국가검열위원회(1975. 1), 사회주의법무생활지도위원회(1977. 12)가 신설되었고 5호담당제 및 인민반 등 각종 사회통제기구들이 보완되었다.

김정일은 1973년 5월 당시 사회안전부 산하의 정치보위국을 독립시켜서 국가정치보위부를 설치했다. 국가정치보위부는 보위지도원을 당·정·군과 기업소까지 파견했으며, 지방조직까지 설치해서 전국적인 규모의 감시기구가 되었다.[24] 당시에는 "나와 개를

23 "여성 의상의 화려한 색상과 대담한 노출은 사회주의 생활양식에 어긋나는 것은 아니다"는 1982년 4월 5일 최고인민회의 제7기 1차 회의에서 나온 발언이다. 「로동신문」 1982년 4월 6일.

제외한 모든 것은 정보원이고 감시원이다"라는 은어가 만연할 정도였다고 한다.

또한 북한 당국은 새로운 동원방식의 주민동원체제 강화로 김정일 후계체제의 확립과 지속적인 유지 강화를 도모하였다. 1980년에 들어와 속도전, 3대혁명 붉은기 쟁취운동, 숨은 영웅 모범 따라배우기 운동, 1980년대 속도 창조운동 등과 같은 대중운동 창조로 노력동원이 극대화되도록 하였다. 그리고 주민들을 근대식 속도전 돌격대로 편성, 각종 노동현장에 투입, 노력혁신을 강요하였으며 모든 건설공사의 단기 완공을 강권하였다. 이 시기 주체사상탑, 개선문은 1년, 김일성경기장 5개월, 30층 아파트 기초건설공사 8개월 등 짧은 기간에 많은 건축물을 완공했다.

당시 북한은 사회적 업적 부각으로 김정일의 새로운 세습통치의 정당성을 과시하기 위해서 주민복지생활 향상, 여가선용 등을 표방하면서 주민들의 실생활과는 거리가 먼 대규모 편의 봉사시설, 관광 및 위락시설 개발에 주력했다. 당시 인민대학습당, 창광원, 평양산원, 평양제1백화점, 청류관 등 대규모 편의 봉사시설이 구축되었고 김일성경기장, 빙상관 등 체육시설도 건설되었으며 만경대 유희장, 묘향산 관광지, 대성산 유원지와 고층호텔, 국제클럽 하우스, 골프장 등 위락 관광시설이 확장된 것도 바로 이 시기였다.

---

24 오경섭, "북한 전체주의 사회통제와 체제 내구성", 『세종정책연구』 5권 2호(2009), p.237.

여기에 더하여 김일성 부자 세습을 정당화하고 권위를 인위적으로 창출해 내기 위하여 북한의 발전상을 부각시키는 주체사상탑, 개선문, 각 지역의 김일성 동상 등 대형 우상화 상징물을 적극 구축하는 활동을 전개하였다.

뿐만 아니라 김정일은 그의 세습 지도권력의 기반을 구축하기 위해 문화예술 활동을 적극 활용하였다. 김정일은 당시 북한에서 제작되고 있었던 영화의 배역, 선전에서부터 시나리오 구성, 선동가요 작곡, 김일성과 그의 가계 우상화를 내용으로 하는 소설의 구성 설정, 매스게임 공연에 이르기까지 일체의 문화예술 활동을 관장한 것으로 전해진다. '군당 책임비서', '언제나 한마음', '그날의 맹세', '월미도' 등 영화를 제작 지도한 것이 바로 김정일이라고 선전하였다.[25]

당시 북한의 모든 언론기관에서는 "혁명과 건설의 위력한 무기로서 당 정책 선전선동의 매개체로서, 문화예술은 전적으로 김정일의 위대한 문예사상에 의해 이끌려져 개화 발전되고 있다"고 부각·선전하였다. 1983년 1월 25일 도예술선전대 창립 10돌 기념 보고회에서 이창선(문화예술부장)은 보고를 통해서도 "김정일이 예술선전에 관한 사항과 이론을 제시하고 도예술선전대를 창립함으로써 예술선동이라는 새롭고 독특한 예술형태가 나왔다"는 사실을

---

25 김정일, "현 정세의 요구에 맞게 당 사업에서 혁명적 전환을 일으키자─조선로동당 중앙위원회 조직지도부, 선전부 책임일군회의에서 한 연설" (1983. 1. 14).

강조하였다.

또한 김정일 주관 하에 거행되는 새로운 경기대회가 대폭 신설되었으며 체육활동을 대중운동으로 전개하였다. '2월 2일상 체육경기대회'(1978), '백두산상 체육경기대회'(1977년 김정일 생일 기념), '어린이 보육교양법 실시 및 국제아동절기념 체육대회'(1977), '전국고등체육전문학교 체육경기대회'(1974), '9월 5일상 체육경기대회'(1977), '전국학생해양체육대회'(1978) 등이 만들어졌다. 공장, 기업소, 학교, 군부대는 물론 가정에 이르기까지 전 주민이 아침체조, 집단달리기, 업간체조와 생산체육을 비롯한 각종 체육활동에 적극 참여하도록 강요되었다.

1981년 이후 북한은 7개 종목의 중소규모 국제경기대회를 신설하고 주로 공산권 및 친북 좌경국가들의 체육인을 초청, 이들을 통한 그들의 외형적 발전상을 선전 선동함과 아울러 김일성 부자 세습체제의 국제화에 부심했다. 특히 스포츠 후진국에 체육인을 파견하는 등 체육외교를 강화했다. 그리고 마라톤, 예술체조, 탁구, 배구, 권투, 축구, 유도 등 7개 종목의 국제대회가 창설되었으며 이 대회를 권위 있는 국제대회로 발전시키고자 동남아, 중동, 아프리카 및 서유럽 등 각국에 적극 초청교섭을 벌였다.

군사부문

당시 북한의 권력구조에서 김일성 부자 세습체제에 도전할 수 있는 세력으로 군부가 나설 수 있다는 우려 하에 김정일과 그 추종세

■ 오극렬, 백학림, 김두남

력은 북한 군부 장악을 위한 조치를 추진했다. 북한 당국은 1980년 10월 제6차 당 대회에서 19명으로 구성된 당 군사위원회에 김정일을 추종하는 5명의 만경대혁명학원 출신(오극렬, 김강환, 김일철, 최상욱, 리봉원)을 충원시켜 제2세대들을 진출시켰고 또 1982년 4월 최고인민회의 제7기 제1차 회의에서 정무원을 개편하여 무장력의 총체인 인민무력부와 사회안전부를 김정일이 직접 관할하고 있는 당 비서국 산하로 이관시켰다.

이와 같은 제도적 조치로 김정일은 인민무력부장 오진우의 후견으로 총참모장 오극렬 등 군 주요 지휘계통에 그의 심복들을 배치하여 군부 내 세력기반을 구축하였다. 오극렬(상장, 총참모장), 백학림(중장, 인민무력부장), 김강환(중장, 부총참모장), 김두남(중장, 당 비서국 군사부장), 윤치호(중장, 총정치국 부국장)가 김정일의 군사지도권을 보호하고 확장하는 대표적 심복인물들이었다.

김정일은 당 조직을 통해 군대를 제도적으로 통제하기 위한 노력 차원에서 당에 의한 군대 지배원칙을 강화하고자 하였다. 당 기관지

「로동신문」은 1981년 7월 13일자 사설과 1982년 4월 23일자 논설을 통하여 "당과 수령에 대한 충실성의 전통을 빛나게 계승해 나가는 조선인민군"이 될 것을 새삼 강조함으로써 당의 군 지배원칙을 재확인하였다.[26] 특히 「로동신문」 1982년 4월 23일자 논설을 통하여 1980년대의 '김혁·차광수가 되자'는 운동을 전개하였는데, 이는 1920년대 말 항일무장투쟁 시기에 김혁과 차광수가 자기들보다 나이가 어린 김일성을 충성으로 받들었듯이 군부의 원로 지도자들이 김혁·차광수와 같이 약관이었던 김정일에 충성을 다하도록 하는 데 초점을 맞추기 위한 것이었다.

김정일은 1982년 10월 인민군 각급 교관회의, 1982년 11월 인민군 포병대회, 1983년 4월 인민군 제8차 선전선동원대회, 인민군 창건 51돌 관련 김동영 군부대 방문 등에 김일성을 따라 오진우, 오극렬, 백학림, 김강환, 김두남을 대동하고 참석함으로써 인민군의 말단지휘 계통까지 그의 군사지도자 이미지를 부각시키고자 하였다. 그 결과 당시 김정일은 군사지휘부와 정치부 및 3대혁명소조원을 통한 이른바 '3선 보고조직'을 빈틈없이 구사하여 인민군을 통제해 나갔고, 군대에서의 김정일에 대한 우상화 역시 김일성과 거의 동격으로 이루어져 '위대한 지도자'로 호칭될 뿐만 아니라 '최고사령관'으로까지 호칭되어 군부에 대한 그의 실권 장악을 현실화해 나갔다.

26 「로동신문」, 1981년 7월 13일, 1982년 4월 23일.

이 시기 "우리들은 생의 마지막 순간까지 위대한 김일성 동지와 친애하는 지도자 김정일 동지께 충성할 것을 맹세합니다"[27]라는 선서문이 나왔다. 또 군대 내 사단급 이상에 설치되어 있는 소위 '김일성 혁명사상 연구실' 내에 '김정일 사상이론 연구실'을 만들어 놓고 김정일 우상화를 위한 정치사상교육이 본격적으로 실시되었다. 북한 당국은 "오늘 우리에게 있어서 조국은 곧 위대한 수령님이시며 친애하는 지도자 동지이시다"[28]라고 규정, '조국 = 김일성 = 김정일'이란 등식을 만들어 놓고 김일성에 이어 김정일의 군부 장악의 당위성을 심화시키고자 하였다.

또한 북한은 김정일의 직접 주도로 각종 형태의 대남도발을 자행하기도 했다. 김정일 주도 하의 북한 당국은 한국 정부의 핵심요인의 암살 또는 주요시설을 일거에 파괴한 뒤 이러한 만행을 한국 내 반체제 인사들의 소행으로 조작하는 한편, 일종의 위장평화 공세를 강행하여 세계 여론의 기선을 잡고 민심을 혼란에 빠뜨려 적화통일의 기회를 포착하겠다는 단계적 대남도발 행동계획을 집요하게 추진하였던 것으로 판단된다.

북한 당국은 미얀마 아웅산 묘소 폭파사건(1983. 10)에 이어 다대

---

27 1993년 10월 18일의 '군 지휘관·정치일군대회'와 11월 11일의 인민무력부 김정일 위대성 연구토론회에서 김정일의 업적을 칭송하였으며, 또한 11월 15일의 직총 중앙위원회 제26차 전원회의와 여맹 중앙위원회 제18차 전원회의, 11월 16~17일의 사로청 중앙위원회 제3차 전원회의와 농근맹 중앙위원회 제21차 전원회의 등에서도 김정일에 대한 충성과 단결을 강조하였다.

28 『로동청년』, 1983년 4월 22일.

■ 1983년 전 세계를 경악게 한 미얀마 아웅산 묘소 폭파사건 현장. ⓒ연합뉴스

포 무장간첩 침투 감행(1983. 12) 후 '3자회담'을 제의(1984. 1)하는 등 '화전 양동작전'을 통한 남한의 국론분열을 기도하는 모습을 보였다. 김정일은 "남한에 대한 집중 포위전을 전개하며 혁명의 가능성을 의도적으로 조성하여 이를 최대로 이용해야 한다"고 강조하였다.[29] 또한 김정일을 위원장으로 하는 소위 '대남 파괴공작 5인 위원회'의 조직운영을 통한 과격한 대남도발 계획도 적극 추진한 것으로 알려지고 있다.

다른 한편으로 북한은 중·소로부터 현대 무기 및 새로운 군사기술을 도입하고 제3세계 국가들에 대해서는 그들이 만든 무기를 판매함과 아울러 한반도 공산화를 위한 국제적 지지세력 확보를

---

29 김정일, "주체의 해님따라" (평양 : 통일혁명당중앙위원회, 1982), p.62.

목적으로 폭력 군사외교를 확대하여 김정일의 대내외적 지도력을 과시하고자 하였다. 1966년 월남전 발발 당시 250~300명의 심리전 요원과 50여 명의 조종사를 파견하였고, 1983년 말에는 35개국에 1만2,660명의 군사요원을 파견, 참전, 장비 및 부대 운영, 훈련 지도 등을 담당한 것으로 전해졌다.

당시 군사요원 파견 실태를 살펴보면 니카라과 28명, 이란 300명, 짐바브웨 130명, 우간다 40명, 마다가스카르 100명 등 34개국 2,000명에 이르며, 특히 1983년 8월 차드 내전에서는 북한 조종사가 폭격에도 참가하였다.[30] 1966년 이후 제3세계 국가의 정규군 및 게릴라 요원을 평양에 초치, 단기 3~6개월, 장기 1년~1년 6개월 간 각종 군사훈련을 실시하였고, 인민무력부 산하 정찰국에 특별 초대소를 설치, 30~40명씩 수용하여 1983년 당시 27개국 5,800여 명을 교육하였다.

1960년대 후반부터는 월맹, 이집트, 북예멘 등에 소화기, 야포 등 소량의 무기를 무상 공급해 왔으나 1970년대 이후에는 아시아, 아프리카, 중동, 중남미 지역 31개국에 소화기, 야포, 로켓포, 전차, 함정 등 다양한 군사장비를 지원하였다. 그리고 외화 획득 및 국제적 지위 향상을 노려 이란, 리비아 등 분쟁지역을 중심으로 1979년 이래 37개국에 15억 달러 상당의 무기를 수출하였다.[31]

---

30 『産經新聞』, 1984년 1월 5일.
31 위와 같음.

다른 한편으로 김정일은 핵무장력 강화로 남한에 대한 군사력 열세를 만회하고자 하였다. 북한은 2006년부터 2013년까지 세 차례 핵실험을 실시하였다. 이를 통해 핵탄두의 소형화로 전략미사일이 탑재 가능한 핵탄두 개발에 열을 올렸다. 북한은 비전략 핵이나 수소폭탄 등 여타 '다종'의 핵무기 개발을 끊임없이 하고 있으며, 핵위협의 강도와 범위를 지속적으로 키워 나가고 있는 실정이다.

북한은 핵투발(核投發)을 위한 중요한 수단의 하나로 각종 미사일을 일찍부터 집중적으로 개발해 왔다. 특히 장거리 미사일 개발을 통해 미국 본토를 위협할 수 있는 능력까지 보유하고 있다고 공언했다. 1998년부터 다섯 차례에 걸친 장거리 미사일 발사 시험으로 북한이 ICBM 국가의 문턱에 와 있는 것이 사실인 만큼 핵투발 수단 발전 측면에서 볼 때, 그것은 북한 핵위협의 상당한 진화를 시사한다.

김정일은 핵전략을 국가의 중요 전략으로 수립하였다. 실제로 북한은 핵전략 이행을 위해 2014년부터 핵 및 미사일 관련 사령부인 '전략군'을 육해공군과 동등한 위상의 제4군으로 승격, 운영하고 있는 것으로 알려져 있다. 북한군 통수권자인 최고사령관의 발사 명령을 신속히 따를 수 있도록 지휘체계를 일원화해 놓고 있는 것이다.

"경애하는 최고사령관 동지께서 최종 비준하신 화력타격계획에 따라 우리의 전략 로케트들이 임의의 시각에 미국의 본토와 하와이, 괌도를 비롯한 태평양작전구 안의 미제 침략군 기지들과 남조선 주둔

:: 김정일 시대 북한 미사일 및 발사체 발사(가동) 일지

연 도	일 자	내 용
1998년	8월 31일	함경북도 화대군 무수단리 발사장서 대포동 1호(장거리 미사일) 발사
	9월 4일	8월 31일 12시 07분 함경북도 화대군 무수단리 발사장에서 발사된 다단계 운반로켓(백두산 1호)으로 첫 인공지구위성 (광명성 1호) 궤도진입 성공 발표
2003년	2월	동해상으로 사거리 100㎞인 중국제 실크웜 지대함 미사일(KN-01) 시험 발사
	3월	동해상으로 사거리 100㎞인 중국제 실크웜 지대함 미사일(KN-01) 시험 발사
	4월	서해상에서 육지로 사거리 60㎞의 실크웜 미사일(KN-01) 시험 발사
	10월	동해상으로 중국제 실크웜 추정 지대함 미사일(KN-01) 시험발사
2004년	4월	동해상으로 소련제 단거리 미사일 SS-21 개량형인 KN-02 미사일 발사, 실험 실패
2005년	5월중	동해상으로 단거리 미사일 SS21 개량형인 KN-02 발사 사거리 120㎞ 추정
2006년	3월중	동해상으로 단거리 미사일 2기 발사(KN-02) 추정
	7월 5일	대포동 2호 1기를 비롯 노동 및 스커드급 등 총 7발 발사
2007년	5월 25일	동해상으로 단거리 미사일 1발 발사
	6월 7일	서해상으로 단거리 미사일 2발 발사
	6월 19일	동해상으로 단거리 미사일 1발 발사
	6월 27일	동해상으로 KN-02 단거리 미사일 3발 발사
2008년	3월 28일	서해상에서 함대함 단거리 미사일 수발 발사
	5월 29일	GPS를 이용한 미사일 유도 방해 교란장치 개발 및 수출 정황 포착
	5월 31일	서해상에서 함대함 단거리 미사일 3발 발사
	9월 12일	서해상서 사격 및 대지공격훈련 실시
	10월 8일	서해상에서 단거리 미사일 2발 발사
2009년	2월 3일	함경북도 화대군 무수단리로 대포동 2호 이동

연 도	일 자	내 용
2009년	3월 12일	4월초 미사일 IMO에 통보
	3월 13일	동해안 해안포 진지 노출 사거리 20km에 달하는 76mm, 100mm 해안포 및 포진 길이 확장을 통한 사거리 30~40km 증대
	3월 25일	무수단리 시험장에서 대포동 2호 장착 확인
	4월 5일	장거리 미사일 1발 발사 은하2호가 함경북도 화대군 동해 위성발사장에서 발사되어 궤도진입 주장
	5월 6일	평안북도 철산군 동창리 장거리 미사일 시험장 조기 완공 전망
	5월 25일	함경북도 무수단리, 지대함 단거리 2발 발사
	5월 26일	함경남도 신상리, 지대함 단거리 3발 발사
	5월 29일	함경북도 무수단리, 신형 지대공 미사일 1발 발사 사정거리 100~160km의 북한 독자개발 신형 미사일 또는 최대 사정거리 250여km인 구소련제 SA-5미사일을 개량한 것으로 추정
	7월 2일	함경남도 신상리, 지대함 단거리 4발 발사 최대사거리 120~160km의 KN-01 지대함미사일로 길이 5.8m, 직경 76cm, 사거리 83~95km의 실크웜(CSS-C-2) 미사일 개량형으로 추정
	7월 4일	강원도 깃대령, 단거리 7발 발사(스커드 5발, 노동 2발 추정)
	10월 12일	동해안서 KN-02 단거리 미사일 5발 발사
	11월 15일	황해남도 장산곶 인근 해안일대, 지대함 미사일 및 해안포 부대 사격통제 레이더 가동 포착
2010년	1월 28일	연평도 인근 해안포 5~6발 발사
	3월 9일	사거리 3천km 이상의 신형 중거리 미사일(IRBM) 실전 배치 이후 신형 IRBM사단 별도 창설
	11월 23일	연평도 포격 해안포 및 곡사포 100여 발 연평도를 향해 포격 (한국군 : 사망2, 부상 16, 민간인 : 사망2, 부상10)
2011년	6월 7일	서해안(평북)서 KN-06 단거리 미사일 1발 발사
	10월 12일	대함미사일, KN-06지대공 미사일 등 발사 추정 및 사곶기지, 등산곶 등 서해안에 샘릿, 실크웜(사거리 83~95km) 등 지대함 미사일과 SA-2(사거리 13~30km), SA-5(사거리 260km)를 비롯한 지대공 미사일 집중배치 포착

미군기지들을 초토화할 만단의 타격태세를 갖추었으며 전체 군대와 인민이 최후명령을 기다리고 있습니다." (인민군 창건 81돌 경축 중앙 보고대회, 총참모장 현영철 보고)

통일부문

김정일이 주도하는 북한 당국은 한반도 적화통일의 기본입장을 더욱 강화하는 움직임을 보였다. 평양 당국은 당 규약 및 사회주의 헌법에 명시된 한반도 적화통일노선을 기본으로 하고 한반도 통일 문제를 혁명수행의 일환으로 자리매김하면서 이의 이행을 위한 실천적 활동을 적극적으로 펼쳐왔다.

1980년 10월 제6차 당 대회 때 개정한 당 규약에 "당면 목적은 공화국 북반부에서 사회주의의 완전한 승리를 이룩하며 전국적 범위에서 민족해방과 인민민주주의혁명의 과업을 완수하는 데 있으며 최종목적은 온 사회의 주체사상화와 공산주의사회를 건설하는 데 있다"고 밝혔다. 1972년 12월에 개정한 북한헌법 제5조에서도 "조선민주주의인민공화국은 북반부에서 외세를 물리치고… 조국을 평화적으로 통일하며 완전한 민족적 독립을 이룩하기 위하여 투쟁한다"라고 규정하면서까지 한반도 적화통일 의도를 강하게 표출해 왔다.

이에 더하여 김정일은 1982년 10월 17일 발표된 논문을 통해서 "오늘 우리 앞에는 온 사회의 주체사상화를 다그치며 조국통일의 위업을 실현하여야 할 무거운 혁명임무에 나서고 있다"[32]고 하여

한반도의 적화통일이 그들의 혁명적 사명임을 밝혀 김정일 자신의
적화통일 의지를 한층 강하게 표출하였다. 북한은 한반도의 통일
을 실현하는 전략으로서 북한 내부의 혁명기지 강화, 국제혁명 역
량 조성, 남한 내부의 혁명 역량 등 3대 혁명 역량 강화론을 견지해
오고 있는 터였다.[33]

동시에 김정일 주도 하의 북한 당국은 1980년 10월 제6차 당 대
회에서 이른바 고려민주연방공화국 창립 방안을 제시한 이래 현
재까지 이를 더욱 구체화하면서 대남통일전선전술의 하나로 활용
하는 적극성을 보였다. 김일성은 1983년 9월 정권 창건 35주년 관
련 기념 연회석상에서 연설을 통해 동 연방제 실현을 재차 강조하
였으며, 연방제 구성문제와 관련하여 최고민족회의 의장과 상설
위원회 위원장을 남북이 각각 선출하고 윤번제로 운영할 것을 제
의하였다.

또한 북한은 한반도의 긴장을 완화시키기 위해서는 우선 북한과
미국이 정전협정을 평화협정으로 체결할 것을 거듭 주장함으로써
한미동맹관계의 이완을 기도하였다. 북한의 대미 평화협정 체결
주장은 1974년 3월 최고인민회의 4기 3차 회의 때 처음 등장한 이
후 줄곧 제기되어 오기는 하였다. 1983년 1월 9일 중국 국무원총리

---

32 김정일, "조선로동당은 영광스러운 'ㅌ·ㄷ'의 전통을 계승한 주체형의 혁명적 당이다"
(1982. 10. 17).

33 김일성, "조선민주주의인민공화국에서의 사회주의 건설과 남조선 혁명에 대하여(인도네
시아 '알리 아르함' 사회과학원에서 한 강의, 1965. 4. 14)", 『김일성저작집 19』 (평양 :
조선로동당출판사, 1982), pp.278~329.

자오쯔양의 미국 방문을 기해 이를 다시 제의한 바 있다.

북한은 1983년 1월 10일 중앙인민위원회와 최고인민회의 상설회의 연합회의 편지형식으로 미·북·남한의 3자회담을 공식 제의하였다. 동 제의는 북한이 이른바 '휴전협정의 당사국인 미국'과 한반도의 긴장완화 문제를 협의하자는 것이며 여기에 남한이 참여한다면 참석해도 좋다는 식의 내용을 담았다.[34] 이것은 아웅산 테러 감행 이후 나온 대표적인 유화 제스처로 평가된다.

이후 1998년 대북정책조정관으로 임명된 페리 전 국방장관이 김대중 정부와의 협의를 통해 1999년 북한을 직접 방문하고 그 해 가을 대북포용정책을 수용하는 '페리보고서'를 작성한 것은 당시 미국의 정책방향이 남북정상회담 성사에 우호적인 배경이 되었음을 보여 준다.[35] 또한 북한의 계속되는 경제난 역시 김정일을 남북정상회담에 나서게 하는 배경이 되었다.

특히 2000년 들어서부터 이탈리아, 오스트레일리아 등과 수교 혹은 복교를 하여 대 서방외교에 적극적으로 나서는 한편, 미국, 일본과도 접촉을 계속하였으나 관계개선이 지지부진한 과정에서 가중되고 있는 경제난을 해소하기 위해서는 결국 남한의 협조와 도움을 받아들이기로 판단한 것으로 보인다. 마침 2000년 3월의

---

34 제안서 내용은 http://dialogue.unikorea.go.kr/home/data/kdialogue/911 (검색일자 : 2014. 5. 17)

35 김근식, "남북정상회담과 6·15 공동선언 : 분석과 평가", 『북한연구학회보』 제10권 2호 (북한연구학회, 2006년 겨울), p.42.

베를린 선언은 남한이 흡수통일의 배제와 경제지원을 약속함으로 써 북한에게 남북정상회담 수용의 명분을 제공한 것으로 평가할 수 있다.[36]

　제1차 남북정상회담은 대통령 김대중과 북한 김정일 국방위원장이 2000년 6월 13일부터 15일까지 평양에서 2박3일 동안 가진 정상회담으로 회담의 주요 내용은 한반도의 통일과 평화정착, 민족의 화해와 단합, 남북간 교류와 협력 증진 등을 다루었다. 6월 15일 발표한 '6·15남북공동선언'의 주요 내용은 첫째, 통일문제의 자주적 해결, 둘째, 1국가 2체제의 통일방안 협의, 셋째, 이산가족 문제의 조속한 해결, 넷째, 경제협력 등을 비롯한 남북간 교류의 활성화 등이 두 정상 간에 합의된 사항이다. 또, 합의사항을 조속히 실천에 옮기기 위한 실무회담을 열 것과 북한의 김정일 국방위원장의 서울 방문 등에 관한 합의사항도 포함되어 있다.

　이후 2007년 10월 2일에서 4일에 걸쳐 제2차 남북정상회담이 개최되었으며, 10월 4일 노무현 대통령과 김정일 국방위원장은 8개의 본항과 2개의 별항 등 총 10개 항의 '남북관계 발전과 평화번영을 위한 선언'(10·4공동선언)에 합의하였다.[37]

　북한이 제2차 남북정상회담에 응한 이유는 여러 가지 요인이 복합적으로 작용한 것으로 보인다. 첫째는 2차 북핵 사태를 둘러싼

---

36 이성봉, "북한의 대외정책과 남북한 관계", 『북한연구학회보』 제8권 제1호 (북한연구학회, 2004 여름), p.161.
37 통일부 남북정상회담준비기획단, 『2007 남북정상회담합의 해설자료』(2007. 10. 4)

■ 대한민국의 두 대통령을 만난 김정일 국방위원장
2000년 6월 13~15일 평양에서 김대중 대통령과 제1차 남북정상회담(위)을, 2007년 10월 2~4일 노무현 대통령과 제2차 남북정상회담(아래)을 가졌다. ⓒ 연합뉴스

북한의 입장, 둘째는 북한의 경제적 곤란, 셋째는 대내적 체제안정의 필요성, 넷째는 대남 정치개입이 그것이다. 제1차 남북정상회담 이후 제2차 남북정상회담이 열리기까지 최대 변수는 북한의 핵과 미사일 개발 및 실험이었다. 2002년 10월 3일에서 5일까지 이루어진 켈리 특사의 평양 방문 이후 북한이 핵개발을 시인함으로써 미국 부시 정부와의 새로운 긴장과 갈등관계는 극도로 악화되었다.[38]

두 공동선언의 특징은 첫째, 6·15공동선언은 10·4공동선언에 비하여 포괄적·선언적·규범적 성격이 강한 데 비하여, 10·4공동선언은 상대적으로 매우 세부적·실천적·구체적 성격을 보여 준다. 둘째, 6·15공동선언이 매우 간결하게 남북관계와 통일에 대한 큰 원칙을 표명하였다면, 10·4공동선언은 그 기본정신과 원칙을 계승하면서 분야별 추진의지와 함께 구체적인 사업 프로그램들을 명시함으로써 매우 현실적인 내용을 담고 있다.

두 공동선언의 이러한 특징은 많은 부분에서 남북 간의 합의가 본질적으로 동일한 목표와 기본정신을 갖고 있음을 보여 준다.[39]

첫째, 10·4공동선언이 "6·15공동선언에 기초하여 남북관계를 확대·발전시켜 나가기 위하여"라든가, 제1항에서 "6·15공동선언을 고수하고 적극 구현해 나간다"라고 함으로써 두 공동선언은 각기 전문에서 밝히고 있는 것처럼 상호이해의 증진, 남북관계의

---

38 김인혁, "제1·2차 남북정상회담의 비교분석", 『통일전략』 2007, p.192.

39 위의 글, pp.204~205.

발전과 공동번영, 평화통일의 실현 등에서 본질적으로 일치한다.

둘째, 두 선언은 통일문제에서 "우리 민족끼리", "자주적으로" 해결해 나간다고 함으로써 통일 실현과정의 민족 공조에 대해 여전히 일치된 견해를 나타내고 있다.

셋째, 경제협력에 있어서 두 선언이 동일하게 '민족경제의 균형적 발전'에 합의함으로써 남북 간 경제관계는 남북의 공동번영을 목표로 하는 특수한 민족 내부경제라는 점에 여전히 인식을 같이하고 있다.

넷째, 남북 교류의 활성화와 인도주의 협력정신은 두 선언의 합의에서 공통되고 일관되게 이어지고 있다. 이와 같이 많은 부분에서 남북이 동일한 목표와 가치를 갖고 있고, 이에 대해 인식을 함께하는 데에 합의하고 있다.

김정일, '선군권력체계'를 구축하다

김일성 사후 김정일의 권력세습은 자연스럽게 이루어졌다. 김정일은 김일성 권력을 부분적으로 개혁(1994~1998)하고 선군정치 통치체계 구축으로 권력을 공고화(1998~2009)하는 데 성공하였다. 이를 기반으로 3대 세습체제를 구축하였으며, 김정일은 '고난의 행군'이라는 명목 하에 고유의 권력 구축을 위한 전방위적인 '개혁작업'을 단행하였던 것이다. 그 결과 나타난 것이 '선군권력체계'다.

김정일은 국방위원회의 임무와 권한을 확대·강화하는 법적 장치(1998년 수정헌법)를 마련하고 스스로 국방위원장으로 재추대되면서 군사 중심의 권력기반을 구축하였다. 수정·보충된 사회주의 헌법(1998. 9. 5)은 국방위원회를 기존의 최고군사지도기관에 더하여 전반적인 국방관리기관으로 규정함으로써 국방위원회의 임무와 권한을 확대·강화하였다. 그리고 국방위원장 직책을 "나라의 정치, 군사, 경제력량의 총체를 지휘통솔하며 나라의 방위력과 전반적 국력을 발전시키는 사업을 조직령도하는 국가의 최고직책"으로 크게 높이고, 국방위원회 위원장이 "일체 무력을 지휘 통솔하며 국방사업 전반을 지도"하도록 그 기능과 역할을 확대하고 강화하였던 것이다.

국방문제를 '단순한 군사문제'로 보지 않고 "정치, 경제, 군사와 문화, 외교, 사회생활 등 민족의 생활영역 전반에 비끼게 되는 거대한 창조사업으로 민족번영과 사회진보를 이룩하는 것을 최대 과제로 지향하는 국사 중의 최대 국사"로 확대해 놓았기 때문에 '국방사업 전반을 지도'하는 국방위원장의 지위를 "그 어떤 국가수반직에 비할 수 없는 가장 위대한 혁명의 최고 중책"으로까지 제고하였다. 국방위원회는 '군력' 중시의 기구체계상 중추적인 상설 국가 최고기구이며 이에 대한 최고지도권을 가지고 있는 국방위원장이 실질적인 국가수반이 되도록 하였다.

먼저 김정일은 핵 및 미사일 개발을 통해서 명실상부한 선군정치식 국가최고지도자로서의 기반을 다졌다. 또한 핵 및 미사일 개발로 대외적 협상력을 높임으로써 국가수반으로서의 정치적 지도력뿐만 아니라 군최고지휘관으로서의 지도력을 동시에 확보하게 되었다. 김정일은 또 한 번의 헌법개정(2009. 4)을 통해서 군사 중심의 이 같은 권력기반을 법제화하기에 이르렀다. 이 개정헌법에서 국방위원회가 이전의 중앙인민위원회와 같이 국가최고지도기관이 되고, 국방위원장은 '국가최고령도자'로 규정되었다. 이 같은 과정을 통해서 김정일은 선군정치를 내세워 군대 활용과 장악을 정당화하고 이에 대한 체계적인 발전을 기하였다.

김정일은 국방위원장으로 추대되어 군대를 우선적으로 장악하고 군대를 적극 활용하는 선군정치체계를 수립하였다. 2009년 4월 9일 제12기 최고인민회의 첫 전체회의에서 헌법상 국방위원장의 지위를 '최고영도자' 및 '최고사령관'으로 추대하였고 '선군사상'을 헌법에 명문화하였다. 이로써 대를 잇는 '선군권력체계'를 제도화한 것이다. 이는 북한이 강력한 군사역량을 갖춘 지도자가 통치하는 '선군국가'를 건설하여 대를 이어 이를 보존하고 확대해 나가겠다는 것을 의미한다. 이로써 김정일은 정권의 안정과 영속화를 위해서 '선군권력체계'를 갖춘 '선군국가'의 세습을 위한 장치를 마련했다.

제2장

김정은, 선군권력을 세습하다

김정은, '선군권력체계'를 이어받다
속전속결의 권력승계 과정을 밟다
김정은, 빠르게 권력을 장악해 나가다
핵 · 미사일 개발 강행으로 선군정치식 리더십 굳히기
공염불 된 '경제난 해결' 공약
휴대전화 통한 외부정보 유입 봇물
권력 전면에서 사라진 운구차 7인방
긴장 고조 노린 의도적 대남도발

김정은, '선군권력체계'를 이어받다

김정은, '청년대장'으로 등장하다

김정일의 후계 문제가 간접적이지만 공식적으로 거론되기 시작한 것은 2008년부터다. '3, 4세대로의 혁명계승'이라든가, '새 세대' 등의 용어가 당 기관지 「노동신문」에 등장한 것이다.[40] 고위 탈북인사의 진술에 의하면, 2008년 1월부터 김정은 관련 중앙기관 지시가 나왔다고 한다. 당시 "동무들이 지금까지 나를 받들어 일을 잘해 온 것처럼 앞으로 청년장군 김정은 대장 동지를 잘 받들어 모시기를 기대합니다"라는 '김정일 말씀'이 나왔다는 것이다. 이와 같이 2008년부터 중앙당 및 군 관련기관(인민무력부, 국가안전보위부, 인민보안부 등) 내부를 중심으로 김정일의 후계자로서 김정은의 활동이 전개되어 온 것으로 볼 수 있다.

2009년 1월부터는 김정일의 3남 김정은이 후계자로 지명되었다는 소문이 북한 사회에 확산되었다.[41] 군사지도자(대장)로서 김정은

---

40 「로동신문」, 2008년 10월 10일.

41 북한은 2009년 1월 8일 내부적으로 김정은을 후계자로 내정했다는 교시가 리제강 당 조직지도부 제1부부장에게 하달되었고 이로부터 당 고위간부에게 전파되었다거나 인민군 총정치국을 통해 대좌급 이상 고급 군관들에게 하달되었다는 증언들이 있다. 「연합뉴스」, 2009. 1. 25, 3. 9.

을 우상화하는 내용을 담은 노래(「발걸음」)[42]나 공연극이 보급되기도 하였다.[43] 실제로 2009년 6월에 나온 '존경하는 김정은 대장 동지의 위대성 교양자료'가 이를 잘 설명해 주고 있다.

이 자료에서는 김정은이 첫째, "절세의 위인이시며 백전백승의 강철령장이신 어버이 수령님과 경애하는 장군님과 꼭 같으신 선군령장"이며, 둘째, "그 누구도 따르지 못할 천재적 예지와 지략을 지니신 군사의 영재"이며, 셋째, "다재다능하시고 현대 군사과학과 기술에 정통하신 천재"[44]라는 사실을 강조함으로써 군사지도자로서의 '위대성'이 집중적으로 부각되도록 하였다.

북한 당국은 후계자로서의 김정은을 당 및 군대 그리고 전 사회에 각인되는 활동과정을 거쳐 2010년 9월 28일 제3차 당 대표자회에서 대장 칭호와 함께 당 중앙군사위원회 부위원장과 당 중앙위원회 위원 직책을 부여함으로써 그를 후계자로 공식화한 것이다. 이후 북한 당국은 후계자로서 김정은을 부각하기 위해 거의 대부

---

42 『연합뉴스』 2009. 10. 26. 北 후계자 김정은 찬양가요 「발걸음」 공인, 『데일리NK』 2009. 10. 9. 北, 후계자격으로 배반 않을 충실성' 내세워, 日 언론보도 '김정은 위대성 교양자료'에서 "선군영도 계승" 강조, 김정은 위대성 교양자료에서 「발걸음」 노래를 다음과 같이 해설하였다. "노래 「발걸음」은 어버이 수령님께서 개척하시고 경애하는 장군님께서 빛내어 나가시는 주체의 선군혁명 위업을 대를 이어 빛나게 계승해 나가시는 존경하는 김정은 대장 동지를 우리 혁명에 높이 모신 크나큰 영광과 기쁨을 가슴에 안고 그이의 령도를 충직하게 받들어 강성대국의 찬란한 미래, 선군혁명의 최후승리를 앞당겨 이룩해 나갈 천만군민의 철석같은 신념과 의지를 사상 예술적으로 훌륭히 형상한 21세기의 수령 찬가이다."

43 전현준, "북한정세", 『통일환경 및 남북한 관계 전망 : 2009~2010』 (서울 : 통일연구원, 2010), pp.51~56.

44 정영태, "김정일 체제 출범 이후 북한의 미래 전망", 『INSS학술회의 자료집』 (서울 : 국가안보전략연구소, 2012), p.53.

분 김정일 현지지도에 김정은이 동행[45]했다는 사실을 발표하였다. 2011년에도 김정은은 장성택(총 118회)에 이어 두 번째로 많은 김정일 현지지도 동행 횟수(총 94회)를 기록한 것으로 공개되었다.[46] 그러나 2011년 12월 17일 김정일이 사망하자 김정은은 후계자로서의 '홀로서기'를 시작해야 했다.

김정은의 권력세습은 군사로부터

김정은의 권력세습 과정의 특성을 평가해 보면 첫째, 김정일과는 달리 군사지도자로서의 정통성 구축을 우선하였다. 김정일은 당 조직 장악을 통해서 군부를 비롯한 여타 조직을 통제하는 수순을 밟았다. 즉 김정일은 중앙당 비서국 조직지도부를 관장하면서 북한의 모든 권력이 이곳에 집중되도록 하여 스스로 '당 중앙'으로서 김일성 다음의 제2인자로 북한의 전권을 행사하였다.[47]

김정일은 후계자 공식화(1980. 10) 이후 점진적으로 권력승계 절차(14년)를 밟아 나갔다. 즉 당 정치국 상무위원 · 비서 · 중앙군사위원(1980. 10), 국방위 제1부위원장(1990. 5), 군최고사령관(1991. 12), 국방위원장(1993. 4), 당 총비서(1997. 10) 순으로 당적 권력에

---

45 2010년 9월 28일 김정은에 대한 군사 칭호 수여에 이어 9월 29일 김정은 당 중앙군사위 부위원장과 당 중앙위원으로 선거된 이후 2010년 12월 말까지 32회에 걸친 김정일 현지지도 시 김정은의 동행이 있었다.

46 통일연구원, 『김정일 현지지도 동향 1994~2011』 (서울 : 통일연구원, 2011), pp.268~270, 293~296.

47 정영태, 『북한의 국방위원장 통치체제의 특성과 정책전망』 (서울 : 통일연구원, 2000), p.44.

기반한 권력승계 과정을 거쳤다.

반면, 김정은은 군 관련기관에서 군사지도자로서의 정통성을 먼저 구축해 나가는 양태를 보였다. 그가 당 중앙군사위 부위원장(2010. 9), 군최고사령관(2011. 12), 당 제1비서·국방위 제1위원장(2012. 4)에 차례로 오른 것은 군사 우선의 권력승계 특성을 말해준다. 이는 김정은이 김정일 시대에 구축해 놓은 '선군정치식 권력세습' 과정을 거친 결과로 이해될 수 있다.

선군시대의 정치지도자는 군대를 틀어쥐어야 할 뿐만 아니라 군사에 능통한 탁월한 군사지휘관이 되어야 한다. 이에 따라 김정일은 김정은을 후계자로 만들기 위해 군사에 밝고 군대를 지휘·통솔할 수 있는 능력을 갖춘 정치지도자 이미지를 우선적으로 정착시켜 나가고자 한 것으로 보인다.[48]

따라서 김정은에게 중앙당 정치국과 비서국의 요직을 부여하기 이전에 대장 칭호 및 당 중앙군사위원회 부위원장직이 먼저 주어진 것은 결코 우연이 아니다. 김정일은 김정은이 군사지휘관으로서의 권위와 역할을 제고하여 인민군대를 장악하기만 하면 여타의 권력은 자동적으로 따라온다는 신념을 갖고 있었던 것으로 보인다.

---

48 김봉호, 『위대한 선군시대』 (평양 : 평양출판사, 2004), pp.153~155.

'장군형 지도자' 승계로 정당화

북한은 철저하게 김정은의 권력승계를 '장군형 지도자(수령)'의 승계논리로 정당화하고 있다. 실제로 북한 당국은 "백두에서 개척된 주체혁명 위업을 세대와 세기를 이어 끝까지 계승"해야 한다고 주장함으로써 김정은 후계를 정당화하고 있다. 특히 북한은 "인민의 운명을 전적으로 책임질 수 있는 령도자는 장군이여야" 한다고 주장함으로써 김정은을 '장군형 령도자'로 받들고자 한다.

김정은에게 '장군형 령도자' 상을 부여하고 있는 이유는 김정은 자신에게 빨치산 '김일성 장군'의 카리스마를 계승한 인물로 부각시키기 위한 것이다. 이는 김정은이 신화적으로 숭배되고 있는 '김일성 장군'이 지닌 신성성, 영웅적 위력, 이상적 모범성을 지니고 있다는 점을 강조하고자 하는 것이다. 김일성에게 인위적으로 덧씌워진 초인적인 자질, 예언자의 능력, 장군의 천재적인 전쟁 지도력 등과 같은 카리스마적 권위를 김정은에게 전이하기 위할 것으로 볼 수 있다.

속전속결의 권력승계 과정을 밟다

김정은 체제 첫해인 2012년에는 먼저 신속하고도 압축적으로 권력승계 절차를 밟았다. 김정은은 김정일의 생전 구상에 따라 최고위직을 발빠르게 승계하였던 것이다. 특히 김정은은 당 규약 개정 (4. 11), 헌법 개정(4. 13)을 통해 자신의 권력승계를 제도화하고 공식화하였다. 당 규약에 김정은을 '당과 인민의 영도자'로 명시하였고 헌법에는 '국방위원회 제1위원장' 직을 신설하여 김정은을 추대하였다.

권력개편도 신속하게 단행하였다. 그중에서도 가장 중요한 특징은 당 기능 정상화로 전통적인 사회주의 당－국가체제 복원을 도모했으며 정치국, 비서국, 중앙군사위 등 주요 직위 공석을 충원하거나 인원을 확대하기도 하였다. 정치국회의가 주요 의사결정기구로 등장한 것이 김정일 시대와는 다른 측면이다.

김정은 최고사령관 추대(2011. 12. 30)라든가 리영호 총참모장 해임(2012. 7. 15) 등을 정치국회의에서 결정하였다든가 국가체육지도위원회 설립(2012. 11. 4)을 정치국 확대회의에서 결정한 것이 대표적인 예다. 당적으로 군을 통제함으로써 완전한 군대 장악을 위해서도 노력하였으며, 민간 당 관료인 최룡해를 총정치국에 임명(2012. 4. 13)하여 군을 당적으로 철저히 통제하는 모습을 보였다. 그리고 군 총참모장인 리영호의 전격적인 해임으로 김정은 친위군대 만들기를 시도하였다.

또한 김정은 개인 우상화와 차별적 이미지 선전을 강화하여 김정은 정권의 정통성을 제고하고자 노력하였다. 이를 위해 김정은이 김일성의 이미지를 모방한다든가, 애민(愛民) 이미지를 부각시키기 위해 민생을 강조한다든가, 유원지 등 문화후생시설 건설에

박차를 가하는 모습을 보였다. 이외에도 부인 리설주를 공개한다
든가, 서구풍 공연을 개최하거나 대중연설 및 스킨십 등을 통해 개
방적 이미지도 과시하였다. 소년절(6. 6), 전국노병초청행사(7. 27),
청년절(8. 28), 전국어머니대회(11. 15) 등 주민들의 지지와 충성 유
도 차원에서 대규모 정치행사를 개최하기도 하였다.

다른 한편으로 체제 단속을 강화하는 태도를 보이기도 하였다.
김정은이 국가안전보위부를 2회(10. 6, 11. 19)나 방문하였고 전국
분주소장회의를 소집(11. 23)하였으며 전국사법검찰일군열성자대
회 개최(11. 26) 및 전군 대상 검열을 지속하였다.

아울러 북한은 선군정치를 답습해 김정은 체제를 공고히 하는
데 초점을 맞추었다. 2012년 8월 26일 김정은은 "선군 총대를 억세
게 틀어쥐고 통일 강성국가를 세워야"[49] 한다고 강조하였다. 이에
따라 핵·미사일 개발을 절대 중단하지 않을 것이라 공언하면서
개정헌법에 '핵보유국'임을 명기(2012. 5)함과 동시에 선군노선을
고수한다는 입장을 지속적으로 표명하고 있다. 이와 같이 김정은
정권은 핵·미사일 개발, 선군노선 고수를 체제생존의 기본 토대
로 삼고 있는 모습을 보이고 있다. 김정은이 "선군 총대를 억세게
틀어쥐고 통일 강성국가를 세워야 한다"고 한 말은 이를 반영한다.

특히 김정은 집권 2년차(2013)에는 김정은을 정점으로 하는 당

---

49 김정은, "선군령장의 손길따라 밝아오는 통일조국의 아침", 「우리민족끼리 인터넷판」,
2014년 8월 31일.

중심 체제를 더욱 강화하는 추세를 보였다. 김정은은 체제 전반에 대한 장악력 제고를 위해서 활발한 정치적 행보를 강화하였다. 원거리 또는 지방 현지지도와 생산현장을 방문함으로써 김정은의 관여 범위를 크게 확대하였다. 실제로 김정은의 현지지도 비율이 증대(2012년 15%→2013년 상반기 34%)하였고 2012년 위락 및 편의시설 위주에서 기업소, 기계공장, 협동농장 등 생산시설 중심으로 변화되었다.

또한 원로그룹의 점진적인 퇴진을 유도하고 당·정·군에 대한 김정은 친위세력 심기를 지속하였다. 2013년에 들어와서는 당 공식협의체를 통해 국가적 주요 정책 방향을 결정하는 등 당 조직의 활성화를 통한 권력기반 강화를 위해 노력하였다. 당 중앙위원회(전원회의)에서 당 노선을, 당 중앙군사위원회에서는 안보·군사문제를, 정치국회의에서는 국가적 중대 과업 및 행사 등을 결정토록 함으로써 당 기구의 활성화를 도모하였다. 경제·핵 병진노선은 당 중앙위 전원회의(3. 31)에서, 7·27, 9·9절의 성대한 개최 결정은 정치국회의(2. 11)에서, 안전·자주권 관련 중대결정은 당 중앙군사위 확대회의(2. 3)에서 각각 결정된 것이 대표적이다. 6년 만의 당 세포비서회의(1. 28), 20년 만의 3대 혁명소조 대회(2. 27), 5년 만의 전군 선전간부대회(3. 28)를 각각 개최하는 등 대규모 당 기층조직 행사를 개최하여 당 기반 다지기에 매진하기도 하였다.

김정은은 독자적 리더십을 구축하기 위한 노력도 강화하고 각군 실전훈련지도(2013. 2~3) 및 작전회의를 소집(3. 29)한다든가 접경

군사지역을 방문(3. 7 장재도·무도 방문, 6. 2 동부전선 오성산 초소 방문)한 것 등을 통해 군사적 긴장국면 조성을 직접 주도하는 모습을 보여 김정은의 과감하고 대담한 최고지도자상을 부각하고자 노력하였다.

아울러 군과 주민에 대한 자애로운 지도자상을 구축하기 위한 노력도 강화하였다. 청소년 시설 방문, 체육, 위락시설 건설, 소년단 제7차 대회 개최 등을 통해서 김정은은 '애민' 이미지를 부각시키는 데 많은 시간을 할애하였다. 김정은이 직접 군의 부식상태를 점검한다든가 병영시설 개선을 지시하는 '애군(愛軍)' 이미지를 선전해 온 것도 자애로운 최고지도자상 구축과 무관하지 않다.

특히 김정은은 고모부 장성택과 고모 김경희의 도움 없이 독자적 리더십 구축 단계에 진입하고자 노력하였다. 김정은이 장성택·김경희를 대동하는 빈도를 줄이면서 직접 해당분야 실무진을 대동하여 현지지도 하는 빈도를 높였다. 이에 더하여 장성택을 전격 처형함으로써 유일지도자상을 굳히는 데 잔혹성을 보이는 것도 주저하지 않고 강한 이미지를 과시하였다.

■ 김정은은 독자적 리더십을 구축하기 위한 노력도 강화하고 각군 실전훈련지도 및 작전회의를 소집하고
접경 군사지역을 방문하는 등 군사적 긴장국면 조성을 직접 주도하는 모습을 보여 과감하고 대담한 최
고지도자상을 부각시키고 있다. ⓒ연합뉴스

김정은, 빠르게 권력을 장악해 나가다

김정은은 후계자로서의 수업기간이 지나치게 짧다는 약점을 지니고 있다. 김정일은 아버지 김일성의 후원으로 20여 년 동안 당조직 장악을 통한 후계권력 구축을 위해 충분한 시간을 가졌으나 김정은은 그렇지 못했다. 김정일은 핵심적인 권력을 후계자에게 일찍 넘기지 않으려는 속성을 보였다. 실제로 김정일은 권력을 공유하지 않는다는 원칙을 견지해 온 것으로 판단된다. 김정일이 그의 통치기간 동안 중앙당 조직 지도부를 비롯한 핵심조직을 직할 통치해 왔다는 사실이 이러한 판단을 뒷받침한다.

당을 통한 정치적 통제체제를 적극 활용하는 양태를 보였다. 김정은 체제에서는 중앙당의 핵심조직인 정치국, 비서국, 중앙군사위 등 주요 조직의 공석을 충원하거나 인원을 확대함으로써 당의 기능과 역할을 활성화하는 조치를 단행하였다. 정치국은 27명에서 41명으로, 비서국은 9명에서 12명으로, 당 중앙군사위는 18명에서 20명으로 확대하였다.

김정일 정권에서는 거의 유명무실화되었던 '정치국회의'가 주요 의사결정기구로서의 역할을 회복해 가는 추세를 보였다. 예를 들면 '정치국회의' 결정으로 김정은 최고사령관 추대(2011. 12. 30), 리영호 해임(2012. 7. 15) 조치가 있었고, '정치국 확대회의' 결정으로 국가체육지도위원회가 설립(2012. 11. 4)되기도 하였다. 특히 김정은 체제에서는 이 같은 당 조직 활성화로 당을 통한 군대통제를 보다 본격화하였다. 당 인물인 최룡해를 총정치국장에 임명(4. 13)하여 당에 의한 군 통제체제를 보다 강화하는 모습을 보인 것이다.

김정일 시대 북한은 선군정치를 강조했으나 김정은 집권 하의 북한은 김정은 후계체제 공고화 작업을 본격화하면서 당 중앙위원회와 당 중앙군사위원회의 기능 활성화와 당의 향도적 역할을 강조해 오고 있다. 북한은 '계속혁명론'과 '혈통계승론'에 따른 김정은 후계권력 구축 본격화와 함께 김일성과 조선노동당을 동일시하여 김일성의 카리스마를 김정은에게 연결하는 이미지 구축작업에 열을 올리고 있다.

그럼에도 후계권력 구축을 위한 경험이 매우 부족하다는 사실은 김정은 권력의 최대 약점이있다. 하지만 김정은은 아버지 김정일이 구축해 놓은 선군정치체제 덕분에 표면적으로는 비교적 순탄하게 세습권력 공고화 과정을 거쳐 오고 있는 것처럼 보인다. 이는 군사 차원에서 최고위직인 최고사령관직을, 당 차원에서 당 총비서와 당의 군사 관련 최고위직(당 중앙군사위원회 위원장)과 국가 차원의 최고위직인 국방위원회 위원장직에 오르기만 하면, 자연히 최고지도자가 될 수 있도록 만들어 놓은 선군정치제도에 힘입은 바크기 때문이다. 실제로 김정은은 김정일 사망 후 약 2주 만에 군사 최고위직인 최고사령관(2011. 12. 30)에 올랐으며, 바로 이듬해 4월 당 최고위직인 당 제1비서와 당 중앙군사위원장직을, 그리고 국가 최고위직인 국방위 제1위원장직을 큰 어려움 없이 차지하였다.

이와 동시에 북한 당국은 측근 중심의 권력개편이 단행되면서

■ 김경희, 장성택, 최영림, 최룡해

김정은 권력을 후원할 수 있는 권력구조를 빠르게 구축해 나갔다. 2012년 4월 김경희, 장성택, 최영림, 최룡해, 김정각, 리명수, 김원홍 등 측근인물들이 김정은 체제의 핵심조직에 배치되었다. 같은 해 6월 이후부터 충성도 검증 등을 통해 인적개편이 이루어져 당 27%, 내각 45%, 군 70%가 교체되었다.

　이 시기에 김정은 권력 후원의 정점에 고모 김경희가, 군사부문에는 최룡해, 경제부문에는 최영림, 대외부문에는 강석주가 각각 자리잡았다. 김정은 권력 후원체계는 당 기능의 정상화로 당을 통한 통제체제 회복에 초점이 맞춰졌다. 당 주요 조직의 공석을 충원하고 정치국회의를 주요 의사결정기구로서의 기능을 확대해 나갔던 것이다. 특히 당 조직을 통해 군대를 정치적으로 통제해 나가기 위해서 민간인 최룡해를 총정치국장에 임명하였다. 또한 군대의 4대 직위(총정치국장, 총참모장, 인민무력부장, 총참모부 작전국장) 전원을 교체함으로써 군대의 안정성을 제고해 나갔다.

핵·미사일 개발 강행으로 선군정치식 리더십 굳히기

앞에서 지적한 바와 같이 김정일이 핵·미사일 개발을 통해서 명실상부한 선군정치식 국가최고지도자로서의 기반을 다졌듯이 김정은 역시 이와 비슷한 전철을 밟아 나가고 있다.

북한은 대미 접근 정책을 표방하면서도 미국의 태도 변화를 인위적으로 유도하기 위해 강경정책을 적극 구사하는 태세를 견지해 왔다. '대북 적대시 정책 우선 철회', '평화협정 체결' 요구를 지속하면서 '핵억제력'을 강화하겠다는 위협조치를 실행에 옮기는 과감성을 보여 왔다. 2012년 '핵억제력 강화'(7. 31. 외무성), '핵억제력 현대화·확장'(8. 31. 비망록), '미 본토 타격'(10. 9. 국방위), '핵억제력 질량적 강화'(10. 25. 외무성) 등의 위협에 이어 이듬해에는 '3차 핵실험'(2013. 2. 12)까지 감행하는 등 실질적으로 핵능력을 과시하였다. 이후 '핵보유국' 주장에 걸맞는 내부조치(관련 법률 제정, 영변 핵시설 재정비 등)를 진행함으로써 국제사회의 촉각을 곤두서게 하였다.

이어 핵보유국으로서의 지위를 획득하고자 하는 시도를 본격화하였다. 정전협정 백지화로 전쟁상태를 선포하여 미국의 관심을 끌어 평화협정 전환 주장을 관철하고자 하는 적극성을 보였다. 북한은 '핵보유국' 지위 유지상황에서 포괄적 협상 등 북·미 간 새로운 협상틀을 마련하고자 하는 의도를 드러냈다. 그러나 북한의 2012년 4월 장거리 미사일 발사로 '2·29 합의'[50]가 파기되면서 경색국면이 지속되었다. 북한은 미국 중심의 UN제재 강화 움직임에 대해 '핵문제'를 거론하며 사태 악화 가능성을 경고(12. 12 북 외무성 대변인)함으로써 대외적 군사위협을 강화하였다.

이와 함께 대중국 측면에서는 전통적 혈맹관계 유지와 경협 문제 중심으로 협력을 강화하고자 하였다. 2012년 2월 푸잉(傅瑩) 외교부 부부장 방북(2. 20~24)과 같은 해 8월 장성택 방중(8. 13~17) 등 적극적인 대중 교류를 지속하고 경제특구 개발 중심의 경협을 가속화하는 움직임도 보였다. 그러나 장거리 미사일 발사 등으로 중국을 자극하게 되면서 보다 본격적인 대중 관계 진전에는 미치지 못했다.

일본과는 유골 문제 등 인도적 문제를 계기로 당국간 회담 재개를 모색하였다. 적십자회담(2012. 8. 9~10) 이후 4년 만에 당국간 회담이 두 차례 개최되었다(과장급 8. 29~31, 국장급 11. 15~16). 장거리 미사일 재발사로 추가 접촉(12. 5~6)이 무산되기에 이르렀다.

러시아와는 인력송출, 농업, 인프라 분야 등에서 협력을 강화하고자 하였다. 이외 동남아·비동맹권 국가들과도 교류를 지속함으로써 고립탈피 및 실리확보를 시도하였다. 최고인민회의 상임위원

---

50 2012년 2월 23~24일 중국 베이징에서 진행된 3차 고위급회담 후 북·미 양국은 29일 평양과 워싱턴에서 동시에 합의내용을 발표했다. 북은 미국과의 회담이 진행되는 동안 추가 핵실험과 장거리 미사일 발사, 우라늄 농축활동을 임시 중단하고, 미국은 대북 영양지원과 추가지원의 가능성을 시사했다. '2·29 합의'는 북미가 서로 적대시하지 않고 존중하며 동시행동의 원칙에 따라 이루어졌으나, 같은 해 4월 북한이 '광명성 3호' 발사를 강행하면서 사실상 무산되었다. 정창현, "6자회담 재개로 상호 관심사 포괄적 협의 필요", 『민족21』, 2012년 4월호, pp.48~53 참조.

:: 김정은 시대 북한 미사일 및 발사체 발사(가동) 일지

연 도	일 자	내 용
2012년	4월 8일	장거리 미사일 3단계 장착 모두 완료
	4월 11일	장거리 로켓에 연료 주입 포착
	4월 13일	평북 철산군 동창리서 '광명성 3호' 발사(실패)
	9월 27일	서해안(평남)서 지대함 단거리 미사일 1발 발사 (80~90여km 비행)
	12월 12일	평북 철산군 동창리서 '광명성 3호' 발사(성공)
2013년	2월 10일	동해안서 KN-02(추정) 단거리 미사일 발사
	3월 15일	동해안서 KN-02(추정) 단거리 미사일 2발 발사
	4월 28일	항공기 및 지상포병전력을 동원한 합동화력훈련 준비 징후 포착
	5월 18일	단거리 발사체(유도탄 추정) 3회 발사
	5월 19일	이동식 발사 차량을 이용한 단거리 발사체 1발 발사(신형 방사포 가능성 포착)
	5월 20일	KN-02(지대지)로 추정되는 단거리 발사체 2발 발사
	9월 17일	평북 철산군 동창리 미사일 기지에서 엔진연소실험 포착
	9월 23일	서해 동창리 발사장에서 장거리 로켓 엔진실험 포착
2014년	2월 4일	동해 진천군 일대에서 대륙 간 탄도미사일 KN-08 이동식 발사대 조립 공장 추정건물 발견
	2월 21일	호도반도, 300mm 신형 방사포 4발 발사
	2월 27일	강원도 안변군 깃대령, 탄도미사일 4발(추정) 발사 사거리 200km 이상 탄도미사일
	3월 3일	강원도 깃대령, 탄도미사일 2발 발사(스커드-C 추정)
	3월 4일	강원도 원산 인근 240mm 방사포 3발, 300mm 신형 방사포 추정 4발 발사
	3월 16일	강원도 원산, 동해상으로 Frog(추정) 지대지 로켓 25발 발사
	3월 22일	강원도 원산, 동해상으로 Frog(추정) 지대지 로켓 30발 발사
	3월 23일	강원도 원산, 동해상으로 Frog(추정) 지대지 로켓 16발 발사
	3월 26일	평남 숙천, 동해상으로 노동(추정)미사일 2발 발사 북서부 지역에서 내륙을 통과하여 동부 지역으로 발사된 최초 사례

연 도	일 자	내 용
2014년	3월 31일	서해 북방한계선(NLL) 인근 서해안포, 방사포 500여 발 발사 등 해상사격, 일부 포탄 NLL 남쪽 우리측 수역에 떨어짐
	4월	KN-08계열 대륙간 탄도미사일 엔진시험 징후 포착
	4월 29일	서해 NLL 인근 해안포 50여 발 해상사격 훈련
	6월 26일	강원도 원산 인근에서 동해상으로 미상 단거리 발사체 (KN-09, 300mm 신형 방사포로 추정, 전술유도탄이라 주장) 3발 발사
	6월 29일	강원도 원산 인근에서 동해상으로 미상 단거리 발사체 (스커드 계열로 추정) 2발 발사, 단거리 발사체 3발 발사
	7월 2일	강원도 원산 인근에서 동해상으로 미상 단거리 발사체 (KN-09, 300mm 신형 방사포로 추정) 2발 발사
	7월 9일	태탄 및 평산 인근에서 동해상으로 미상 단거리 발사체(스커드-C추정) 2발 발사, 서해안에서 발사 후 북한 지역을 가로지른 후 동해 공해상에 떨어짐
	7월 13일	개성 북쪽에서 동해상으로 단거리 탄도미사일(스커드 계열 추정) 2발 발사, 최근 발사한 스커드 미사일은 사거리 500km
	7월 14일	강원도 고성 군사분계선(MDL), 동해상으로 방사포(122mm로 추정) 100여 발 발사
	7월 26일	황해도 장산곶 일대, 동북 방향 동해상으로 탄도미사일 (스커드-C 개량형 추정) 1발 발사
	7월 30일	묘향산 일대, 300mm 방사포 추정 단거리 발사체 4발 발사
	8월 15일	원산 일대서 단거리 발사체 5발 발사(300mm 방사포 추정, 사거리 220km)
	9월 1일	단거리 발사체 1발 발사, 북한이 중국 국경 60여km 남쪽인 자강도 용림 인근에서 단거리 발사체를 발사한 것은 이번이 처음, 사거리는 220여km 내외로 판단
	9월 6일	추석 앞두고 단거리 발사체 3발 또 동해로 발사 9월 6일 오전 '신형전술미사일'로 추정되는 단거리 발사체 3발을 동해상으로 발사, 기존 전술 미사일인 'KN-02'(최대 사거리 170여km 추정)보다 사거리가 긴 신형전술미사일의 성능개량을 위해 잇따라 시험발사를 하는 것으로 분석

장인 김영남은 동남아를 두 차례 순방하였고(5. 11~7, 8. 5~11) 비동맹회의 참석 및 이란 국빈 방문(8. 28~9. 4)을 가졌다. 노동당 국제비서 김영일은 라오스, 베트남, 미얀마 등을 방문(6. 5~20)하기도 하였다.

공염불 된 '경제난 해결' 공약

북한 당국은 선군정치를 뒷받침하는 군사력 건설의 중요성을 주장하면서 주민생활 향상을 위한 경제문제 해결에도 중점을 두기 시작하였다.

김정은은 정권 초기부터 민생개선 의지를 강하게 피력했으며 경제발전을 위한 다양한 움직임도 보여 왔다. 김정은은 "인민들이 다시는 허리띠를 조이지 않고 사회주의 부귀영화를 마음껏 누리게 할 것"[51]임을 공언하기도 하였으며, 스포츠 시설과 주택 및 주민 편의시설 등 건설활동을 전개함으로써 '주민 환심사기' 정책도 강화하였다. '김정일' 유훈을 강조하고 금수산 태양궁전을 리모델링하였다. 전국에 김일성·김정일 동상을 건설하는 등 김씨 가계 우상

---

51 김정은, "김정은 동지 김일성 주석 탄생 100돌 경축 열병식에서 연설", 「로동신문」 2012년 4월 16일.

화를 지속적으로 전개함으로써 3대 세습 정당화를 강조하며 체제 결속을 적극 도모해 왔다.

김정은 집권 초기의 경제정책은 김정일 생존시 추진되었던 정책 기조의 연장선상에 있어 경공업 및 주민생활 향상에 여전히 초점을 맞추었다. 특히 상업·유통부문 관련, 2000년대 후반 이후 상업 유통망을 복구, 확장하며 대외무역의 다양화·다각화, 지하자원의 2차, 3차 가공을 통해 수출 확대를 도모하고자 했다. 따라서 경제난 타개를 중요 과제로 인식하고 강성국가 건설을 위한 경제성과를 독려해 오고 있는 실정이다.

2012년 초부터 서기실·내각 인원 중심으로 T/F를 구성하였다. 여기에서 과거 사례 및 해외 사례를 참고하여 관련 사안들을 검토하고 시안 수준에서 분야별로 시범사업을 실시하기도 하였다. 그러나 각 산업부문별 활성화 방안 없이 대내 부문은 '내각 중심으로 성과주의 운영', 대외 부문은 '외자유치 및 수출 활성화' 강조 수준에 머물러 있는 상황이다.

2013년도 북한의 경제부문 정책을 김정은의 신년사를 통해서 살펴보면, 농업·건설·과학기술을 핵심사업으로 제시하여 경제사업에서 혁신을 일으키도록 했고 건설부문과 과학기술을 강조했다. 농업과 경공업을 강조한 이후 4대 선행 부문(전력·수송·금속·화학)을 거론한 전례와는 다소 차이가 난다.

먼저 농업을 주타격 방향으로 설정하였다. "농사에 국가적인 힘을 집중하고" "농업생산의 과학화·집약화 수준을 높여 올해 알곡

생산목표를 반드시 점령"할 것을 요구하고 있는 것을 볼 때 북한 주민들의 식량문제 해결을 최우선 과제로 삼고 있는 것으로 판단된다. 특히 "최고사령관 명령을 결사 관철하여 물고기 대풍을 마련한 인민군대 수산부문의 모범"을 치하하고 어선과 어구를 현대화하고 양식사업도 대대적으로 전개하라고 지시함으로써 수산부문의 발전을 추구하는 모습도 새로운 변화로 받아들여진다.

최근 수년 동안 북한의 식량 사정은 과거에 비해 다소 나아진 것으로 평가되기는 하나 여전히 식량부족 및 영양부족 문제가 심각한 상황에 있는 만큼 이를 보완하기 위해 국내 농수산물 생산 증대를 독려하고 있는 것으로 보인다.

대내개혁(경제관리방법 개선)과 대외개방이 획기적으로 진전될 가능성은 높지 않으며 점진적인 실험노선이 추구될 것으로 전망된다. 이번 김정은의 신년사에서 전반적인 산업정책 방향이 여전히 전통적인 자립경제 노선에 머물러 있는 것으로 볼 때, 경제관리방법 개선 노력 역시 제한적인 수준에 그칠 것으로 판단된다. 또한 경제특구 및 개발구 등 개방정책에 대한 언급을 거의 찾아볼 수 없는 것은 상당히 이례적이다. 이는 당분간 북한 당국이 대외개방정책에 대해서 미온적임을 시사한다.[52]

김정은 체제의 북한은 경제난 해결을 선결과제로 인식하고 있기는 하나 이와 관련한 현실적 해결방안은 내놓지 못하고 있는 것으

---

52 박형중 · 정영태 외, 『2014년 북한 신년사 분석』(서울 : 통일연구원, 2014), p.12.

■ 최영림의 현지요해 모습 ⓒ연합뉴스

로 판단된다. 최영림 총리 등을 중심으로 강성국가 건설을 위한 경제성과를 독려해 나가고 있다. 2012년 최영림의 '현지요해'(산업 전반) 64차례, 최룡해 '현지요해'(군인건설자 동원 현장) 12차례 등이 대표적이다. 그럼에도 식량난 등 구조적 · 만성적 경제난은 지속되고 있는 실정이다.

FAO/WFP는 2012년도에 전년 대비 10.5% 증산(492만 톤, 수요량 543만 톤 기준下 외부도입 30만 톤 가정시 2013년도 부족량은 21만 톤)되었다고 발표(2002년 이후 가장 양호)한 바 있다. 그러나 장마당의 환율, 쌀값 상승세가 지속되는 등 실제 수급 개선은 아직까지 그 징후를 찾아볼 수 없다. 오히려 지역별 · 계층별로 식량난이 심화되고 있는 가능성도 보이고 있다.

전력 사정의 경우 일부 개선되기는 하였으나 여전히 어려운 상황에 처해 있다. 희천발전소 완공(연간 최대 발전량 6억kWh) 및 평양지역 집중 송전으로 평양의 전력 사정은 다소 완화된 것으로 판단되지만 공장가동률은 기본적으로 30% 이하 수준이다. 일급 특급기업소를 제외한 대다수 공장과 기업소들은 전력과 원자재 부족으로 정상가동이 곤란한 상태다.

무역 증가세는 둔화되고 외자유치 실적도 미미하다. 2012년 북한 대외무역 총액 65억 불 중 대중 무역 총액은 58억 불(예상)로 전체 비중의 약 89%다. 북한의 대중 무역 편중은 남북 경협의 축소와 중국의 경제성장에 기인한다. 중국의 경제성장으로 주변국과의 무역규모도 급속히 증가하였는데 2005~2011년간 북·중 무역 증가율은 주변국의 대중 무역 증가율과 비교해 보면 최하위다.[53] 다만 2012년에는 대중 무역 증가율이 둔화되고, 하반기에는 감소세를 보였다. 주요 대중 수출품목인 무연탄, 철광석 등의 가격하락과 북한의 채굴·수출능력 한계 때문이다. 대외 투자협력도 본격적 진전을 보이지 않고 있다.

그럼에도 장성택 방중 시 나진·황금평 개발 의지를 공식적으로 재확인(2012. 8)하였고 합영투자위 활동도 활성화되었다. 황금평(2012. 9)·나선(2012. 10) 관리위 청사 착공식, 합영투자위 중국어 홈페이지 개설(2012. 5), 중국 현지 설명회도 개최된 바 있다(2012. 9~10).

---

53 북한 23.6%, 캄보디아 28.2%, 베트남 30.4%, 미얀마 32.4%, 몽골 39.8%, 라오스 46.1%.

중국 측의 본격적인 기반시설 건설은 이루어지지 않았고 대북 투자 리스크도 그대로 부각되고 있는 상황이다.

중국 시안그룹이 북 옹진철광에 425억 원을 투자한 후 북한에 의한 일방적 퇴출을 주장(2012. 8)한 바 있다. 다만, 북·러 간 구소련 채무협상 타결을 보았고 110억 불 중 90% 탕감, 10% 경제공동 프로젝트 투자(6월) 등이 이루어졌다. 한편, 중·러 지역(동북3성 및 극동) 북한 노동력 파견 논의도 활성화되었다. 중국 동북지역에 2만여 명이 진출해 있는 것으로 추정되며, 러시아 아무르주, 연해주 등지에서 북한 노동력의 고용이 추진되기도 하였다.

휴대전화 통한 외부정보 유입 봇물

김정은 정권은 차별적 이미지를 부각시키고 주민 동원을 통해 우상화와 충성 유도를 위한 정책을 적극적으로 펼쳐나가고 있다. 주민 대상의 대규모 위락시설과 편의시설을 개관(릉라인민유원지, 문수물놀이장 등)하였는가 하면, 공연·방송 등의 제한적 자유화(미국문화 캐릭터 등장, 뉴스보도 신속성 향상)로 주민 환심사기 정책을 지속해 오고 있다.

다른 한편으로 '적대분자 색출, 사상문화 침투 분쇄' 등 주민통제 조치도 뒤따르는 이중정책을 표방해 오고 있다. 또한 체제이완

■ 김정은은 대규모 위락시설과 편의시설을 개관(릉라인민유원지, 문수물놀이장 등)하여 주민 환심사기 정책을 지속해 오고 있다. ⓒ 연합뉴스

차단 및 주민통제를 위한 노력을 적극 전개하기 위해 김정은은 국가안전보위부 2회 방문(10. 6, 11. 19), 전국분주소장회의(11. 23), 전국사법검찰일군열성자대회(11. 26) 등을 통해서 전국적 범위에서 체제단속을 시도하였다.

또한 국경통제 강화로 탈북민 감소세도 지속되었으며(2011년 대비 48%) 탈북민 '재입국자 기자회견'을 통해 이른바 북한 체제 우월성을 선전하는 행태를 보였다. 재입북자 박인숙 기자회견(2012. 6. 28), 전영철 기자회견(2012. 7. 19), 김광혁 · 고정남 부부 기자회견(2012. 11. 8)이 그것이다. 남한의 대북전단 등에 대응하기 위해 2012년 12월 1일부터 내외동포를 대상으로 하는 '통일의 메아리' 라디오 방송을 실시하였다.

지역 간 · 직업 간 · 계층 간 양극화 심화현상도 북한 내부체제의 변화 양상이다. 북한의 휴대전화 가입자 수는 250만 대에 이르는 것으로 파악되고 있다. 휴대전화는 장사 수단인 동시에 외부정보 공유 수단으로 활용되고 있다.

배급, 전력공급 등에서도 평양과 지방의 격차가 뚜렷하고, 영유아 영양상태도 큰 차이를 보인다. 1일 전력공급량도 평양 20시간, 지방 2시간으로 매우 큰 차이를 보이고, 5세 이하 어린이 만성 영양실조 비율도 평양 22%, 양강도 45% 정도 차이를 보였다. 또한 농장원 중에서도 '임대농', '고용농' 등이 존재하고 있다. 농장 배급으로 생계를 꾸리지 못하는 농장원은 특정계층으로부터 땅 사용권을 임차하여 생계를 유지해 나가고 있다.

한편 북한은 사회 내부적으로 김정은 영도체계에 대한 주민 지지기반을 확보하고 내부 결속력을 다지려는 노력을 지속하고 있다. 사회복지 인프라 개선과 주민 편의시설 확충을 통한 민심 수습 및 사회통합력을 제고하고자 한다. 김정은의 통치능력과 업적을 부각시키기 위해 교양선전사업을 본격적으로 추구할 가능성도 보이고 있다. 또한 체육, 관광, 과학기술 등 일부 분야에서 제한적인 국제교류를 추진하고자 하는 모습을 보이기는 하나 이에 따른 부정적 여파를 단속하기 위한 사회통제 시스템을 더욱 강화하고자 하는 이중적 모습을 보이고 있다.[54]

권력 전면에서 사라진 운구차 7인방

김정은은 최고사령부나 국방위원회가 아닌 당에서 군사분야 보직을 맡아 후계자 승계작업을 시작하였다. 이는 북한 사회에서 당이 갖는 위상과 혁명 주력군으로서 군사부문의 중요성을 고려한 조치라 할 수 있다. 그리고 2009년 헌법 개정과 2010년 당 규약 개정을 통해 국방위원장의 권한을 강화시켰다. 소위 '혁명'과 '혁명의 연속성'을 보장하는 것으로 체제의 존립 이유와 방향성을 제시하며

---

54 박형중 · 정영태 외, 앞의 책, p.14.

후대 수령의 절대적인 역할과 그에 걸맞는 힘을 법제적으로 명문화시켰다.[55] 김정은 시대에 이루어진 당의 기능 복원과 군에 의한 당적 통제 강화는 군의 위상 및 역할이 변화하고 있음을 반증한다.

군사부문에서의 권력 강화는 인사권에서도 명백히 드러난다. 이미 '김정일 운구차 7인방'은 권력의 핵심에서 사실상 물러났으며, '김정은의 사람들'이 그 자리를 메우고 있다. 운구차 왼쪽에서 호위했던 군부 4인방인 리영호와 우동측은 숙청되었고, 김영춘과 김정각도 권력에서 비켜나 있다. 운구차 오른쪽에 있던 장성택은 처형되었고 김기남과 최태복은 80세가 넘은 고령이다.

김정은은 2012년 권력층의 31%(68명)를 교체한 데 이어 2013년에는 13%(29명)를 교체했다. 제도에 의한 우선적인 군권 장악과 핵심 군부인사의 세대교체와 권력서열의 하향 조정이 엿보인다. 당의 경우 부부장급 이상 간부 40여 명, 내각에서는 30여 명, 군에서는 군단장급 이상 20여 명을 새로 충원했다.[56] 또한 김정은은 김정일 시대의 군부권력 비대화로 인한 군부 독자세력화를 염려하여 당료 출신인 최룡해를 총정치국장에 임명해 군부 장악에 나섰다. 이는 군부 상층부의 빈번한 교체로 나타났다. 인민군 각 군단의 군단장을 대장에서 상장으로 한 등급 격하하는 한편, 40~50대 젊은 세대로 바꿨다. 이를 통해 김정은은 군부에 대한 직할체제를 강화

---

55 조영서, "김정은 체제의 특성과 변화전망", 『수은북한경제』 2013년 봄호, p.4.

56 김갑식, "김정은 정권의 수령제와 당·정·군", 『한국과 국제정치』 30권 1호, 2014, p.48.

■ 군사부문에서의 권력 강화는 인사권에서도 명백히 드러난다. 이미 '김정일 운구차 7인방'은 권력의 핵심에서 사실상 물러났으며, '김정은의 사람들'이 그 자리를 메우고 있다. 운구차 왼쪽에서 호위했던 군부 4인방인 리영호와 우동측은 숙청되었고, 김영춘과 김정각도 권력에서 비켜나 있다. ⓒ 연합뉴스

하는 양상을 보였다.

  김정은 정권이 인사정책에 있어 변화를 추구하고 있지만, 반면에 북한 체제 변화 유형과 안보적 대비 방향 국방공업을 강조하는 등 과거로 회귀하는 모습도 보이고 있다. 김정은은 2013년 3월 31일 당 중앙위원회 전원회의에서 '경제 · 핵무력 건설 병진노선'을 채택해 핵보유를 공식화하는 동시에 경제발전도 추구하겠다는 의지를 표명했다. 이는 당 중심의 군권을 장악하고 군 총정치국을 통해 군부의 불만을 사전에 억제하는 반면, 경제건설 정책에 군을 적극적으로 활용하는 정책으로 해석할 수 있다.

또한 김정은 체제는 2012년 3월 기존의 '미사일지도국'을 '전략로케트사령부'로, 공군사령부를 '항공 및 반항공군사령부'로 개편하면서 북한군 현대화에 깊은 관심을 보이고 있다. 같은 해 4월에는 조선인민군과학기술전람관을 둘러보고 "인민군대의 군사과학기술 수준이 세계적인 군사과학기술 수준을 압도하며 빠른 속도로 발전하자면 최신 과학기술에 정통하여야 한다"[57]고 강조했다.

한편 김정은 정권은 핵개발을 강행하면서 핵보유국 지위 확보에 대한 강한 의지를 보이고 있다. 김정은 정권은 출범 직후인 2012년 4월과 12월 장거리 로켓을 발사하였고, 2013년 2월 3차 핵실험을 강행하였다. 또한 북한은 2012년 개정헌법에 핵보유국임을 명시하였으며, 2013년 4월 최고인민회의에서 "자위적 핵보유국의 지위를 더욱 공고히 할 데 대하여"라는 법령을 채택했다.

이와 같이 김정은 정권이 핵보유에 강한 의지를 보이고 있는 것은 리비아 카다피 정권의 몰락이 큰 영향을 미친 것으로 보인다. 즉 2013년 3월 31일 당 중앙위원회에서 김정은은 "강력한 자위적 국방력을 갖추지 못하고 제국주의자들의 압력과 회유에 못 이겨 이미 있던 전쟁억제력마저 포기했다가 종당에는 침략의 희생물이 되고 만 중동지역 나라들의 교훈을 절대 잊지 말아야 한다"고 강조하면서 제2의 카다피가 되지 않기 위해 절대로 핵을 포기하지 않겠다는 의지를 보였던 것이다.

---

57 「로동신문」 2012년 4월 30일.

긴장 고조 노린 의도적 대남도발

집권 첫해인 2012년부터 북한 당국은 기존의 대결정책을 고수하면서 의도적으로 긴장을 조성하는 행태를 되풀이하였다. 한국 정부의 유연화 조치에 불응하면서 수해지원, 이산가족 상봉 제의 등을 거부하기도 하였다. 특정한 명분을 내세워 군사 위협을 반복하는 등 대결·긴장 분위기를 지속적으로 조성하였다. 조문문제, 대적관 구호(2012. 3. 2), 보수단체 퍼포먼스(2012. 4. 18), 동까모(2012. 7. 19, 김일성·김정일 동상을 까부수는 모임이란 의미) 적발사건, 을지훈련, 대북 전단지 살포(2012. 10. 18) 등을 명분으로 '조국통일 성전', '특별행동조치', '불벼락', '언론사 좌표 거론 타격', '삐라 살포지점 조준 격파' 등 극단적인 위협을 가하였다.

또한 북한 선박이 NLL을 침범(19회, 58척)했으며 한국 대통령에 대해 무차별적·원색적 비난을 지속하고 남북관계 경색에 대해서 우리 측에 책임을 전가하는 행태를 보였다. 다만, 고강도 수사적 위협에도 불구하고 실제 대남 재래식 군사도발은 자제하고 있는 모습을 보였다.

그리고 총선·대선을 계기로 이에 적극 개입하는 활동을 극렬하게 전개해 2007년 월평균 52회(2007년 전체)였으나 2012년에는 월평균 165회(5~12월)로 크게 증가하는 등 2012년 북한의 대선 개입은 2007년에 비해 3배 수준에 달했다. 이에 관해 북한은 관련기관 및 단체를 적극 활용하거나 백서와 비망록 등을 종합·정리하는 방식을 활용하였다.

주요 내용으로는 정부선동으로 정권심판론 주장, 대북정책에 대해 '평화 대 전쟁' 등 이분법적 대립구도 유도, 특정 후보 이미지 훼손 기도 등이 지적된다. 단, 대선이 가까워오면서 결과에 대한 나름대로의 판단하에 특정 후보 비난을 자제하고 후보의 대북정책 입장을 타진하는 다소 조심스런 행태도 보였다. 예를 들면 조평통 공개질문장(2013. 12. 1)[58]에서 ① 6 · 15, 10 · 4공동선언 이행 ② 자유민주주의 질서에 의한 통일, ③ 선핵포기, ④ 한미동맹 강화, ⑤ 북 인권법 제정, ⑥ 5 · 24조치 해제, ⑦ 이명박 정부 대북정책 승계 여부 등에 대해 입장을 밝힐 것을 요구하였다.

대선 이후에는 과거에 비해 빠른 대응을 한 것이 특징이다. 당선 사실 익일 보도와 함께 대북정책 관련 입장을 요구하는 순발력을 과시하였다. 실제로 대선 다음 날 당선 사실 보도[59] 및 조평통 공개질문장을 인용하여 당선인의 대북정책 입장을 요구하였다.

---

58 2013년 12월 1일에 발표한 조평통 공개질문장의 질문 내역은 1. 현 '정권'의 '대북정책'이 리명박 '정권'의 대결정책과 무엇이 다른가. 2. 조선반도의 평화를 파괴하고 긴장을 격화시키는 장본인이 누구인가. 3. 신뢰인가 대결인가. 4. 외세가 우선인가 민족이 우선인가. 5. 누가 도발자인가. 6. 비방중상의 책임은 누구에게 있으며 중지는 누가 해야 하는가. 7. 선택은 누가 바로 해야 하는가 등 총 7개 항목이다.

59 "조평통 공개질문장-기만적 '대북정책' 공약은 누구에게도 통할 수 없다", 『조선중앙통신』, 2012. 12. 1 ; "남조선에서 '대통령' 선거가 있었다", 『조선중앙통신』, 2012. 12. 20.

제3장

김정은 체제
안정성 진단

김정은 정권의 명운 달린 통제 노하우
통제 불발시 민중봉기나 쿠데타로 체제 붕괴
반당·반혁명 여부는 김정은만이 판단한다
보위조직을 발판 삼아 권력의 틀을 다지다
체제 통제를 위해 인민군대를 앞세우다
선군정치식 권력세습 과정을 걸어가다
젊고 건강한 김정은 개인 리더십 과시
체제 장악 위해 현지지도 활동에 안간힘
노동당 정상화로 권력안정화

김정은 정권의 명운 달린 통제 노하우

김정은의 정치권력은 정태적(靜態的, static) 측면이 아니라 동태적(動態的, dynamic) 측면에서 분석·평가하는 게 바람직하다는 지적이 나온다. 즉 정치권력의 변동과정에서 정권의 안정성에 영향을 미치는 요소들이 상호작용을 하면서 변화되어 가는 양상에 초점을 맞추어 김정은 정권의 안정성을 파악할 필요가 있다는 것이다.

일반적으로 모든 권력자는 장악한 권력을 될 수 있는 한 오래 유지하고 확대·강화하고자 한다.[60] 정치권력 획득방법에는 선거, 세습적 승계, 외국의 점령, 혁명과 쿠데타 등이 있다. 북한은 세습적으로 정치권력을 승계하는 국가로 자리잡았다. 김정은은 김정일과 마찬가지로 세습적 승계 행태로 기존의 권력을 통해 정치권력을 획득했다. 김정은 권력도 예외가 아니라는 점을 고려해 볼 때, 다음과 같이 세 가지 동적인 요소(정권의 통제력, 국가의 기능, 정권의 정통성)를 중심으로 권력의 유지·확대·강화과정을 걷게 될 것으로 판단된다.

여기에서 중요한 점은 북한 체제가 반드시 위기에 봉착해서

---

60 이극찬, 『정치학』 제6전정판, (서울 : 법문사, 1999), p.167.

붕괴에까지 이를 수 있다는 편견에서 탈피해 객관적이고 현실적인 차원에서 북한의 3대 세습정권을 진단하고 전망하는 것이다.

일반적으로 정권 및 사회는 공식·비공식적 역할이 다시 균형점을 찾을 수 있도록 다음과 같은 세 개의 안정화 전략을 활용한다. 먼저 정권의 통제력이 지적된다. 정권의 통제력은 특정 정권이 권력(power)을 수단으로 사회가 공식적 역할을 따르도록 법적으로 집행하는 것을 의미한다. 예를 들어 법안을 통과시키고 경찰 및 군대를 동원하여 공권력 집행을 수행하는 것이 그것이다.

이어서 국가의 기능을 들 수 있다. 국가는 탄력적으로 공식적 역할을 사회 기대치에 부합하도록 조정할 수 있다. 예를 들어 사회로부터의 압력에 못 이겨 법을 변경할 수도 있고 긴급한 사태에 대응하기 위해 역할을 변경할 수도 있는 것이다.

마지막으로 정권의 정통성을 들 수 있다. 정권의 정통성이란 사회가 정권의 정당성을 인정, 공식적 역할을 수용하는 상태를 의미한다. 예를 들어 세금 혹은 배급제 변화가 있을 때 국가는 응당 관련 권한이 있다고 여겨 대수롭지 않게 받아들일 수 있다. 아니면 사회는 교체(반정권 쿠데타 등)를 시도함으로써 비공식적 역할로 이에 맞는 정권을 세울 수도 있다.

이 같은 세 가지 안정화 전략의 요소들은 상호 연관성을 가지고 영향을 미치는 특성을 지니고 있기 때문에 한 요소는 다른 두 요소의 내용을 동시 또는 각각 포함하기도 한다. 이 같은 분석틀은 다음 그림과 같다.

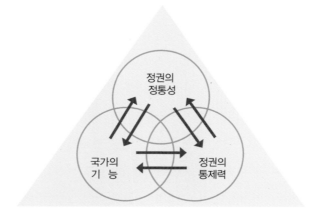

정권의 통제력

특정 권력자는 정권의 통제력을 의미하는 물리적 강제력(군대, 경찰 및 보위기구)의 독점을 통해서 정권의 안정을 기하고자 한다. 특히 권력을 장악한 특정 정권은 먼저 군대를 장악하는 것이 가장 중요하다. 군대를 장악하지 못하면 안정된 권력을 유지할 수 없다는 논리가 바로 그것이다. 김정일이 '현대정치가'는 '군사에 능통한 탁월한 지도자'가 되어 '군대를 틀어쥐어야 한다'는 선군논리를 내세운 이유도 여기에 있다.

김정은은 김정일의 이 같은 선군정치를 그대로 답습하고 있다. 김정은 체제 하의 북한은 경찰 및 여타 보위기관들도 일반군대와 같은 체제를 유지하도록 하고 선군논리로 이를 장악하여 정권을 안정되게 유지 · 강화 · 확대해 나가고자 한다.

식량난 이후 국가가 주민들의 삶을 안정적으로 보장해 주지 못하면서 주민들의 불만이 매우 높아졌으나 북한 당국의 강력한 통제력에 의해 다양한 방식으로 주민들을 통제하며 이러한 불만이 저항으로 확대되지 못하도록 차단했다. 특히 공권력에 의한 통제는 북한이 현재까지 체제를 유지하는 주된 요인이라고 할 만큼 주민들을 통제하는 효과적인 수단이 되어 왔다.[61]

북한 주민들의 동향을 감시 · 감독하는 정치사찰기관으로는 국가안전보위부, 인민보안부, 법무생활지도위원회 등이 있다. 이러한 각종 기관은 주민들의 사상동태를 감시하고 이른바 반당 · 반혁명 세력을 색출하기 위한 목적이 있다. 특히 국가안전보위부(보위부)는 형사재판제도와는 별개로 운영되는 북한 최고의 정치사찰 전담기구로 정치사상범에 대한 감시, 구금, 체포, 처형 등을 법적 절차 없이 임의대로 결정하는 권한을 가지고 있다.

그런데 사회주의 · 공산주의체제의 외피를 쓰고 있는 북한의 경우 당적(정치 · 사상적) 통제력을 핵심으로 하고 있다. 특히 북한에서는 "인민군대를 완전무결한 수령의 군대, 당의 군대로 만드는 것을 군 건설의 총적임무"[62]로 강조하여 군에 대한 당적 통제로 정권의 안정화를 기하고 있다. 인민대중에 대한 당적 통제도 북한 정권

---

61 김양희, "김정일 시대 북한의 식량정치 연구", 동국대학교대학원 박사학위논문, 2013, p.176.

62 김봉호, 『위대한 선군시대』 (평양 : 평양출판사, 2004), p.91.

의 안정성에 영향을 미치는 주요 요소다.

국가의 기능

국가의 기능에 해당하는 가치의 배분이다. 정치권력의 안정도에
따라서 피치자들에게 여러 가지 가치를 부여하는 일은 정치적 통
합과 안정을 위하여 필수적이다. 이러한 가치의 적절한 배분에 실
패할 경우, 사회에는 불평불만이 감돌게 되고 마침내는 정치 변동
이 초래될 수 있다.

북한에서는 공식적으로 모든 주민들에게 사회보장제 하에서 가
치의 배분을 균형 있게 하고 있다고 강조한다. 북한의 사회주의 헌
법 제25조에는 "국가는 모든 근로자에게 먹고 입고 쓰고 살 수 있
는 온갖 조건을 마련하여 준다"고 밝히고 있다. 또한 북한 당국은
"주민들의 의식주 문제도 국가가 전적으로 책임지고 돌봐주고 있
다"고 설명하고 있다. 그러나 북한에서 국가가 이러한 약속을 잘
지켜내지 못함에 따라 공식 및 비공식적 역할의 부조화가 초래되
어 정권의 불안정성이 심화될 수 있는 가능성이 존재한다.

정권의 정통성

마지막으로 지적되는 정권의 정통성 획득 역시 중요한 정치·사
회적 안정화 과정이다. 만일 피치자들로부터 명시적이건 묵시적이
건 간에 어떠한 지지 내지는 승인을 받지 못한다면 그는 권력자로
서의 지위를 유지해 나갈 수 없게 될 것이다. 권력자에게는 역사적

정당성과 도덕적 정당성이 필요하며 궁극적으로는 이 같은 정당성이 신비화 수준으로 올라가게 되면 비로소 정당성의 독점과정은 완결되어 정권의 안정성이 반석 위에 놓이게 된다는 것이다. 이와 같이 특정 정권이 그 사회의 주민들로부터 순종을 이끌어 내기 위해서는 도덕적으로 정당하고 결합하는 권력의 정통성이 요구된다.[63]

북한에서도 정권의 정통성 획득을 중요시해 3대 세습의 정통성 확보를 위한 선전을 강화하고 주민들의 순응을 이끌고 있다. 북한에서는 후계자론을 통해 다음과 같이 설명하고 있다.

"수령의 대, 수령의 령도가 수령의 후계자에 의해 이어진다. …후계자는 수령의 사상과 업적으로부터 수령의 사업방법, 작풍, 풍격에 이르는 모든 것을 그대로 받아안고 수령의 대를 이어가는 당과 인민의 지도자이며 수령이 개척한 혁명위업을 계승하고 끝까지 완성해 나가는 미래의 수령인 것이다. 후계자라는 것은 수령의 뒤를 잇는 지도자라는 의미, 전대 수령과의 관계에서 그 위업을 계승하고 그의 뒤를 이어나가는 지도자라는 의미인 것이다. 대를 잇는 지도자는 다름아닌 미래의 수령이다."[64]

---

63 David Easton, "Systems Analysis and Its Classical Critics", Political Science Reviewer, vol. 3 (Fall 1973), pp.278~280.

64 김유민, 『후계자론』(서울 : 신문화사, 1984, 동경 구월서방 번각 발행), p.48.

본 장에서는 김정은 정권의 안정성 평가·판단을 위해서 즉 정권의 통제력, 정권의 정통성, 국가의 기능을 차례로 분석하고자 한다. 정권 안정성을 구성하는 요소별 선택된 아이템을 살펴보면 다음과 같다.

:: 정권 안정성 평가 요소 및 항목

정권 안정성 평가 요소	평가 항목
정권의 통제력	최고지도자 개인 리더십(개인건강 및 현지 지도력)
	최고지도자 주요 조직 장악 상태
	엘리트의 정권 지지도
	조직(당·군/당·정) 간 대립사례
	파벌형성 및 활동수준
국가의 기능	공장가동률
	식량공급
	생필품 공급
	시장의존도
	빈부격차(빈곤층 확산비율)
정권의 정통성	개혁·개방 인식 확산 정도
	뇌물공여 빈도(부정부패 확산 정도)
	범죄 발생 증가 정도
	입당 선호도
	통치 이데올로기 지지도
	외부 정보(남한 및 중국 정보) 접근 강도

통제 불발시 민중봉기나 쿠데타로 체제 붕괴

김정은 정권은 아버지 김정일의 통치 이데올로기인 선군사상과 선군정치에 입각하여 정권통제 강화를 위한 노력을 경주해 오고 있다. 김정은 정권은 정통성의 근거를 혈통승계에 두고 김일성 시대부터 정립되고 김정일 시대에 더욱 공고화된 '수령체제'를 근간으로 하고 있다. 이에 인민대중은 당의 영도 밑에 수령을 중심으로 조직적·사상적으로 결속하여 영생하는 '사회정치적 생명체'[65]를 구성하며, 이 집단의 '최고뇌수인 수령'이라는 '수령체제'가 그대로 세습되고 있는 것이 사실이다.

이 같은 '수령체제'는 유일지배체제의 다른 표현이라 할 수 있다. 북한에서는 수령 중심의 유일지배체제를 '유일령도체계'로 칭하고 있다. 보다 정확히 말하면 '수령유일령도체계'가 김일성 시대에 이어 김정일 시대로 넘어오면서 보다 강화되었으며 김정은 시대에 들어와서도 이를 고착화하기 위해 전방위적인 노력을 기울여오고 있다.

북한의 '수령유일령도체계' 하에서는 수령과 당을 일체화시켜 수령은 당을 통해서 북한의 모든 조직을 지도·통제할 수 있도록 해, 수령이 당이고 당이 곧 수령이라는 논리를 전개한다. "수령은

---

65 김정일, "주체사상교양에서 제기되는 몇 가지 문제에 대하여(조선로동당 중앙위원회 책임일군들과 한 담화, 1986. 7. 15)", 『김정일선집 8』 (평양 : 조선중앙통신사, 1998), p.448.

당의 최고령도자"이기 때문에 "당의 령도는 곧 수령의 령도"[66]라는 논리로 수령과 당의 일체성을 강조함으로써 '수령유일지배체제'를 정당화하고 있는 것이다. 이에 따라 북한은 수령의 유일적 영도 원칙을 중요시하고 있다.

북한 당국은 첫째, 당과 사회 전체에 수령의 혁명사상만이 지배하도록 하고, 둘째, 당 전체와 국가 전체 그리고 전 인민이 수령의 명령, 지시에 따라 하나와 같이 움직이고 그것을 무조건 철저히 그리고 끝까지 관철해야 한다는 원칙을 제시했다. 북한에서는 이 같은 영도 원칙에 따라 '수령에 의한, 수령을 위한, 수령의 독재'로 지도부와 국가통제를 유지해 오고 있다.

수령은 북한의 모든 최고권력과 최고권위, 이데올로기를 독점한 상태에서 혁명수행이라는 미명 하에 이를 배타적으로 행사하는 유일의 최고지도자로서 군림해 왔으며 이것을 김정은 시대에도 그대로 유지하고자 노력하고 있다. 권력구조라든가 역사기술 및 문학예술 등 북한 체제의 모든 분야는 수령의 유일적 영도 실현을 정당화하고 고착시키기 위한 방향으로 형성되어 왔다. 수령유일지배체제 하의 북한에서는 친족을 핵으로 하고 혁명투사와 혁명열사 가족, 애국열사 가족을 중심으로 한 소수 지배집단 등이 정권 지도부를 구성하고 있다.

---

66 김정일, "조선로동당은 영광스러운 'ㅌ·ㄷ'의 전통을 계승한 주체형의 혁명적 정당이다 (1982. 10. 17)", 『김정일선집 7』 (평양 : 조선중앙통신사, 1996), p.269.

북한 당국은 이 같은 정권 지도부를 안정적으로 관리하기 위해 공식적인 권력기관을 통해 수령·당·국가시책에 적극적으로 협력하도록 강요하는 정권 통제체제를 유지하고 있다. 이는 김정은 정권에 들어와서도 예외는 아니어서[67] 북한의 공식적 권력기관은 노동당, 국내 보안기관, 인민군대다. 따라서 이들 기관을 통한 정권통제가 어느 정도인지를 살펴봄으로써 김정은 정권의 안전성에 대해 어느 정도 판단이 가능할 것으로 이해된다.

정권 통제는 지도부 통제와 국가 통제로 나눠지며 지도부 통제는 권력핵심에 대한 통제를 말한다. 반면 국가 통제는 개인이 아닌 조직에 대한 통제의 의미를 담고 있다. 지도부 통제의 경우 김정은 측근들에 대한 통제가 여전히 이루어지고 있느냐는 것이 주요 관심사다. 측근들에 대한 통제가 잘 이루어지지 않으면 파벌조성, 권력투쟁, 권력기관 간의 갈등 등이 조성되어 정권 자체가 위협을 받게 된다.

국가 통제에서는 사회조직이라든가 군대와 같은 특수조직에 대한 통제가 주요 요소가 된다. 사회적인 통제에 성공하지 못하면 밑으로부터의 반란, 즉 민중봉기가 예상되며, 특히 군대조직에 대한 통제에 실패하게 될 경우에는 군부 쿠데타가 발생되어 정권교체로

---

67 김정일 사망(2011. 12. 17) 2주기에 즈음해서 북한 당국은 전 인민에게 "김정은 동지의 령도 따라 김정일 동지의 유훈을 무조건 철저히 관철하여 뜻깊은 올해를 빛나게 장식해 나가자"고 강조한 바 있다. "김정일 총비서의 유훈을 빛나게 실현해 나가자", 『조선중앙방송』, 『조선중앙통신』, 「로동신문」 2013년 12월 1일.

나타날 수 있다. 김정은이 지도부 통제와 국가적 통제를 주요 권력기관을 통해서 어느 정도 효율적으로 수행해 나가고 있는지를 분석하려면 먼저 권력 통제기관들의 특성을 살펴볼 필요가 있다. 또 지도부 통제와 국가기구 통제 관련 몇몇 주요 지표를 중심으로 김정은의 정권 통제 실태를 분석·평가할 수도 있다.

반당·반혁명 여부는 김정은만이 판단한다

지도부 통제는 정권 통제의 핵심인 정권 지도부에 대한 통제를 의미하는데 북한의 경우 유일지배권력을 발휘하는 수령체제를 통해 지도부 통제가 이루어져 오고 있다. 수령체제 하에서는 고위 지도부의 지침과 조정을 통해서 정권 통제가 획일적으로 유지되어 왔다. 이에 정권 통제의 핵심, 즉 권력 측근의 통제에 장애가 발생하고 있는가, 있다면 어느 정도인가를 살펴봄으로써 지도부의 통제력을 가늠해 볼 수 있다.

당의 '10대 계명'으로 유일지도체계 확립

김정일은 '당의 유일사상체계 확립의 10대 원칙'을 제시하는 등 '당 중앙'의 유일적 지도체제 확립을 통해서 자신의 유일지배체제를 구축하였다. '당의 유일사상체계 확립의 10대 원칙'은 1974년

4월 14일 당 중앙위원회 정치국회의에서 토의·결정돼 공식발표된 것이다. 김정일은 '당의 유일사상체계 확립의 10대 원칙'에서 다음과 같이 유일적 지도체계 확립문제를 포함시켜 자신의 유일지배체계를 구축하고자 하였던 것이다.

먼저 "위대한 수령 김일성 동지의 혁명사상으로 온 사회를 일색화"해야 한다고 하면서 이를 당의 최고강령으로 못박았다.(1조) 이에 따라 "위대한 수령 김일성 동지를 충성으로 높이 우러러 모셔야"(2조) 하며 김일성의 "권위를 절대화"(3조)하고 "위대한 수령 김일성 동지의 혁명사상을 신념으로 삼고 수령님의 교시를 신조화"(4조)하여야 한다고 강조함으로써 김일성의 절대 우상화를 당에 요구하였다. 이를 위하여 당은 "김일성 동지의 교시 집행에서 무조건성의 원칙을 철저히"(5조) 지키도록 하고 "김일성 동지를 중심으로 하는 전당의 사상의지적 통일과 혁명적 단결을 강화"(6조)하며, "김일성 동지를 따라 배워 공산주의 풍모와 혁명적 사업방법, 인민적 사업작풍"(7조)까지도 갖도록 하였다. 또한 "위대한 수령 김일성 동지의 유일적 령도 밑에 전당, 전국, 전군이 한결같이 움직이는 강한 조직규률"(9조)을 세워야 함을 강조하고, 마지막에는 "위대한 수령 김일성 동지께서 개척하신 혁명위업을 대를 이어 끝까지 계승하며 완성하여 나가야 한다"(10조)고 하여 대를 잇는 권력승계의 이념을 정당화하였다.

이에 더하여 북한은 당의 유일적 지도체제를 수립·이행·사수하는 데 대해서 다음과 같이 밝혔다.

"전당과 온 사회에 유일사상체계를 철저히 세우며 수령님께서 개척하신 혁명적 위업을 대를 이어 빛나게 완수하기 위하여 수령님의 령도 밑에 당 중앙의 유일적 지도체제를 확고히"(10조 1항) 세울 것을 강조하고, "당 중앙의 유일적 지도체제와 어긋나는 사소한 현상과 요소에 대해서도 묵과하지 말고 비타협적으로 투쟁"(10조 3항)하도록 하고, "자신뿐 아니라 온 가족과 후대들도 위대한 수령님을 우러러 모시고 수령님께 충성을 다하며, 당 중앙의 유일적 지도"(10조 4항)를 끝없이 사수하여야 하며 "당 중앙의 권위를 백방으로 보장하며 당 중앙을 목숨으로 사수"할 것을 요구하고 있다.

여기에서 말하는 '당 중앙'은 수령, 즉 김일성을 지칭한다. 김정일은 그의 결론과 비준은 곧 수령의 것이라는 논리를 세우고 자신에게 모든 것을 집중시키는 것이 수령(김일성)에게 집중시키는 것으로 치부하였다. 이로써 그는 '당 중앙'의 유일적 지도체계를 김정일 자신의 유일지도체계로 만들었던 것이다. 이렇게 볼 때 당의 유일사상체계 확립이 김정일의 유일지도체계 확립을 의미[68]하는 것으로 판단할 수 있다.

김정은은 10대 원칙을 새롭게 작성하고 공표함으로써 북한 사회의 이념 해석권을 장악하였다. 이는 반당적인가, 반혁명적인가에 대해서 김정은 자신이 독점적으로 판단할 권한을 가졌다는 것을 의미한다. 김정은의 새 10대 원칙은 자신의 권력세습을 정당화하

---

68 현성일, 『북한의 국가전략과 파워 엘리트』(서울 : 선인, 2007), p.118.

고 체제를 강화하고자 하는 내용을 담고 있다. 김일성을 김일성·김정일로 바꿈으로써 김일성에서 김정일, 그리고 김정은으로 이어지는 권력에 정통성을 부여하고자 하였다. 또한 '김일성 혁명사상'을 '김일성·김정일주의'로 확대하기도 하였다. 제3조 4항에 '백두산 절세위인들'이라는 표현을 추가하고 제10조 1항을 "김일성·김정일의 위업을 대를 이어 끝까지 계승 완성해야 한다"고 수정하여 김정은의 '백두혈통'으로서의 권력승계를 정당화하고자 하였다.

제6조 4항에는 "개별적 간부들의 직권에 눌리워 맹종맹동하거나 비원칙적으로 행동하는 현상을 철저히 없애야 한다"는 내용을 추가하고 5항에 '동상이몽', '양봉음위'를 더하여 단결을 파괴하는 현상을 차단하고자 하였다. 제7조에서는 '세도(勢道)'를 배척해야 할 대상으로 가장 앞에 내세워 김정은의 세습권력 공고화에 위협으로 되고 있는 권력 엘리트들의 일탈을 사전에 저지하고자 하였다.

고모부 장성택 처형이 대표적인 사례로 꼽힌다. 이번 개정 10대 원칙에는 '프롤레타리아 독재정권'과 '공산주의'라는 표현을 삭제함으로써 북한 고유의 유일지배 세습체제를 당연시하는 의도를 드러내었다. 특히 개정 원칙 서문에 "핵무력을 중추로 하는 군사력과 자립경제를 가진 위력을 떨치게 됐다"고 적시하여 김정은이 명실상부한 '핵보유국'의 유일지도자라는 사실을 과시하고자 하였다.

김정은은 당원을 포함한 모든 사람들이 10대 원칙에 따라 살고 일하도록, 그리고 이를 위반할 경우 곧바로 반당적·반혁명적 행위로 단호하게 처벌받도록 하는 지도체계를 구축함으로써 유일지도체계를 공고화해 나가고 있다.

권력 집중을 강화하는 노동당 획일조직

김정일은 일찍부터 이 같은 유일지배적 통치기반을 강화하기 위해 당 내부사업 지도서와 당 조직, 부서, 직능조직 등 당 사업체계를 대폭 수정하여 오늘날의 유일지배적 조직을 만들어 놓았다.

여기에 기초하여 중앙당 비서국 조직지도부와 선전선동부를 통해 정권 지도부에 대한 유일적 통제가 이루어지게 해 놓았다. 북한에서 정권 지도부에 대한 통제는 당 생활지도를 통해 수행되고 있다. 당 생활지도는 조직생활지도와 사상생활지도로 나누어지는데 조직생활지도 임무를 수행하고 있는 곳이 당 조직지도부이며, 사상생활지도는 당 선전선동부가 담당하고 있다. 당 조직생활지도는 기본적으로 당 중앙위원회 조직지도부의 직접적인 지도 아래 하부 당 위원회들의 조직부가 총괄한다.

반면 각종 학습이나 강연, 강습 같은 선전선동 형태의 활동을 통한 당 사상생활지도는 당 선전선동부가 맡고 있다. 그렇지만 의사가 지시를 내리고 약사가 약을 처방해 주듯 선전선동부는 당 조직부의 지시에 따라 당내 모든 활동을 진행할 의무가 있다.

이 같은 당 조직체계는 북한 사회에서 당의 영도 밑에 모든 것을 진행한다는 원리에 의거한 것으로 당 조직부의 활동을 통하여 정권 지도부 통제를 포함한 북한 사회의 모든 활동에 대한 보고 및

:: 노동당 조직체계도

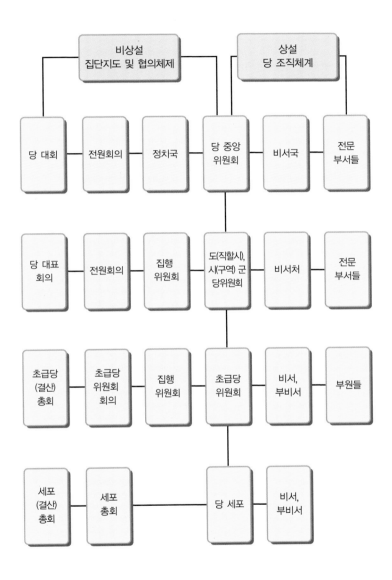

지시가 이루어지도록 되어 있다.

당 조직부 활동은 크게 당 생활지도, 검열, 통보, 인사 등으로 대별되는데 이를 담당하는 조직이 당 생활지도과, 검열과, 통보과, 간부과 등이다. 당 생활지도과는 간부와 당원들이 업무와 사생활에서 제기되는 문제들에 대해서 지도하는 활동을 담당하고 있다. 검열과는 북한 사회 각 분야에서의 유일사상체계와 유일지도체제 확립 현황 및 검열할 수 있는 전권을 지니고 있다.

조직지도부 검열과는 본래 당 기관을 제외한 국가기관들과 사회 모든 분야를 대상으로 한 검열활동을 펴도록 되어 있지만, 김정일의 당권 장악 강화과정에서 검열과의 활동이 당내까지 확대되었다고 전해진다.

통보과는 유일지배체제 확립과 관련하여 제기되는 모든 상황을 최고지도자에게 직보하여 처리될 수 있도록 하는 조직이다. 최고지도자는 통보과의 직보체계와 당 생활지도과에 의한 당원들과 주민들의 일상을 정기적으로 보고받도록 되어 있는 이중 보고라인을 구축해 놓고 있는 셈이다.

조직지도부는 간부과를 통해서 인사권을 장악함으로써 효율적인 지도부 통제를 수행할 수 있도록 되어 있다. 김정일 시대 조직지도부가 당·정·군 등 전반적인 간부문제(인사권)을 장악 전담할 수 있도록 간부과가 신설되었다. 이후 조직지도부의 간부과를 통해 모든 간부 문제가 조직지도부에 집중되어 있다.

보위조직을 발판 삼아 권력의 틀을 다지다

국가안전보위부

국가안전보위부는 현역군인들로 구성되어 있어 군대조직의 하나로 인식되기도 한다. 때에 따라서는 국가안전보위부가 정치권력을 실질적으로 장악하기도 하고 인민보안부뿐만 아니라 군대에서도 정치지도요원을 능가하는 힘을 발휘할 때도 있다.

국가안전보위부의 주 임무는 유일지배체제 유지를 위해서 정권지도부를 비롯한 북한 주민들의 사상과 동향을 감시하고 반체제사범의 색출, 체제에 대한 비방사건 수사 등을 전담하고, 사상정치범들을 수용하는 수용소를 관리하는 임무를 맡고 있다. 대간첩 업무, 해외정보 수집, 해외공작 업무도 국가안전보위부의 주요 임무에 해당한다. 국경경비, 공항, 항만 등의 출입통제, 수출입품 검사와 밀수단속, 출입국 관리업무도 국가안전보위부의 일이다.

또한 최고지도자의 특명으로 당 또는 국가기관 간부나 조직에 대한 특별사찰을 수행하는 것도 국가안전보위부의 역할 중 하나다. 국가안전보위부는 반탐처를 두어 국내 및 국외에서 북한에 대한 적대적인 요소와 체제전복 요소, 불만세력 등 유일지배체제를 위협하는 모든 세력을 도청과 신고원들을 활용하여 색출해 내는 활동을 벌인다.

이와 같이 국가안전보위부는 정치사찰을 주 임무로 하고 있으며, 조직체계는 중앙으로부터 인민군과 도(직할시)·시(구역)·군은 물론 기타 특수기관에까지 설치되어 있다. 군대 내의 장비 및 전투 준비 감독, 군사기밀 보호, 범죄예방 및 수사처리, 간첩 적발과 대간첩작전 참여, 부대원에 대한 정치적 내사 등이 군대 내 설치된 국가안전보위부의 주요 임무다.

뿐만 아니라 국가안전보위부 요원들은 외교관 및 상사원 등의 신분으로 해외 북한인 감시 및 통일전선 구축 등 각종 정보수집과 공작을 위해 외국에 파견된다.

국가안전보위부 조직은 유일지도체제 유지를 위한 강령인 '유일사상체계 확립을 위한 10대 원칙'에 근거 10가지 범법 규정을 자체적으로 마련하여 정권 지도부뿐만 아니라 주민들에 대한 사찰활동을 벌인다. 그들은 아무런 법적 절차도 밟지 않고 용의자를 구속하고 재판 없이 처단할 수 있는 막강한 권한을 가지고 체제보위 사찰활동을 벌여 나가고 있다. 그리고 북한의 모든 간부들과 주요 인물, 외국공관, 체류 외국인 및 유학생에 대한 도청, 촬영, 미행으로 북한 내부에서의 반정권 모의나 조직을 사전에 적발할 수 있는 능력과 기능을 보유하고 있는 것으로 알려져 있다.

특히 1990년대에 김정일의 지시로 국가안전보위부 내에 15명 정도로 구성된 특별사찰그룹이 결성되었고 여기에서 노동당, 국가안전보위부, 내각, 군대의 고위층을 대상으로 한 개인사찰과 사상적 동향을 파악해 온 것으로 전해졌다. 현재도 이 특별사찰그룹이 존재하고 있는지는 모르겠으나 김정은 정권에 들어와서 체제 정착을 위해 이러한 특별그룹의 필요성이 더욱 높아진 것은 사실이다.

후계자 시절 김정은이 국가안전보위부의 막강한 권한을 발판 삼아 권력의 틀을 다진 것도 이런 막강한 파워 때문이다.

인민보안부

인민보안부는 북한의 경찰조직에 해당하는 것이지만 이것 역시 군대조직 성격으로 편성되고 운영되는 것이 특징이다. 인민보안부의 임무는 경찰조직으로서 사회질서를 유지하고 국가와 인민의 재산과 생명을 보호하는 것이다. 하지만 이 조직 역시 유일지배체제에 장애가 되는 요소를 제거하는 데 초점이 맞춰져 있다.

실제로 인민보안부의 기본임무는 '사회의 안전질서를 유지하고 국가와 인민의 재산과 생명을 보호'하는 것이다. 그러나 현실적으로 가장 중요하게 수행하는 임무는 "사회주의 건설에 방해되는 요소를 적발하여 제거하며, 로동당 독재를 강화하고 전체 주민을 통제"하는 일이다.

인민보안부의 임무와 활동을 구체적으로 살펴보면 다음과 같다.

첫째, 수령의 옹호와 보위를 위하여 반국가·반혁명 행위를 감시하는 것을 최우선 임무로 수행하고 있다. 이를 위해 김일성사상연구실, 김일성선물사적관, 김정일온실 등을 직접 운영 관리하며, 김일성·김정일 부자의 업적을 선전하는 임무도 수행한다. 둘째, 당과 국가의 보안사업을 총괄하고 있다. 셋째, 기본기능인 치안질서 유지 업무를 총괄하고 있다. 넷째, 주민의 사상동향 감시업무를 수행한다. 인민보안부는 북한 주민을 효율적으로 통제하기 위해

주민 성분 분류, 주민의 거주이동 통제, 공민증 발급 등의 업무를
수행한다. 다섯째, 국가 주요 시설물 건설 및 도로관리 업무를 수
행한다. 여섯째, 일반 경찰업무 이외에도 소방관리, 지진관리, 지
하철 운영관리, 교화사업, 자체 외화벌이 사업, 주소 안내 등의 업
무를 수행한다. 또한 북한 전역에서 운행되는 여객열차의 안전 및
여행질서를 단속하는 업무를 수행하며, 북한 전역의 교화소와 노
동교양소를 지도 통제 감독하는 등 일반 범죄자들을 수용 관리하
는 교화업무도 수행한다.

체제 통제를 위해 인민군대를 앞세우다

근대 민족국가의 성립으로 민족주의가 발현되고 국민개병제가
확산되었다. 이에 따라 군은 국민의 군대, 즉 국민군 성격으로 자
리잡게 되었다. 국민군은 국가 전체를 대상으로 하여 인적·물적
자원을 동원하고 국가의 주권과 전 국민의 안전을 책임지는 임무
를 가지게 되었다.

그러나 북한 군대는 '인민군대'라는 명칭은 갖고 있으나 내용상
으로는 '수령의 군대'로 존재한다. 김정일 자신이 "인민군대를 완
전무결한 수령의 군대, 당의 군대로 만드는 것이 군 건설의 총적
임무"라고 밝힌 것은 이를 잘 반영하고 있다. 수령은 김일성에서

김정일로 그리고 김정은으로 이어지고 있기 때문에 북한 군대는 대를 잇는 수령의 군대가 되고 있다.

김정일 시기 북한 당국이 "인민군대가 수령의 군대라는 것은 곧 인민군대가 국방위원장이시고 최고사령관이신 김정일 장군님을 결사옹위하고 그 위업에 충성을 다하시는 김정일 장군님의 군대라는 것을 의미한다"고 밝힌 논리를 그대로 따른다면, 지금의 북한 군대는 당 제1비서이자 국방위원회 제1위원장이며 최고사령관인 김정은의 군대라 할 수 있다.

이와 같이 북한 군대는 국민의 군대가 아닌 수령 개인의 사병(私兵)이거나 수령의 전유물이다. 이렇게 볼 때 북한 군대는 귀족장교, 지원병 또는 용병 등으로 구성되어 국왕의 사병이나 특정계층의 전유물과 같은 전근대적인 특수 무력집단으로 이해된다. 이 같은 특성을 지닌 군대는 국왕과 같은 군주의 개인적 안보를 위해서 무력을 사용하는 것이 정당화된다. 북한 군대도 이와 똑같은 대의명분을 지니고 있다. 북한 군대는 그 무엇보다도 먼저 '수령결사옹위'를 위하여 '영웅적 희생정신'을 발휘할 것을 요구받고 있다. 실제로 오늘날 북한에서는 "모든 군인들을 당과 수령을 결사옹위하는 총폭탄으로 준비시키는 것"을 강조해 오고 있다.

김정일은 "처음으로 선군후로(先軍後勞)의 사상을 내놓고 인민군대를 혁명의 핵심부대, 주력군으로 내세웠다"고 주장함으로써 '혁명의 주체'로서의 군대의 지위와 역할을 강화하였다. 김일성 시대에서는 이전의 혁명이론에서와 같이 노동계급을 혁명의 주력군으로 삼아왔지만 김정일 시대에서는 군대를 혁명의 주력군으로 내세웠다. 선군후로는 노동계급보다 군대를 앞세운다는 의미다. 즉 군대를 핵심으로, 주력군으로 하여 혁명의 주체를 튼튼히 하고 그에 의거하여 수령 정권을 앞장서서 수호하도록 하는 논리를 내놓았던 것이다.

선군후로 사상은 첫째, 군대를 혁명의 핵심부대, 주력군으로 하여 혁명의 주체를 튼튼히 하고, 둘째, 혁명군대의 혁명적 기질과 전투력에 의거해 조국과 혁명, 사회주의를 수호하며 전반적 사회주의 건설을 강력히 추진하는 것을 내용으로 하고 있다. 혁명의 주체를 강화한다는 것은 혁명의 수뇌부, 즉 수령에 대한 보호역량의 강화를 의미하며, 반조국·반혁명·반사회주의 움직임이 있을 경우 이를 척결하기 위해서 북한 군대가 적극 개입하게 되는 역할을 의미하는 것으로 이해된다. 이에 따라 수령 정권을 위협하는 상황이 발생하면 그것이 대내적이든 대외적이든 상관없이 수령의 명령에 따라 즉각 동원될 수 있도록 하고 있다.

선군정치 하에서 북한 군대는 '혁명의 주체'로 자리매김되고 있기 때문에 반수령 정권 움직임이 보일 경우 이를 차단하거나 억제하기 위해서 즉각 투입될 수 있는 기능과 역할을 지니고 있기도 하다. 특히 북한 군대는 '혁명의 주체' 또는 '혁명의 주력군'으로서 반혁명적·반체제적 움직임을 분쇄시키는 데 동원될 수 있는 특수무력으로서의 역할을 하기도 한다. 이는 북한군 정보보위조직인 인민군 보위부들은 일종의 군대 비밀경찰로서 기능과 역할을 수행하는 것을 기본으로 하고 있기 때문에 군 보위사령부의 역할이 강화된 것으로 볼 수 있다.

실제 1980년대 말까지 인민무력부 보위부가 '인민무력부 보위국'으로 있다가 1992년 보위사령부로 승격하였다. 이후 보위사령부는 보위사령부 실무행정부서들과 보위사령부 당 위원회의 당적 지도를 직접 받으며 보위사령관의 수령 '직보체계'를 만들어 놓은 것으로 알려지고 있다. 따라서 보위사령부의 사업대상이 넓어졌으며 기능과 역할도 확대되었다. 즉 보위사령부는 군대 내에 국한하던 정치감찰과 경제감찰을 정권 지도부를 포함한 민간인에게까지 확대하였고 수사대상의 직위와 직급에 관계없이 독자적으로 수사하고 처리할 수 있는 권한도 행사할 수 있도록 한 바 있다.[69]

그런데 북한 군대가 수령의 군대, '수령결사보위' 군대로 기능해 나가도록 이끌어 가고 있는 조직이 바로 군대 내에 각급 단위별로 배치되어 있는 총정치국 산하의 당 조직들이라는 사실을 간과해서는 안 된다. 물론 군대의 최고위 당 정치조직인 총정치국은 중앙당의 지도와 통제를 받도록 되어 있다는 것은 두말 할 필요가 없다. 특히 김정일의 선군정치체제 하에서는 군대 내 당 조직과 정치기구는 더욱 강화되어 군대를 정치적으로 지도하고 통제해 나간 것이 사실이다.

---

69 김일성 사후 김정일 정권 초기 인민무력부 보위사령부가 당 조직부, 간부국까지 검열하는 등 보위부의 힘이 상당히 강화된 바 있다. 정영태, 『북한의 당·군·민 관계와 체제 안정성 평가』 (서울 : 통일연구원, 2006), pp.71~72.

김정일 정권 초기 소위 '고난의 행군' 시기에 군대 이외의 노동당 지배가 거의 마비된 상황에서 체제유지를 위해 '총대정치'를 선택한 것이 바로 선군정치다. 선군정치 하에서 군대는 노동당을 대신하여 북한 체제 유지를 위한 체제통제기구로서 전면에 나서도록 하였다. 이 같은 체제통제 기능을 안전하게 수행해 나가도록 하기 위해서 군대 내의 당 기구를 여타 당기구들보다 더욱 신뢰할 수 있는 당 조직으로 받아들이는 상황이 초래되었다. 실제로 한 비밀연설에서 김정일이 군대에서는 당 정치사업을 활발히 벌이고 있지만 사회의 당 정치사업은 맥이 없다고 질타한 것으로 알려지고 있다.

이에 따라 북한 체제는 군대가 보위하고 군대는 당이 지키는 양상을 보였다. 여기서 말하는 당은 군대 내 정치기구를 의미한다. 이렇게 볼 때 군대가 북한 체제를 지키는 체제의 '참모부' 역할과 기능을 하게 된 것으로 판단된다. 그 결과 군대 내 당 위원회와 정치기구는 한층 더 활성화되었고 그것이 북한 사회 전반에 확산되는 추세를 보였다.

선군정치식 권력세습 과정을 걸어가다

갈톤(Galton, 1879)은 『위대한 인물(great man)』에서 세습 배경 연구에 영향을 받은 이론가들의 세습에 기초한 리더십을 소개하고 있다. 요약하면, 세습인물이 국가를 만들고 그의 능력에 맞게 국가를 건설해 나간다는 것이다.[70] 이러한 세습에 기초한 리더십의 정의는 김정은 리더십에 잘 적용될 수 있다. 김정은 정권은 세습에 기초한 리더십으로 국왕 세습과 같이 아버지 김정일로부터 권력을 세습받았다. 그는 2010년 9월 제3차 당 대표자회에서 당 중앙군사위원회 부위원장으로 임명됨으로써 김정일의 후계자로 공식화되었다. 이에 앞서 김정은에게 대장 칭호를 부여하는 조치가 취해졌다. 김정일은 최고사령관 명령(제0051호)을 하달하며 김정은, 김경희, 최룡해, 김경옥 등에게 대장 칭호를 부여하였다. 김정일 국방위원장이 김정은에게 군사권을 장악할 수 있는 기반을 우선적으로 마련해 준 셈이다.

또한 김정은은 당 중앙군사위원회 부위원장 직책을 갖고 있어 당적 군사지도권 행사를 통해 군권을 장악할 수 있는 명분과 권한을 지니게 되었다. 이에 따라 김정일이 사망한 후 선군정치 권력체계대로 군·당·국가의 최고직책에 신속히 보임되었다. 김정일 사망 13일 만에 그는 군대를 직접 지휘할 수 있는 군 최고사령관직에 올랐고, 이듬해 4월에는 노동당 제1비서(사실상의 총비서), 정치국 위원 및 상무위원, 당 중앙군사위원장 등 지위를 확보(2012. 4. 11)

---

70 리더십 이론은 'great man' 이론, 'environmental' 이론, 'personal-situational' 이론, 'interaction-expectation' 이론, 'humanistic' 이론, 'exchange' 이론으로 분류된다. 이에 대해서는 Ralph M. Stogdill, Handbook of Leadership: A Survey of Theory and Research (New York : The Free Press, 1974), pp.17~23 참조.

하였고 이를 후에는 국가 '최고령도자'를 의미하는 국방위원회 제 1위원장(사실상의 위원장)직에 올랐다.

김정은은 아버지 김정일이 구축해 놓은 선군정치의 논리에 따라 대를 잇는 권력세습 패턴을 따랐다. 김정일 위원장이 후계자 김정은을 대장 칭호부터 부여하고 당적 군사지도권인 당 중앙군사위원회 부위원장직에 올린 것은 단순한 의례적인 절차가 아니라 '권력은 총구에서 나온다'는 그의 정치적 판단에 따른 것이다. 김정일은 일차적으로 군권을 장악하고, 군권 장악은 곧 당 및 국가 관련 전권을 틀어쥘 수 있도록 하는 '선군정치식 세습권력체계'를 만들어 놓은 것이다.

선군정치 하에서 군권을 장악한다는 것은 한 국가의 대통령이 군통수권을 갖는 것 이상을 의미한다. 북한의 최고 '령도자'는 정치적 최고 '령도자'이기 이전에 걸출한 군사가적인 자질을 필요로 한다. 선군정치 하의 국가최고지도자는 "뛰어난 군사적 예지와 지략을 겸비"하고 "군사전략가이며 군인 대중 중심의 령군술을 완벽하게 구현"할 수 있는 "위대한 령장"이 되도록 하고 있다. 김정은은 이 같은 리더십을 구비하여 군·당·국가를 통치하기 위한 권력공고화 과정을 빠르게 거쳐 나갔다.

일반적으로 변혁(Transformation) 단계, 공고화(Consolidation) 단계, 유지(Maintenance) 단계를 차례로 거치면서 새로운 권력이 구축된다. 김정일 정권도 이 3단계 과정을 거치면서 권력을 안정적으로 관리하였다. 변혁 단계(1994~1998)에서는 '고난의 행군기'를 거치면서 '선군정치식' 권력구조 재편과 사회구조를 재정비하였고 1998년 헌법 개정으로 국방위원장 체제를 제도화하였다. 또한 중앙인민위원회(국가최고권력기관)와 주석제를 폐지하고 국방위원회와 국방위원장의 기능과 역할을 강화하며 국방위원장을 국가 수위로 하는 국가체제를 정립하였다. 공고화 단계(1998~2009)에서는 국방위원회와 국방위원장을 명실상부하게 국가최고기관과 최고위직으로 하는 제도를 완성하고 '선군정치식' 권력구조를 완성했다. 마지막으로 유지 단계(2009년 이후)에서는 구축된 국방위원장 체제를 기반으로 김정은 후계체제를 수립해 나감으로써 '김씨조선' 권력을 영속화해 나갔다.

김정일 사망 이후 김정은 역시 변혁 단계를 거쳐 공고화 단계에 진입하는 모습을 보이고 있다. 변혁 단계(2012~2013)에서 김정은은 김정일 시대의 권력 엘리트 및 사회구조 재정비 사업에 돌입하였다. 앞서 지적한 바와 같이 김정은 자신은 군→당→정 순으로 최고직위를 계승하였다. 이와 동시에 김정은은 군·당·정 최고지도자로서 자신의 '이미지 메이킹'과 정통성 구축작업에 돌입하였다.

첫째, 김정은의 '유년(幼年) 지도자' 이미지를 불식시키기 위해 '성인 지도자' 이미지를 만들어 나갔다. 2012년 7월 6일 김정은은 부인 리설주를 공개행사에 대동함으로써 가정을 가진 어엿한 성인 이미지를 과시한 것이 대표적이다. 김정은이 노령의 관료를 세워 놓고 앉아서 담배 피우는 장면을 부각한 것도 김정은 성인 만들기의 일환으로 판단된다.

■ 김정은은 부인 리설주를 공개행사에 대동함으로써 가정을 가진 어엿한 성인 이미지를 과시하고 있다. ⓒ연합뉴스

둘째, 선군시대의 최고군사지휘관 상을 심기 위해 김정은이 전투를 지휘하여 승리로 이끌어 내는 환경을 인위적으로 창출하였다. '가상의 전투상황'에서 김정은이 진두지휘하여 승리로 이끄는 '천출명장' 이미지를 도출해 내고자 한 것이다. 장거리 로켓 시험발사 및 핵실험 강행으로 국제적 제재 분위기를 조성하고 이로 인하여 초래된 국제적 제재를 '미제국주의' 주도의 대북 압살공세로 포장함으로써 가상의 대미(對美) 전투 상황을 설정하였다. 이 전투를 최고군사지휘관으로서의 김정은이 직접 진두지휘하여 승리로 이끈 '천출명장'으로 자리매김하는 연출극이 전개되었던 것이다.

실제로 장거리 로켓 발사(은하 3호 발사 성공, 2012. 12. 12), 제3차 핵실험 강행(2013. 2 12), 유엔안보리, 대북제재 결의안 2094호 채택

(2013. 3 7), 북 외무성, 안보리 제재 땐 '핵 선제 타격 위협'으로 '대미 핵 전투 상황' 설정, 남북관계 전시상황 돌입 발표(2013. 3)로 김정은 진두지휘 모습 부각, 김정은의 '천출명장' 상을 고착시키고자 하였다.[71]

젊고 건강한 김정은 개인 리더십 과시

김정은은 고위급 엘리트를 대대적으로 재정비하는 작업에 돌입하였다. 즉 집권 이후 2년간 친정체제 구축을 위한 대규모 인사 개편을 단행한 것이다. 1차 인사(2012. 4, 당 대표자회)에서는 최룡해, 김경희, 장성택을 중용하였으며 2차 인사에서는(2013. 4, 최고인민회의) 박봉주 총리 임명 등 경제분야를 집중적으로 개편하였다. 군사부문의 경우 총참모장 리영호를 경질(2012. 7)하고 당 고위관료인 최룡해를 군 총정치국장으로 임명한 이후 여타 교체인사가 빈번하게 단행되었다.

특히 김정은은 군 고위관료들의 강등과 복권을 빈번하게 실행함으로써 자신의 군대를 만들어 나가고자 하였다. 또 장성택과 그의

---

71 북한 당국은 '7 · 27 전승절' 보고대회에서 "김정은 동지는 오늘의 첨예한 반미 대결전, 21세기의 핵대결전을 승리로 이끄는 희세의 영장, 천재적 군사전략가, 백전백승의 강철의 영장"이라 추켜세웠다.

당 행정부 측근을 공개처형하고 김정일 운구차를 호위하였던 군부 인물 전부를 교체함으로써 명실상부한 김정은 '유일영도' 호를 띄워 올렸다. 다른 한편으로 김정은은 최고지도자 역량 과시를 위한 현지지도 활동을 적극적으로 전개하였다.

앞으로 김정은의 유일권력이 안정적으로 착근하기 위해서는 자신의 리더십에 달려 있다. 김정은 자신이 아버지 김정일과 같이 군·당·정 주요 권력기관과 엘리트들을 직할통치할 수 있는 리더십을 발휘할 수 있어야 한다. 그렇다면 김정은의 리더십이 어떠한가에 대한 질문을 하지 않을 수 없다.

스톡딜(Stogdill)은, 리더십은 신체적 특성(Physical Characteristics), 사회적 배경, 지능과 능력, 개성, 책무 관련 특성, 사회적 특성 등으로 설명될 수 있다고 하였다. 김정은 리더십의 경우 유일독재유형이기 때문에 김정은 개인의 신체적 특성이 리더십을 크게 좌우한다. 스톡딜은 신체적 특성으로 나이, 키, 몸무게, 외모 등을 들고 있으나 리더의 신체적 조건의 핵심은 건강이라 할 수 있다. 건강을 잃으면 리더의 자격을 상실한다고 볼 수 있다. 나이, 키, 몸무게, 외모는 리더의 부차적인 요소에 불과하다.

2008년 김정일의 건강이상설이 불거지면서 김정일 정권의 불안정성이 높아졌던 사실이 이를 잘 반영한다. 독재자 한 사람에게 모든 권력이 집중되어 있는 북한 체제의 특성상 최고지도자의 건강문제는 체제의 불안정을 파악하는 데 필요한 매우 중요한 측정항목이 아닐 수 없다.

2008년부터 2011년까지 김정일의 건강문제가 초미의 관심사로 떠오른 것은 2008년 8월 뇌출혈과 뇌졸중으로 병세가 악화되어 쓰러진 적이 있었기 때문이다. 그러나 김정은의 경우는 아직 30대 초반(1984년생)으로 특별한 지병도 알려지지 않고 있기 때문에 건강에 이상이 생겨 리더십 발휘에 지장을 초래할 가능성이 낮다. 따라서 김정은 유일영도체제 하에서는 당분간 북한 최고지도자의 건강상태로 인한 리더십, 즉 그의 체제 장악력에 이상이 생길 가능성은 크지 않다.[72]

체제 장악 위해 현지지도 활동에 안간힘

김정은의 체제 장악력을 살펴보기 위해서는 최고지도자의 현지지도 활동 빈도와 동행하는 수행단의 규모와 수준에 주목할 필요가 있다. 또한 최고지도자 1인에 모든 권력이 집중되어 있는 북한 유일영도체계의 특성상 최고지도자의 현지지도에 동행하는 수행단의 규모와 수준을 보면 그의 체제 장악력의 정도를 어느 정도 파악할 수

---

72 2014년 들어 9월 4일 모란봉악단 신작음악회 공연 관람 이후 40여 일간 잠적 행태를 보임으로써 김정은의 건강문제가 제기된 바 있으나 치료 후 별 문제가 없는 것처럼 보인다. 하지만 김정은의 건강문제에 대해서 취약성이 없는 것이 아니므로 지속적인 체크가 필요한 상황이다.

있다. 즉 단순히 현지지도 횟수만을 파악한 빈도 분석이 아닌, 동행한 수행단의 규모와 수준 등을 다양하게 고려해 최고지도자의 현지지도 활동을 분석해 김정은의 체제 장악력을 판단해 볼 수 있다.

김정은은 우선적으로 주민들의 신뢰를 확보하기 위해 인민 생활 향상을 위한 경제발전에 초점을 둔 현지지도의 빈도를 높였다.

:: **월별 최고지도자 현지지도 빈도**

연도	1월	2월	3월	4월	5월	6월	7월	8월	9월	10월	11월	12월	계
1994	2	3	1	12	3	13	7	1	0	2	1	0	45
1998	8	5	5	5	9	7	3	1	6	8	10	3	79
1999	4	5	8	10	10	3	3	4	6	8	3	5	69
2000	4	5	7	7	4	5	4	6	4	12	7	8	73
2001	5	3	2	12	17	6	8	5	10	1	6	8	83
2002	4	11	7	17	7	14	8	4	5	14	1	7	99
2003	7	6	0	15	13	10	10	7	5	7	0	12	92
2004	6	6	9	11	5	9	9	6	7	6	5	13	92
2005	6	5	3	14	8	6	11	9	15	21	17	16	131
2006	7	7	10	9	17	17	2	4	5	3	10	11	102
2007	7	3	6	5	2	6	3	19	5	10	10	11	87
2008	8	2	2	7	20	11	11	14	0	2	7	13	97
2009	13	16	15	13	10	10	8	13	12	19	19	11	159
2010	20	12	9	15	12	9	11	9	10	19	16	19	161
2011	15	11	9	13	10	5	18	7	8	25	14	9	144
2012	15	11	8	28	17	3	16	16	9	4	6	4	137
2013	3	8	15	11	17	22	12	12	15	18	7	7	147

*출처 통일부 「월간 북한동향」, 「주간 북한동향」

세 차례의 핵실험에 따른 군사역량의 자신감에서 출발하여 이제는 세습 '군주'인 김정은에게는 인민경제 회생이 가장 큰 과제로 부각되었다. 세습적 전통에 의해 정치적 정당성(legitimacy)은 확보했다고 하더라도 경제적 성과(performance)가 이를 뒷받침하지 못하면 정치적 권위가 크게 손상될 수 있다. 이를 의식한 김정은은 2013년 들어 꾸준히 경제분야 현지지도를 우선하였고, 2013년 3월 31일에는 정치국 회의에서 '경제발전과 핵무력 발전 병진로선'을 발표하여 경제력 건설에 집중하는 모습을 보임으로써 체제 장악력을 높이고자 하였다.

동시에 선군정치체제 하의 선군영도를 위해서는 군대가 권력 유지의 핵심으로 이에 대한 충성유도를 위한 공식행보도 강화하였다. 김정은은 또한 경제분야에 대한 현지지도를 우선하면서도 군대에 대한 영도력 강화와 군대의 충성을 유도하기 위한 군대 현지지도도 활발하게 전개하였다. 당권 강화를 통하여 군부에 대한 사상적 통제를 강화한 것이다.

이와 같이 김정일보다 김정은 시대 들어와 현지지도 활동이 보다 활성화되고 있다고 해서 김정은의 체제 장악력이 김정일보다 높아졌다고는 말할 수 없다. 김정은의 활발한 현지지도 활동은 그의 체제 장악력의 표현이라기보다 체제 장악력을 높이고자 하는 과정적 특징으로 보인다. 짧은 시간 내에 김정은 체제의 정통성을 확보하기 위한 고육책의 하나라 할 수 있다.

김정일 사망으로 갑자기 등장한 김정은이 대내외적으로 최고통치자로서의 인식이 크게 결핍되어 있는 만큼 이를 충족시키기 위한 방편으로 현지지도 활동을 크게 강화한 것으로 판단된다. 따라서 김정은의 현지지도 활동은 아버지 김정일과 같이 스스로 판단하에 이루어진 것이라기보다 김정은 후원 권력그룹에 의한 판단일 가능성이 크다.

아울러 유일지배체제의 경우, 공식활동 보도는 최고지도자에 집중된다. 이외의 권력 엘리트 동향은 거의 베일에 가려져 있다. 최고지도자 이외의 권력 엘리트 움직임에 대한 보도가 되풀이되거나 확대되면 최고지도자의 유일성이 훼손될 수 있기 때문이다. 북한의 최고지도자, 즉 수령은 '절대성'을 가지도록 되어 있다. 북한의 '당의 유일사상체계 확립의 10대 원칙' 전문에서도 "위대한 수령 김일성 동지의 권위를 절대화하여야" 하며, "위대한 수령 김일성 동지 밖에는 그 누구도 모른다는 확고한 립장과 관점"을 가질 것을 확인하고 있다. 또한 북한 당국은 수령을 극도로 신성시하면서 비교를 불허하는 '절대성'을 다음과 같이 강조하고 있다.

"수령은 그 누구도 지닐 수 없는 비범한 예지와 고매한 공산주의적 덕성, 한없이 넓은 포용력, 탁월한 령도력을 지니고… 절대적인 권위와 위신을 지니고 인민들의 다함없는 신뢰와 존경을 받는 참다운 인민의 령도자이다."

이에 따라 최고지도자 이외의 주요 권력 엘리트의 공식활동

보도 빈도가 높아진다는 것은 수령의 절대성이 그만큼 희석된다고 할 수 있다. 최고지도자의 이 같은 '절대성' 약화 현상은 곧 절대적이고 유일적인 권력이 분산되는 것을 의미하며, 이는 곧 최고지도자의 체제 장악력 저하로 이해될 수 있다.

북한은 "수령은 당의 최고령도자이며 당의 령도는 곧 수령의 령도"로 보기 때문에 최고지도자인 수령 한 사람의 판단과 평가에 의해 최고정책결정기관인 당의 정책이 결정되고 집행되는 것이 북한 체제의 특성이다. 이렇게 볼 때 최고지도자, 즉 수령 이외의 권력 엘리트 공식활동의 보도가 증가한다는 것은 수령에 의한 유일적 의사결정 구조가 약화되었다는 것을 시사함과 동시에 유일체제의 안정성이 그만큼 훼손된 것을 의미한다. 즉 최고지도자를 중심으로 한 권력의 집중도가 저하되면 최고지도자의 체제 장악력도 떨어질 것이며 이는 체제 안정성의 약화로 귀결될 것이다.

2009년 이전까지만 하더라도 김정일 이외의 권력 엘리트들의 보도 빈도는 100~300건 미만이었지만 2009년 이후부터는 400대에서 500대로 확대되었다. 여기에는 김정일의 건강상태 악화가 크게 영향을 미친 것으로 판단된다. 건강 악화가 김정일의 직할통치의 범위를 축소시킨 결과를 가져왔고 이는 곧 그의 체제 장악력의 약화로 귀결되었다고 할 수 있다. 김정일 건강 악화와 동시에 후계체제 구축작업이 진행됨으로써 이와 관련한 여타 권력조직의 엘리트들의 역할이 높아지게 되었다고 볼 수 있다. 이러한 추세는 김정은 정권이 등장한 이후에 더욱 확대된 것으로 드러났다.

:: 월별 수령 이외 주요 권력 엘리트의 공식활동 보도 빈도

연도	1월	2월	3월	4월	5월	6월	7월	8월	9월	10월	11월	12월	계
1994	3	6	9	16	4	7	5	7	23	15	1	8	104
1998	5	25	6	19	15	5	7	11	18	12	16	22	161
1999	5	11	14	8	6	16	19	32	36	24	15	15	201
2000	15	34	17	41	3	22	18	22	36	56	24	6	294
2001	18	22	21	35	23	14	43	22	29	24	21	9	281
2002	12	39	17	80	30	17	41	15	29	21	16	8	325
2003	18	13	10	43	5	13	12	19	33	32	11	9	218
2004	10	10	15	24	21	15	21	12	24	14	12	12	190
2005	6	16	13	17	17	17	14	27	20	25	14	13	199
2006	19	28	7	71	24	27	26	12	16	7	5	6	248
2007	4	17	8	18	10	13	16	12	12	23	18	4	155
2008	4	7	10	19	7	24	19	23	49	42	31	26	261
2009	23	39	25	25	23	32	37	35	42	57	28	34	400
2010	24	49	34	45	29	33	41	40	43	51	43	27	459
2011	21	18	28	39	29	51	44	44	74	46	50	62	506
2012	34	70	45	126	63	52	43	90		59	50	63	695
2013	29	71	45	63	36	48	70	41	60	64	66	56	649

*출처 통일부 「월간 북한동향」, 「주간 북한동향」[73]

---

[73] 주요 권력 엘리트의 공개활동 빈도를 알아보되 최고지도자, 즉 수령을 동행한 활동은 제외하였다.

노동당 정상화로 권력안정화

사회주의·공산주의 국가는 일당독재를 정당화한다. 즉 일당독재를 통해서 국가를 획일적으로 이끌어 간다. 이것은 일당의 국가 영도성을 의미하는 것이다. 북한에서도 당을 '향도적 력량'으로 하여 일당 영도체계를 강화해 왔다. 북한 노동당은 군대를 포함한 국가 및 사회 모든 대중조직들을 '통일적으로 지도하는 최고 형태'의 조직이 되었다. 각종 청년단체들을 비롯하여 각계각층의 군중을 망라한 대중단체들과 군사조직뿐만 아니라 국가조직을 영도해 나가는 것이 북한 노동당이다.

북한 노동당은 다른 모든 조직들을 튼튼하게 유지하고 활동원칙과 활동방향, 투쟁목표와 실현방도를 제시하며 모든 조직들의 활동 전반을 획일적으로 장악통제하고 지도하는 기능과 역할을 수행한다. 그러나 여타 사회주의·공산주의 국가들과는 달리 '수령의 유일적 영도'를 위한 수단으로 활용되고 있다. 북한 노동당의 기능과 역할은 수령의 사상과 구상을 실현하기 위한 모든 사업을 직접 작전하고 조직하는 것으로 전락하였다.

북한에서는 노동당이 모든 사업을 조직하고 영도해 나가는 것을 수령 영도의 실현과정으로 치부하였다. 수령이 당을 수단으로 하여 그의 영도를 진행해 왔다. 노동당의 모든 기능과 역할을 수령에 대한 충성을 유지하고 확대하는 활동에 집중되도록 하였다. 북한의 최고지도자인 수령은 첫째, 당내에 수령의 '혁명사상'만이 존재하도록 하고, 둘째, 전당·전국·전민이 수령 자신의 명령, 지시에 따라 하나와 같이 움직이고 그것을 무조건 철저히 끝까지 관철하도록 하고 있다. 북한 당국은 "전당이 수령을 중심으로 하여 통일 단결될 뿐만 아니라 당의 모든 조직들이 수령의 유일적 령도 밑에 하나의 유기체와 같이 움직일 수" 있도록 하고 있다.

김정은 시대 들어서 당의 활동이 크게 확대되고 있는 현상을 찾아볼 수 있다. 과거 김일성 시기(특히 1945~1980년 6차 당 대회 기간)와 같이 사회주의 국가의 전형적인 정치형태인 당 중심의 지도체제를 복원하는 추세를 보였다. 김일성은 당 우위에 기초한 당 중심의 정치방식을 고수하였으나 김정일은 90년대 중반 이후 '고난의 행군기'를 거치면서 약화된 당의 기능을 대신하여 1998년 공식출범과 함께 선군정치 방식을 주창하며 국방위원회의 위상을 강화하는 조치를 취하였다.

통일연구원의 자료(연구총서 2011~04)에 의하면 90년대 노동당의 기능이 현저히 저하된 모습을 보였다. 노동당 내 특정조직의 실무 담당자들 간의 모임 구성 등 조직적인 '그룹화'가 진행된다든가, 당 중앙 내부에도 지도원, 부과장 중심의 소규모 '그룹화'가 진행되어 상호 '눈감아주기' 직권비리 등이 자행된 바 있으며 특히 당내의 '비관주의' 확산, 당 간부들의 동요와 변화요구 및 위기감 증대현상이 배태되기도 하였다. 1990년대 초부터 '이대로는 희망도 없고 얼마 가지 못한다'는 비관주의의 당내 확산으로 '현상유지', '자리 지키기' 등의 행태가 보편화되기도 하였다. 권력과 돈의 유착으로 당적 통제기능은 거의 마비되다시피 할 정도였던 것으로 알려져 있다. 당 일꾼들은 당권을 이용하여 비리, 횡령을 묵인하고 뇌물수수와 부정에 직접 개입하거나 적당한 선에서 처리하고 거짓보고를 일삼는 행위들이 자행되어 오기도 하였다. 김정일은 이러한 위기를 극복하기 위하여 군을 동원하게 되었고, 이에 따라 군에 의한 통치방식을 선군정치로 정형화하기에 이르렀다.

그러나 2010년 9월 당 대표자회가 44년 만에 개최되었고 여기에서 김정은을 당 중앙군사위원회 부위원장에 임명하여 후계체제를 공식화하고 발전시켜 나가는 데 당 조직을 적극 활용하기 시작하였다. 당시 유명무실했던 당 중앙군사위원회 위원을 6명에서 19명으로 확대하여 김정은을 중심으로 새로운 활성화를 꾀하였다.

김정은을 부위원장에 앉힌 것은 당 조직을 통해 군대를 포함한 권력기구 전반에 대한 후계체제 영향력을 강화하기 위한 것이었다. 당의 정책결정 기능과 역할이 거의 유명무실한 상태에 있었던 김정일 시대와는 달리 김정은 체제의 북한은 당의 기능을 활성화하고 있다. 김정은 집권 1년인 2012년에 정치국, 비서국, 당 중앙군사위 등 주요 직위의 공석을 채우고 인원을 대폭 증가시켰다. 정치국은 27명 수준에서 41명으로, 비서국은 9명에서 12명으로, 당 중앙군사위는 18명에서 20명으로 각각 증원하였다.

김정은 시대 들어와서 가장 특징적인 것은 당의 정책결정 기능이 되살아나는 경향을 보이고 있는 것이다. 과거와 같이 정기·비정기적(1~3개월)으로 정치국회의를 개최하여 주요 현안을 토의하

:: 노동당 주요 회의 및 결정

회의 및 일시	주요 결정 내용
제3차 당 대표자회 2010. 9. 28	김정은을 김정일 후계자로 내정(당 중앙군사위 부위원장)
당 정치국확대회의 2011. 6. 6	김정일 방중 결과 설명, 북중관계 강화 결의
제4차 당 대표자회 2012. 4. 11	김정은을 당 제1비서로 추대, 김정일을 영원한 당 총비서로 추대, 김일성-김정일 주의를 유일지도사상으로 채택, 당 규약 개정/최고 및 중앙지도기관 선거·조직·임명 결과 발표
당 정치국회의 2012. 7. 15	리영호 총참모장 해임
당 정치국 확대회의 2012. 11. 4	국가체육위원회 설치 결정, 위원장에 장성택 임명
당 중앙군사위원회 확대회의 2012. 12. 3	군사력 강화 및 조직문제 토의
당 중앙위원회 정치국회의 2013. 2. 11	'공화국 창건 65돌과 조국해방전쟁 승리 60돌을 승리자의 대축전으로 맞이할 데 대하여' 등 10개 항목 결정서 채택(김일성·김정일을 영원한 수령으로 받들기 위한 일심화·완성 외 9개 항목)
당 중앙위원회 전원회의 2013. 3. 31	경제·핵무력 발전 병진노선 채택, 박봉주 정치국원 진입 (4월 1일 최고인민회의에서 총리 내정)
당 중앙군사위원회 확대회의 2013. 8. 26	국방력 강화 및 조직문제 논의("조성된 정세의 요구와 인민군대의 현 실태로부터 출발해 혁명무력의 전투력을 더욱 높이고 나라의 방위력을 백방으로 강화하기 위한 실천적 문제들"이 토의 결정됐으며 조직문제도 논의)
당 중앙군사위원회 확대회의 2014. 3. 17	전군, 당의 유일적 영군체계 확립, 전투력 방위력 강화 군생활문제 해결, 조직문제 등 토의 결정 당 중앙군사위원회 확대회의
당 중앙군사위원회 확대회의 2014. 4. 27	인민군대의 정치사상적·군사기술적 강화 발전 토의 조직문제 취급
당 중앙군사위원회 확대회의 2015. 2. 23	국가방위사업 전반의 전환을 일으키기 위한 전략적 문제 토의, 조직문제 토의
당 중앙군사위원회 확대회의 2015. 8. 20	적들의 군사적 도발행위 등에 대한 정찰총국 보고에 대한 청취
당 중앙군사위원회 확대회의 2015. 8. 28	전시상황 집행과정에서의 성과, 교훈분석 및 총화, 방위력 강화를 위한 전력적 과업 토의, 나선시 큰물 피해복구 대책 통의 군사위 일부 위원 해임 및 임명, 조직문제 등

고 결정하는 등 당 중심의 영도기능을 회복해 나가고 있다. 당 중앙위(전원)회의에서는 당 노선을, 당 중앙군사위에서는 군사 · 안보 문제를, 정치국회의에서는 국가적 과업 및 행사 등을 결정하고 있다. 예를 들면 경제 · 핵무력 발전 병진노선 채택은 당 중앙위 전원회의(2013. 3. 31)에서, 7 · 27, 9 · 9절의 성대한 개최 결정은 정치국회의(2013. 2. 11) 결정으로, 안전 · 자주권 관련 중대 결정은 당 중앙군사위 확대회의에서 이루어졌다.

또한 6년 만에 당 세포비서 대회(2013. 1. 28)를 개최하는 등 대규모 당 기층조직 행사를 개최하여 당의 기반 다지기를 강화하였다. 김정은이 당을 조직적으로 활성화해 나가고 있다는 것은 당을 통한 충성도를 도출해 내어 그의 지도력 강화를 통한 체제의 안정성을 높여 나가고 있다고 할 수 있다. 당 선전선동부를 통해 김정은의 영도를 적극 확보하고자 하는 노력이 경주되었다. 향후 당 조직을 적극 활용하여 김정은의 영도 강화를 위한 우상화 작업이 더욱 가속화될 것이다.

:: 당 공식 매체를 통한 김정은 영도력 과시 동향

날 짜	발 표	내 용
2009년	김정은 우상화 관련 문건 (일본 마이니치 신문 공개)	• 김정은의 김일성군사종합대학 포병학과 졸업논문은 "위성항법장치(GPS)를 활용해 포사격 정확도를 높이는 방법" • "김정은이 대학 시절 포병 지휘관에 이어 연구원까지 5년 과정을 전 과목 최우등으로 졸업할 만큼 포병전에 능하다"고 선전
2009년 하반기	노동당 중앙당 간부와 당원 대상으로 한 교육자료	• 김정은을 청년대장동지로 칭하며 "고대로부터 근대에 이르는 세계의 정치·군사·경제·문화 등 모든 분야에 해박한 지식을 소유", "10대에 벌써 동서고금의 세계적인 명장들에 대해 다 파악", "3살 때부터 명중사격을 했다." • "김일성군사종합대학 시절에 한다하는 군사가들이 한생을 다 바쳐도 터득하지 못한 보병, 포병은 물론 공군과 해군을 비롯한 군종, 병종, 전문병 분야에 완전히 정통하시고 전군을 지휘통솔 할 수 있는 뛰어난 령군술을 남김없이 보여 주시었다." • 김정은 찬양가요 〈발걸음〉 가사 전문 등장
2010년 10월 10일	조선중앙방송	• 〈불세출의 령도자를 맞이한 우리 민족의 행운〉 정론 방송 • "정치·경제·문화·역사·군사 등에 정통하며 여러 개의 외국어를 구사하는 천재"라고 선전 • "2년간의 해외유학 기간 동안 영어·독일어·프랑스어·이탈리아어를 숙달"
2011년 1월 28일	우리민족끼리	• 김정은 생일을 '1월 명절'로 처음 언급 • "1월 8일 올해의 첫눈이 내렸다. 우리 인민은 새해의 첫 문을 열자마자 대장 복 넘치는 1월 명절을 맞이하게 됐으니 이런 행운이 또 어디 있겠는가."
2011년 5월 11일	조선중앙방송	• 영화 〈민족 최대의 명절 2월 16일〉에 김정은 우상화를 위한 정치 구호 등장 • "경애하는 최고사령관 김정일 동지와 존경하는 김정은 대장동지를 위하여 한목숨 바쳐 싸우자!"는 글귀 발견 • 공연 장면에서는 김정은 찬양가요인 〈발걸음〉 연주와 합창 모습 등장, 〈발걸음〉 가사를 수놓은 수예작품 소개

날 짜	발 표	내 용
2012년 1월 4일	로동신문	• "장군님과 함께 헤치시며 성장하신 김정은 동지는 모습도 기상도 수령님 그대로이시고 장군님 그대로이시다"며 "그이의 신념은 백두산악과 같이 억척불변"이라고 3대 세습의 정당성 주장 • "최강의 정예대군을 휘하에 거느린 또 한 분의 위대한 선군령장"이라며 "조선을 세계가 우러러보는 강대하고 부흥하는 강성대국으로 안아올릴 탁월하고 특출한 실력가형의 영도자"로 강조
2012년 1월 5일	우리민족끼리	• 김정은을 "사상이론의 천재"로 칭송하며 "16살에 군사전략가로 세상에 널리 알려진 김일성 주석의 령군술과 그 업적에 대한 다방면적이고도 종합적인 논문을 대작으로 완성해 만사람의 경탄과 존경을 불러일으켰다"고 주장 • "특히 군사분야에 관한 그이의 독창적이고 비범한 이론은 그 누구도 따를 수 없는 최상의 경지"라고 칭송
2012년 1월 8일	조선중앙방송	• 김정은 생일에 맞추어 〈백두의 선군혁명 위업을 계승하시어〉라는 제목의 50분짜리 기록영화 방송
2012년 11월 13일	로동신문	• 『선군혁명령도를 이어가시며』 1권 출간 • "경애하는 김정은 원수님은 우리 민족의 반만년 역사에서 처음으로 맞이하고 높이 모신 위대한 수령님과 어버이 장군님 그대로 뛰어난 천품을 지니신 위인이라는 내용이 담겨 있다"고 선전
2013년 1월 7일	로동신문	• 김정은 국방위원회 제1위원장의 생일을 하루 앞두고 그가 "쪽잠과 줴기밥(주먹밥)으로 전선길을 이어갔다"고 주장하는 등 김 제1위원장 우상화를 극대화 • '쪽잠과 줴기밥'이란 표현은 그동안 북한 매체들이 김정일 국방위원장 우상화를 위해 자주 사용했던 것으로 북한 당국이 우상화 용어까지 대를 이어 사용
2013년 2월 20일	조선신보	• "조선(북한)에서 김정은 원수님의 영상을 모신 우표가 처음 발행" • "신년사를 하시는 최고 영도자의 영상을 담은 우표가 발행되는 것은 근 70년에 달하는 조선우표 역사상 이번이 처음 되는 일"
2013년 4월 14일	로동신문	• 김일성 생일날을 맞아 국제사회과학연구소에서 김정은에게 사회정치학박사 칭호를 수여했다고 14일 주장

날 짜	발 표	내 용
		• "태양절에 즈음하여 경애하는 김정은 동지께 국제적으로 권위있는 학위를 수여해 드린 것은 원수님의 두리에 굳게 뭉쳐 신심 드높이 백두산 대국의 일대 전성기를 열어나가고 있는 천만군민에게 위대한 령도자를 높이 모신 크나큰 긍지와 자부심을 더해주고 있다."
2013년 7월 17일	로동신문	• 김정은 원수 칭호 1주년과 관련하여 "경애하는 최고사령관 김정은 동지를 조선민주주의인민공화국 원수로 높이 모신 1돐을 맞는 지금 온 겨레는 조선민족의 커다란 긍지와 자부심을 가슴 깊이 새겨안고 있다"고 보도 • 우리 겨레는 운명도 미래도 모두 맡기고 따를 민족의 위대한 태양, 조국통일의 구성을 모시고 있다. 경애하는 김정은 동지께서 계시기에 민족자주 위업, 조국통일위업의 전도는 양양하다."
2013년 7월 17일	조선중앙통신	• 김정은 노작을 캄보디아에서 단행본으로 발간한 것에 대해 "김정은 동지께서 주체 101(2012)년 4월 15일 위대한 수령 김일성 대원수님 탄생 100돐 경축 열병식에서 하신 연설에는 김일성 민족의 100년사는 탁월한 수령을 모셔야 나라와 민족의 존엄도, 강성번영도 있다는 철의 진리를 뚜렷이 확증해 준 력사이라는 데 대해 밝혀져 있다"며 칭송
2013년 8월 1일	조선중앙방송	• '사회주의 보건제도는 행복한 삶을 누리는 가장 인민적 보건제도' 라며 '대원수님들께서 이룩하신 불멸의 업적' 이라고 칭송 및 '김정은 원수님을 모시어 현실 발전의 요구에 맞게 더욱 강화 발전되고 있다' 고 선전
2013년 8월 13일	조선중앙통신 논평	• '조국해방전쟁승리기념관 개관' 관련 '김정은 원수님의 현명한 영도와 군대·인민의 애국충정이 낳은 자랑찬 결실, 나라의 보물고, 혁명의 만년재보' 라고 선전
2013년 8월 23일	조선중앙통신	• 김정일의 선군영도가 시작된 날(선군절, 8. 25)이 있어 공화국은 불패의 존엄과 위력을 떨치며 강성번영의 한 길로 전진할 수 있었다고 칭송하며, 김정일의 선군혁명 업적은 김정은에 의해 빛나게 계승·발전되고 있다고 강조
2013년 9월 8일	로동신문	• 북 정권 수립(9.9) 65돐 경축 중앙보고대회 • 김일성·김정일의 '인민의 나라 창건과 강성번영의 만년궤도를 열어 준 업적' 찬양 및 "두 분의 태양을 모신 조선, 또 한 분(김정은)의 절세의 위인을 받들어 올린 공화국의 앞날은 휘황찬란하다"고 자축

제4장

김정은 체제,
북한에서는 지금

세 사람만 모여도 입을 다문다

탈북자 막으려 철조망에 전문 체포조까지

고위급 체제 이탈에 전전긍긍

추락하는 파워엘리트들의 정권 지지도

파벌형성에 권력다툼까지

인민 생활 못 챙기는 김정은 체제의 내각

위기의 경제… 대책이 없다

배급제의 붕괴로 흉흉한 민심

세 사람만 모여도 입을 다문다

　일반적으로 독재권력을 유지하는 가장 중요한 수단은 물리적 폭력수단이다. 충성스럽고 효율적인 보안기구가 바로 그것에 해당한다. 독재정권은 주민들을 감시하며 폭력을 사용하여 개인적이고 집단적인 저항운동을 효율적으로 진압한다.

　독재자들은 보편적으로 보안기구 요원들의 잠입과 밀고자들을 활용하여 반체제적 활동을 사전에 찾아내어 원천적으로 차단한다. 또한 층층의 보안기관들을 이용하여 당·정·군 및 대중조직에 침투한다. 보안기구 정보요원들은 주기적으로 공작원을 이용하여 개인들의 충성심을 시험하며, 두려움과 의심 가득한 분위기를 조성한다. 독재정권은 충성심에 의심이 가는 개인들에게 무력을 사용하여, 미래 반체제 활동도 예방하며 다른 이들로 하여금 비슷한 활동을 하지 못하도록 단념시킨다.

　북한의 유일체제는 여타 독재정권과 마찬가지로 보안기관에 의존하여 체제를 보존해 온 측면이 강하다. 실제 독재국가들의 강력한 강압적 기구들은 전체주의 국가들의 지속성을 설명해 준다. 북한도 모든 주민이 서로를 지켜보며 감시하는 보안체계를 갖추고 있다. 반체제적 의견은 다수의 내부 보안기관에 속한 정교한 정보원들의 네트워크로 인해 추적된다. 이러한 정보원들로 구성된 시스템은 체제에 저항하려는 이들의 의지를 쉽게 꺾어 버린다.

북한에서는 서로 신뢰하는 두 명 사이에는 민감한 얘기가 있을 수 있지만 세 번째 사람이 합류하면 입을 다물어야 한다. 모든 북한 주민이 인민반에 속해 있어 철저히 감시를 받는다. 경찰은 이를 관리하기 위해 기습적으로 가정방문을 실시하기도 한다. 미심쩍은 불충심이 발견되면 가혹하게 처벌된다. 비교적 작은 위법행위로 고발된 자들은 짧은 시간 '재교육'을 받게 된다. 그러나 심각한 범죄로 고발된 자들은 정치범 수용소에 매장된다. 북한 보안당국은 책임 있는 범죄자 개인 외에 부모, 배우자, 자녀, 이모, 삼촌, 조카까지 모든 가족을 처벌한다. 또한 그 사건은 영구 기록에 남겨지며 유배되거나 가족 전체가 정치범 수용소로 보내질 수 있다. 이러한 처벌 방법이 북한 주민들이 김씨정권에 대항하지 못하도록 단념시키는 매우 효과적인 수단으로 쓰이고 있는 것이다.

이와 같이 김정은 체제의 안정성을 유지하는 데 중요한 요소 중의 하나로 물리적 통제기제가 이전과 같이 활용되고 있는 상황이다. 당의 감시 못지않게 군 및 공안기구의 물리적 통제력은 북한의 체제 안정을 뒷받침하는 주요한 요소로 평가된다. 1990년대 중반 이후 북한은 외부의 위협을 막고 내부의 일탈행위를 억압하는 군, 국가안전보위부, 인민보안부의 역할이 두드러지게 강화되었다. 특히 1997년부터 3년간 계속된 당 · 정 · 군 간부들에 대한 대규모 숙청(심화조 사건)을 당 검열에 의해서가 아니라 인민보안부가 주도한 것은 통제기구의 기능이 강화된 상징적 사건이다.

보안기구의 임무는 매우 광범위하나 수령 옹호보위, 노동당과 북한 정권의 보안사업 옹호보위, 사회질서 유지 등이 기본업무다. 수령 옹호보위사업은 통제기구의 가장 핵심적 임무로서 수령, 즉 김정은을 옹호·보위하여 북한 체제를 수호하는 역할을 한다. 인민보안부는 체제 및 정권 수호를 위해 반국가·반혁명 행위를 감시하는 업무를 최우선적으로 수행한다.

김정은 체제 하에서도 국가안전보위부, 인민보안부 등 보안기구 등은 여전히 체제 유지의 근간이 되고 있다. 체제 보위를 위한 통제는 사상 통제, 법적 통제, 육체 통제 등 다양한 방식이 동원되고 있다. 이를 위해 김정은은 2010년 당 대표자회에서 후계자로 공식화되기 이전부터 국가보위부를 담당해서 보안기구를 통한 통치술을 먼저 익혔던 것으로 전해진다. 김정은은 보안기구를 통해 세습체제 유지를 위해 반체제사범 색출, 국경 및 출입국 관리, 반탐활동에 치중한 바 있다.

김정일 사망 이후 김정은은 공안통치를 더욱 강화하기 시작하였다. 먼저 김정일 사망이 발표된 2011년 12월 19일을 전후해 "탈북자를 절대로 놓치지 말라"고 직할 치안부대에 지시함으로써 대량탈북에 따른 체제 불안정을 단속하는 데 최우선적인 관심을 기울였다. 이 명령 직후 중국과 북한의 접경지역은 완전히 봉쇄돼 출입이 불가능해질 정도였다. 여기서 말하는 치안부대는 김정은 직할의 조선인민군 내무군으로서 김정은이 후계자로 공식 등장한 2010년에

■ 2010년 9월 당 대표자회 직후 김정은이 가장 먼저 보위부를 찾아 예술선전대 공연을 관람한 것은 보위부의 위상과 권한 강화를 시사한 대목이다. ⓒ 연합뉴스

북한 내부에서 알려지기 시작한 '폭풍군단'이다. 폭풍군단은 김정은 자신의 지위와 안전을 확보할 목적으로 창설하여 국가안전보위부와 인민보안부를 조사·감독하는 권한을 지닌 주요 '공안기구 위의 공안기구'로 발전시켜 오고 있다.

　김정은은 체제 강화를 위해 국가안전보위부의 위상과 권한을 한층 강화하는 모습을 보였다. 2010년 9월 당 대표자회 직후 김정은이 가장 먼저 보위부를 찾아 예술선전대 공연을 관람한 것은 보위부의 위상과 권한 강화를 시사한 대목이다. 국가안전보위부에 현대적인 장비(도청, 전파장애, 차단)를 갖출 데 대한 지시와 보위부 원들의 권한을 높여 줄 데 대한 지시(2012. 1. 20)가 최고사령관의 이름으로 내려졌다고 한다.

보위부의 권한이 높아짐에 따라 평양 내부에서는 "보위부는 하늘 무서운 줄 모른다"며 "현재 중앙기관은 물론, 지방 공장기업소에도 보위부 요원들이 이미 그물처럼 덮고 있는데 앞으로 어떤 식으로 더 배치될 것인지 두려울 정도"의 공안 상황이 되었다는 것이다. 국경연선에서도 탈북자 색출, 외부정보 차단, 중국전화 탐지 및 전파방해, 주민 동향감시 등에 보위부가 전면 배치되어 있다.

탈북자 막으려 철조망에 전문 체포조까지

이에 더하여 탈북자 색출을 통한 체제와해 위험성을 차단하기 위해 보위부의 활동 반경을 크게 넓히기도 하였다. 예를 들면, 국가안전보위부 요원 50여 명을 파견하여 중국에 체류 중인 탈북자 색출을 위해 회령-싼허(三合) 국경을 통해 중국에 파견(2012. 2. 22)한 것으로 알려진 바 있다. 북한의 고위간부들이 탈북했을 경우 이들을 추적하기 위해 4~8명 규모의 특별 체포조를 중국에 파견한 바 있지만, 이번 보위부 파견 요원들은 규모면에서 뿐만 아니라 활동 반경도 과거에 비해 크게 넓어진 것으로 알려졌다.

보위부는 탈북자 1명을 체포하여 고문, 협박, 회유 등으로 다른 탈북자들에 대한 정보를 모은 후 줄줄이 검거해 가는 일명 '감자캐기 방법'을 적극 활용한다. 때로는 북한에 있는 탈북자 가족을 위협해 함정수사를 벌이기도 한다. 또한 국경경비대 군인들이 뇌물을 받고 탈북을 눈감아주는 관행을 척결하기 위해 보위사령부 소속 군관들을 국경지역 주둔 부대에 파견하기도 한다. 회령에 주둔하는 연대마다 보위군관을 16명씩 배치해 경비대에 대한 대대적인 검열과 수사를 예고하기도 하였다.

또한 한참동안 공석 중이었던 국가안전보위부장직에 김원홍 인민군 대장을 임명하여 국가안전보위부의 활성화를 추구하였다. 국가안전보위부는 우동측 보위부 제1부부장 하에서 김정일 직할통치로 되어 있었다. 그러나 김정일의 건강문제로 국가안전보위부에 대한 직할통치가 어려워짐에 따라 자연히 국가안전보위부의 기능과 활동이 위축될 수밖에 없었을 것이다.

김원홍이 보위부장에 임명되고 난 후 국가안전보위부가 국경 경비 권한을 인민무력부로부터 넘겨받아 국경 경비를 한층 더 강화하는 조치를 단행하기도 하였다. 이는 이제까지 탈북방지 및 감시는 무력부가, 탈북자 송환 및 체포업무는 보위부가 책임지는 이원화 체계였으나 탈북방지, 내부정보 유출, 탈북자 체포 및 송환 등 관련 업무 전반을 보위부 직할로 함으로써 탈북방지를 더욱 강화하는 조치를 취했다.

김정은 체제 들어 인민보안부도 치안활동을 더욱 강화하는 모습

■ 김원홍, 최부일, 우동측

을 보였다. "USB 인식 기능이 있는 DVD(플레이어)에 대한 검열단
속을 강화"하라는 지시가 하달되고 "보안기관의 검사표(허가표) 없
이도 사용해 오던 DVD를 최근에는 구역 보안서의 겸열딱지가 없
으면 텔레비전까지 모두 압수"하고 있는 상황을 고려해 볼 때, 외
부사조 차단에 대한 인민보안부의 활동이 크게 제고되기 시작한
것으로 판단된다. 특히 인민보안부장으로 최부일 대장이 진급하고
난 후 인민보안부는 더욱 활성화되는 조짐을 보였다.

2013년 10월 초 북한 인민보안부가 '불순출판물을 몰래 보거나
유포시키는 자들을 엄격히 처벌함에 대하여'라는 포고문을 다시
북한 전역에 뿌렸다고 하는데, 이는 인민보안부의 '자본주의 불순
녹화물' 단속으로 김정은 체제를 안정화시키는 데 적극 노력하고
있다는 반증이다. 최근에 와서는 인민보안부와 국가안전보위부는
장성택과 그의 측근을 체포하고 처형하는 데 앞장섬으로써 김정은
체제 안보를 위한 첨병으로 등장하였다.

김정은이 '최고사령관 명령 36호'에서 "인민보안기관과 인민

내무군은 인민군대와 함께 우리 혁명의 쌍기둥을 이루는 2대 무장 집단"이라며 최부일에게 대장군사 칭호를 수여(2013. 6. 10)한 것은 인민보안부의 위상과 지위를 높여 주는 결과로 분석된다. 이후 인민보안부는 북한의 '존엄'과 '체제'를 중상모독하는 탈북자들을 "물리적으로 없애 버리기 위한 실질적인 조치를 단행하기로 결심하였다"는 특별담화를 내고 그들에 대한 "모략선전과 비난에 집요하게 매달리고 있는 미국과 남조선의 현 당국자들, 악질적인 보수언론매체들도 무자비한 정의의 세례를 받게 될 것"이라고 남한 내 탈북자들과 남한당국을 위협하고 나섰다.

김정은 체제 하에서 국가안전보위부 등 보안통제기관이 이 같이 활성화되고 있다는 것은 통제기제가 적극 활용되고 있다는 점을 의미한다. 2009년도에 화폐개혁으로 체제불안 상황을 차단하기 위해 김정은이 북한 역사상 처음으로 시위진압기구를 들여왔다는 다음과 같은 증언이 있을 정도로 북한 당국의 폭력기구에 대한 의존은 커진 것으로 판단된다.

"2009년도에 인민보안성이 인민보안부로 국방위원회에 소속되어 들어가면서 특수기동순찰대 2,000명을 편성했습니다. 그래서 도이칠란트에 가서 방패투구 5,000조를 들여왔습니다. 북한에 원래 없었습니다. 북한에서는 시위라는 건 일어날 수 없기 때문에 그런 건 필요가 없었습니다. 전기곤봉 이런 것도 그래서 5,000조 들여왔습니다. 왜? 북한도 시위가 일어날 것이라고 봤습니다. 정치세력이 너무나도

인민들을 못 먹여 주고 너무나 거짓말을 하니까 최후 막바지에 들어
간 사람들이 들어날 수 있다, 여기에 대비책을 세우자. 그래서 특수
기동대를 편성했습니다. 그리고 평양시에 폭풍군단 한 개 사단을 장
기 주둔시켜 놓았습니다. 그런데 시위는 일어나지 않았습니다."

이 증언을 사실로 받아들일 때, 북한의 폭력기구에 대한 의존은
폭력조직 활동 현실화 및 활성화 측면에서 대단한 변화라 할 수 있
다. 왜냐하면 북한의 엄격한 유일체제 하에서는 국가안전보위부,
인민보안부, 군대들이 정권을 부정하고 위협하는 쿠데타, 폭동, 주
민봉기 가능성에 대처하기 위한 우발계획 수립 필요성을 인식하고
있다고 하더라도 감히 이러한 우발사태를 제기하기조차 어려웠을
것이다.

:: **탈북자 입국 현황**

연 도	인 원	연 도	인 원
1998년	947	2007년	2,548
2001년	1,044	2008년	2,805
2002년	1,143	2009년	2,929
2003년	1,282	2010년	2,402
2004년	1,896	2011년	2,706
2005년	1,382	2012년	1,502
2006년	2,022	2013년	1,516
합계 26,124			

*주 2013년은 잠정통계임

그러나 이것을 거론한다는 것 자체가 바로 북한의 유일정권에 대한 불충성을 의미하는 것으로 받아들여질 수 있기 때문이다. 따라서 북한의 치안 및 보안기관들이 먼저 나서서 우발사태에 대한 공식계획을 수립하기는 더욱 어려웠을 것이다. 이로 인해 북한의 치안 및 보안기관들은 우발상황 대처 능력이 제한될 수밖에 없다. 때문에 북한에서 이 폭력기관들의 우발상황 대응 훈련이 있었다는 증언을 찾아볼 수 없었다는 것도 당연한 것처럼 보인다.

이러한 상황에서 김정은이 관계 보안기관으로 하여금 우발사태에 대비한 공식계획을 수립하여 이행하도록 한 것은 그의 적극적이고 현실적인 폭력수단 활용 의지를 반영한다. 이로써 북한 당국은 우발상황에 대처할 능력을 높일 수 있는 계기를 마련하게 되었다고 볼 수 있다. 그 결과 김정은 정권 등장 이후 군대 및 공안기구가 크게 활성화되면서 탈북자들에 대한 대대적인 단속, 시장 및 주민단속이 이루어져 탈북자수가 급격히 줄어드는 등 북한 사회의 일탈행위를 감소시키는 일정한 성과를 거두고 있는 것처럼 보인다.

고위급 체제 이탈에 전전긍긍

북한에서는 정치엘리트[74]라는 개념이 없다. 간부라는 개념이 대신하고 있을 뿐이다. 북한은 공식적으로 간부를 "당 및 국가기관,

사회단체 등의 일정한 지위에서 사업하는 핵심일군, 당의 골간력량이며 당 정책을 조직·집행하는 혁명의 지휘성원이며 대중의 교양자"로 정의하고 있다. 이 내용만 볼 때 북한의 간부 개념과 서방국가의 엘리트 개념에 있어서 큰 차이를 발견할 수 없다. 다만 북한과 같은 사회주의체제의 특성을 지닌 국가들은 간부를 '지배계급'이 아닌 '핵심일군', '혁명의 지휘성원', '대중의 교양자'로 보고 있는 반면, 서방 엘리트는 출신과 사회경제적 배경에 따른 계급적 신분으로서의 '지배계급'을 의미하는 부정적 측면이 강조되고 있다.

어떻든 북한에 정치엘리트를 의미하는 간부가 존재하며 이들의 실질적인 역할과 기능, 그리고 특성은 서방 엘리트의 다른 표현에 불과할 뿐이다. 그러나 북한의 간부는 서방 엘리트와는 달리 모두 유일당인 노동당 당원으로 구성되어 있다. 노동당이 북한의 정치엘리트를 배출하는 유일한 '공작소'라 할 수 있기 때문에 북한의 핵심당원이 곧 핵심간부가 되는 것이다.

따라서 북한에서는 "당과 수령에 대한 무조건적이고 절대적인 충성심"이 "간부들의 첫째가는 징표"인 만큼 북한의 간부, 즉 엘리트들은 수령, 즉 김정은에 대하여 절대적으로 충성을 표하지 않으

---

74 북한은 착취사회의 계급구조를 '지도능력'을 소유한 '엘리뜨'와 '수동적 대중'의 관계로 보고, '엘리뜨'가 인민대중을 지배하고 억압하고 있다는 부정적인 엘리트관을 가지고 있다. 이렇게 볼 때 북한에는 엘리트란 존재해서도 안 되고 오히려 타도의 대상일 뿐이다. 사회과학출판사 편, 『조선말대사전 2』 (평양 : 사회과학출판사, 1992), p.1757.

면 안 되는 환경에 처해 있다. 북한의 당·정·인민대중 엘리트의 정권지지는 정권안정에 필수적인 요소이며 정권의 정당성을 나타내는 중요한 요소이기도 하다. 만약 김정은에 대한 간부들의 절대적인 충성관이 흐려지면 김정은 정권은 불안정해지면서 정권 붕괴에까지 이를 수 있기 때문이다. 현재 북한에서는 간부들이 수령에 대한 충성 관련 공유된 규범을 소유하고 수령에 대한 충성 차원에서 정책결정 및 집행과정에의 접근을 제공하는 네트워크와 채널을 통해서 정규적으로 상호작용함으로써 '수령결사옹위'를 위한 결속을 이루어 나가고 있다.

북한에서 수령에 대한 충성체계는 당 조직에서부터 시작된다. 북한 노동당은 "수령을 자기의 최고의 수위에 모시고 수령의 사상과 의도를 받들어 혁명과 건설에 대한 령도를 실현하는 것을 근본사명"으로 하고, '당의 령도'를 '수령의 령도'로 하고 있다. 당은 "로동계급을 비롯한 전체 근로대중 가운데서 가장 우수한 선진분자들로 조직된 선봉대"로서 "사상의식 수준과 준비 정도"가 여타 부문과 같지 않을 정도로 정수분자들로 구성된다고 하였다.

또한 북한 당국은 당과 함께 당의 영도 밑에 노동계급의 국가정권을 통하여 '유일령도'를 실현해 나가고자 한다. 북한의 국가정권은 주권적·행정적 기능을 통하여 사회주의·공산주의 건설에 대한 수령의 영도를 확실히 하는 역할을 하게 된다. 수령영도체계 관점에서 볼 때, "국가정권은 당과 대중을 련결시키는 가장 포괄적인 인전대"로 간주된다. 북한의 "국가정권도 일정한 령토와 그것을 기지로 하여 살고 있는 모든 사람들, 즉 로동자, 농민, 병사, 근로 인테리 등 각계각층을 망라하는 가장 포괄적인 조직체"로서 "당과 인민대중을 밀접히 련결시키고 그들을 수령의 두리에 굳게 묶어 세우는 가장 포괄적인 인전대"이며 "당의 로선과 정책의 집행자"라는 것이다.

국가정권의 기관들은 "로동자, 농민, 병사, 근로 인테리의 대표들"로 구성되며, 당 대중을 연결하는 또 다른 '인전대'로 근로단체가 있다. "당과 대중을 련결하는 인전대로서의 근로단체들은 당의 가장 믿음직한 방조자이며 후비대"라고 하였다. 북한은 청년동맹을 포함한 여러 동맹 안에 당의 유일사상체계를 튼튼히 세우며 동맹원들을 사회주의 건설에 힘 있게 조직동원하는 것을 근로단체들의 기본임무로 하고 있다.

북한에서 이 같은 당과 정권기관, 근로단체의 핵심 엘리트들이 바로 김정은 유일정권의 기둥을 이루고 있다고 할 수 있다. 따라서 이들 주요 기관의 핵심 엘리트들의 균열은 자연적으로 주민들에 대한 통제능력을 약화시켜 김정은 정권의 불안정성을 높이게 할 것이다.

김정은 정권은 이를 의식하여 당 및 정권기관 그리고 근로단체를 통한 충성도 제고 활동을 활발히 전개해 오고 있다. 13년 만의 중대장 · 중대정치지도원대회, 20년 만의 국가보위일군대회 등 각종 집단의 전국적 동원을 통해 정권 충성도를 제고하고 김정은 리더십의 안정적 정착을 시도해 오고 있다. 국내 입국 탈북 고위간부

■ 김정은은 13년 만의 중대장·중대정치지도원대회, 20년 만의 국가보위일군대회 등 각종 집단의 전국적 동원을 통해 정권 충성도를 제고하고 리더십의 안정적 정착을 시도해 오고 있다. ⓒ 연합뉴스

수는 2013년 현재 전년도에 비해 다소 줄어들었으며, 이는 국경 단속을 통한 차단효과도 있으나 상대적으로 고위급의 체제 이탈을 방지하기 위한 각종 충성유도 노력에 기인하는 것으로 판단된다.

김정은 집권 2년차에 각종 집단의 전국적 동원에 의한 중앙대회를 통해 정권에 대한 충성심 제고 활동을 지속·강화하고 있다. 정권에 대한 충성 강조의 일상화 속에서 충성도 강화 행사도 연이어 개최되고 있다. 당 기관지 「노동신문」에서 2013년의 충성 강조 빈도는 전반적으로 정치엘리트와 주민들의 충성도가 높은 상태에서 일상적인 상태의 수준이나 2012년보다는 그 빈도가 늘어난 것으로 나타났다.

이에 더하여 김정은 정권은 각종 인사를 통해 인위적으로 그에 대한 충성도를 높일 수 있는 노력을 지속하고 있다. 김정은은 집권 2년차에 들어서 제7차 최고인민회의(2013. 4)에서 당 경공업부장 박봉주를 내각총리에 임명하는 등 경제분야를 집중적으로 개편하여 경제건설을 통한 충성유도 구조를 새롭게 창출하고자 하였다.

2012년 이후 교체된 상급간부 27명 중 23명(85%)이 경제분야 관련 인물이다. 또한 김정은은 2012년에 이어 2013년에도 군총참모장, 인민무력부장, 작전국장 등 군 핵심보직을 빈번하게 교체하였으며, 군 장성들의 계급을 강등·복권시키는 행위를 통해 군부통제와 충성유도를 시도하였다.

북한의 권력 엘리트들은 일정한 정권의 통제를 당연한 생활규범으로 받아들이면서 생활한다. 그들은 통제범위 내에서 상대적

■ 내각총리에 임명된 박봉주가 단독 공개활동을 하고 있다.

으로 안정된 생활을 영위하는 집단으로 정권에 충성하면서 순응하게 되면 경제적 혜택과 개인의 안정뿐만 아니라 상대적 우월성을 인식할 수 있는 사회적 차별적 대우를 향유하기도 한다. 이들은 동요하거나 체제를 거부하면 혜택이 박탈되는 수준을 넘어서 공개처형 등 혹독한 처벌이 기다리고 있는 것도 잘 알고 있다. 결국 김정은 체제 하의 엘리트들에게는 여전히 김정은 정권의 안정이 자신의 안전과 신분보장과 직결된다는 인식이 지배하고 있는 것으로 보인다.

추락하는 파워엘리트들의 정권 지지도

　최근 탈북자들의 증언에 따르면, 김정은 체제 하에서도 북한의 고위 엘리트들은 고급 승용차와 안락한 생활을 제공받고 있다고 한다. 실제로 북한의 지도 엘리트들은 일반주민들이 누릴 수 없는 상상 이상의 특권을 누려왔고 이들은 정권의 불합리성에 대한 인식을 가지고 있음에도 불구하고 정권을 열렬하게 지지하는 모습을 보인다. 이는 혜택의 유지를 갈망하는 욕구를 충족시켜 주는 대가로 볼 수도 있지만 체제 부정 또는 도전에 따른 처참한 처벌에 대한 두려움의 결과일 수도 있다.

■ 평양 만수대 호화 고층아파트. 북한의 고위 엘리트들은 안락한 생활을 제공받고 있다고 한다.

특히 김정은이 핵심 엘리트들에게 여전히 호의를 보이면서도 고모부 장성택과 그의 측근들을 잔혹하게 처벌하는 모습을 보인 것은 후자의 필요성에서 나온 것이라 할 수 있다. 마키아벨리는 『군주론』에서 "군주는 호의는 자신이 베풀고 처벌은 신하가 내리도록" 해야 한다고 하였다. 또한 군주는 동물로서 그리고 인간으로서 싸워야 한다고 하면서 법률에 의거하여 싸움으로써 인간적인 면모를 과시하고 힘에 의거하는 싸움을 함으로써 짐승과 같이 잔인성을 보여야 한다고도 하였다.

김정은은 장성택 측근을 법률에 의거한 과정 없이 처형하였지만 고모부인 장성택 처형과정은 정치국 확대회의에서 비판하고, 국가안전보위부 군사재판에서 사형을 언도하여 처형하는 법률적 과정을 거치게 하였다.

김정은은 인간에게 합당한 방도를 사용하여 권력 엘리트와 주민들에게 미움을 사지 않도록 하는 데 치중하면서도, 측근들에 대한 잔인한 처형을 단행함으로써 그에 대한 두려움도 갖게 만들었다. 이로써 김정은은 정치 엘리트들이 그에게 접근하거나 비위를 맞추도록 하고 있는 것이다. 이러한 상황을 종합해 볼 때, 엘리트(당원)의 정권 지지도는 김정은 정권 안정성을 유지하는 데 큰 이상이 없을 정도의 수준이 견지되고 있는 것으로 평가된다.

전반적으로 김정은 시대에 접어들면서 북한 주민들이 보는 엘리트의 정권 지지도는 낮아지고 있다. 이는 김정은 정권의 취임 직후 김정은의 리더십에 의해 북한 엘리트들이 정권에 집중한 것으로 보이지만 이후 식량문제의 개선 등 북한 사회가 당면한 문제들을 해결하지 못하게 되면서 엘리트들이 정권을 지지하지 않을 것이라고 여기기 때문으로 보인다.

대한민국 국정원이 국정감사(2015. 10. 20)에서 밝힌 자료에 따르면, "김정은과 권력층 간의 운명공동체 의식이 약해졌다. 김일성 체제를 100이라고 한다면, 김정일 체제는 50~70, 감정은은 10정도"이며, 그 결과 "북한의 해외주재관 출신 귀순자가 2013년 8명, 2014년 18명에 이어 올해(2015)는 10월 현재까지 20명에 달해 꾸준히 증가"하고 있는 것과 같이 엘리트들의 일탈이 심화되고 있는 것으로 드러나고 있다.

파벌형성에 권력다툼까지

마키아벨리는 "세습군주국은 새로운 국가보다 훨씬 용이하게 보존될 수 있다"고 하였는데 그것은 "세습군주국의 경우에는 기존의 질서를 바꾸지 않으면서 불의의 사태에 적절히 대처하는 것으로 충분하기 때문"이라고 하였다. 김정은 역시 이 같은 '세습군주국'을 이어받았다고 할 수 있다. 따라서 김정은은 '기존의 질서', 즉 김정일 때의 질서를 크게 바꾸지 않으면서도 적절히 상황에 대처하는 기민함을 보임으로써 그의 체제를 안정되게 보존할 수 있을 것으로 예상되었다.

그러나 김정은은 체제 출범 이후 1년 10개월 동안 노동당과 내각, 군부 주요인사 절반가량을 교체하는 등 급격하게 권력구도를 재편하였다. 2013년 12월 당 행정부 제1부부장 이용하와 부부장 장수길의 공개처형과 장성택의 숙청까지 공개하기도 하였다. 정권 상층부의 핵심인물들은 김경희, 장성택, 최룡해 등 후견인 세력과 김기남, 김국태 등 원로 당 관료, 김원홍, 최부일 등 군·보안세력 등으로 구분할 수 있으나, 이들 간에 집단적 차원의 파벌이 존재한다는 구체적인 증거는 없었다. 다만 당 조직 차원에서 장성택이

■ 김정은은 핵심 엘리트들에게 여전히 호의를 보이면서도 고모부 장성택과 그의 측근들을 잔혹하게 처벌하는 모습을 보였다. ⓒ연합뉴스

:: 공개된 장성택 죄목

죄 목	세부 내용
최고사령관 권위 도전	• 양봉음위하다 역사적 전환의 시기에 본색 드러내 • 김정은 후계 추대 당시 마지못해 박수치는 등 불손한 태도 • 모자이크영상 작품과 현지지도 사적비 건설 방해 • 김정은의 친필서한 새긴 비석을 그늘진 구석에 건립
반당·반혁명 종파행위	• (측근) 이용하를 자신의 직무마다 데리고 다니며 종파행위 • 반동무리들을 규합해 당 중앙위원회와 산하기관에 배치 • 청년사업 부문에 있으며 청년운동에 엄중한 해독행위 자행
장성택 우상화	• '1번동지'라고 불리며 자신을 우상화해 당 방침 무력화 • 나라사업 전반에 손을 뻗쳐 자신의 '소왕국' 만들어
경제기관 역할 방해	• 국가건설감독기구 관련 문제에 대해 거짓 보고 및 독단 결정 • 무역 및 외화벌이 등 내각의 사업을 독점 • 수도(평양) 건설 사업 방해, 관련 기술자 및 기능공 약화
자원·특구 헐값 매각	• 석탄 등 지하자원 팔아먹고 심복들에게 많은 빚 떠넘겨 • 나선경제무역지구의 토지를 50년 기한으로 외국에 팔아넘김
부정부패	• 비밀기관을 통해 (국가)은행에서 거금 빼돌려 귀금속 구입 • 2009년 박남기 주도의 '화폐 개혁' 부추겨 경제적 혼란 야기
도박 등 개인비리	• 추잡하고 더러운 사진 유포해 자본주의 날라리풍 선도 • 2009년 비밀 돈창고에서 460만 유로(약 67억 원) 탕진 • 외국 도박장 출입
국가전복 음모행위	• 인맥 동원해 군대 장악하고 정변에 동조하도록 책동 • 직접 내각 총리에 부임해 국가자금 정변에 활용할 의도 • 미국과 괴뢰역적패당의 전략에 편승해 '신정권'으로 인정 모의

이끄는 당 행정부의 기능과 활동이 지나치게 비대해져 도전받을 위험성이 증대하는 상황에 처해 있었다. 결국 장성택을 중심으로 한 당내 파벌세력 형성에 대한 우려가 장성택과 그의 측근들에 대

한 처형으로 연결된 것으로 보인다.

이에 따라 장성택 처형사건 이후 북한 군부 및 권력층 내부가 크게 동요하고 있다는 권력투쟁 가능성을 시사하는 분석이 주를 이루게 되었다. 이를 미루어 볼 때 북한에서 당·군 또는 당·정 조직 갈등이 심화될 가능성이 대두되고 있는 것이다.

이 같은 당·군 관계 세력의 활용으로 김정은 정권이 안정적으로 안착되었다고 평가되는 2013년에는 당원 여부와 군복무 여부에 관계없이 모든 계층에서 조직 간 대립사례가 높아졌다고 하나 그 수치는 여전히 낮은 편이어서 불안정성은 높지 않은 수준이라 할 수 있다. 실제 2013년 있었던 장성택의 처형도 북한 엘리트들에게 불안감을 주어 그들 사이에 김정은에 대한 충성 경쟁을 유발하고 그로 인해 김정은의 권력이 더욱 공고화된 것으로 평가받고 있다.

이는 북한 지도부에서 장성택의 측근으로 간주되는 많은 고위간부들이 숙청 대상이 될 것으로 예상했으나 최고위 엘리트들인 당중앙위원회 정치국 위원과 후보위원 중 장성택 숙청과 관련돼 숙청된 것으로 추정되는 인물은 문경덕(전 당 중앙위원회 비서 겸 평양시당 책임비서)과 리병삼(전 인민내무군 정치국장) 정도인 것에서도 알 수 있다. 이는 핵심 엘리트 중에는 '장성택'의 측근이 당국의 감시와 통제에 의해 그리 많지 않았음을 시사하는 것으로 정성택의 숙청이 북한 지도부에 불안정한 상황을 발생시킬 가능성은 현실적으로 낮다는 것을 의미한다.

■ 김경옥, 조연준, 황병서

이처럼 김정은은 군부세력의 축소를 통해 당의 위상을 높이는 등 당·군 관계의 변화를 활용하여 안정적으로 정권교체를 이루고 체제를 공고화해 나가고 있다.

김정일의 경우 당(조직지도부), 군(군총정치국), 국가(국방위원회) 보안기구(국가안전보위부)를 직할통치해 권력을 완전 장악하여 권력투쟁 가능성을 원천적으로 차단하여 권력의 안정성을 확보하였다. 그러나 김정은의 경우 국방위원회를 제외하고 당·군·보안기구에 대해서 다음과 같이 일종의 '위임통치' 체제를 유지하고 있다.

- 중앙당 조직지도부 : 김경옥, 조연준 제1부부장 등
- 군총정치국 : 최룡해→ 황병서를 통한 군대 장악
- 국가안전보위부 : 김원홍 부장을 통한 통치

이를 두고 일각에서는 당 조직지도부 중심의 집단지도체제가 유지되고 있다고 말하기도 한다. 당 조직지도부는 북한의 상위권력

을 집중적으로 장악, 관리하는 부서로 김경옥 당 조직지도부 제1부부장, 조연준 부부장 등이 핵심세력으로 자리하고 있다. 현재 장성택 처형에서 분명하게 드러난 것은 장성택과 그의 측근들이 자리잡고 있던 자리에 최룡해와 조연준, 김경옥 등이 대체된 것이다. 이는 장성택 처형 이후 김정은을 공개적으로 수행한 인물명단에서 분명히 드러나고 있다. 이들을 중심으로 김정은 정권에 대한 후원체계가 이루어지고 있는 것이 지금의 재편된 북한 권력구도라 할 수 있다.

그런데 김정은 핵심 후원세력인 조직지도부의 김경옥, 조연준, 그리고 군을 정치적으로 통제하고 있는 책임을 지닌 최룡해(후 황병서), 보위기관의 김원홍 간의 권력갈등이 초래될 경우 김정은 유일정권은 심각히 흔들릴 수 있는 취약성을 지니고 있다. 특히 김정은 후원세력의 구심점이 되고 있는 김경희의 유고 가능성이 크기 때문에 '포스트 김경희' 시대의 김정은 정권의 불안정성은 더욱 높아질 가능성이 있다.

더 나아가 김정은 정권 하에서 노동당이 정상화되면서 노동당의 집체적 협의 기능이 활성화되는 추세를 보이고 있기 때문에 당내 정치적 분파주의 확산 가능성도 커지고 있다. 장성택 처형 이후 북한 당국은 김정은 유일영도체계를 강화함으로써 당내의 분파주의 발생 가능성을 차단하고 있어 당분간 당내 정치적 분파주의가 형성되기는 어려울 것으로 보인다.

그러나 향후 경제건설 과정에서 당내 정치 및 경제적 자유주의화를 지지하는 분파, 국가의 경제체제 관련 주요한 변화를 지지하는 분파, 그리고 기존의 폐쇄적 정책을 고수, 체제의 안정화를 주장하는 분파들이 등장할 가능성은 상존한다. 당내 각 분파 지도자들은 군 지휘관들을 자기 편으로 흡수하기 위해 군부를 분열시키고 결국 북한 노동당 내의 분파주의가 군부로 확산되어 쿠데타 가능성을 높일 수 있다. 장성택의 죄과로 "인맥을 동원해 군대를 장악하고 정변에 동조하도록 책동"함을 거론한 것은 당내 분파주의에 의한 군대의 분열 가능성을 자인한 셈이다.

이와 같이 권력 엘리트 집단 내부의 분열이나 파벌형성, 활동 수준은 김정은 정권의 안정성을 제약하는 요인을 말해 주는 동시에 정권 상층부의 불안 정도를 나타내는 바로미터이기도 하다. 권력 엘리트 사이의 파벌 및 노선 갈등이 정치변화의 필수조건이라는 사실이 구소련이나 중국의 변화과정에서 잘 드러난 바 있다. 북한의 경우, 기본적으로 부자 세습으로 인해 변화를 추구하는 새로운 지도자의 등장이나 권력교체가 없었고 유일사상, 유일노선만 존재하기 때문에 경쟁적 사상이 병존할 수 있는 토양이 크게 결핍되어 있다.

그러나 북한 사회주의체제의 발전노선이 한계를 보이고, 동원 가능한 자원이 고갈됨에 따라 북한 권력 엘리트 사이에는 사상적 이완(혁명열의 약화)과 이권개입 행태(배금주의)가 더욱 심화될 수 있다. 북한과 같은 유일체제에서 권력투쟁이 단 한 차례라도 발생한다는 것은 그만큼 권력 누수가 심각하다는 사실을 의미한다. 이에 북한 권력층 내에 이견, 갈등과 마찰 등 분파적 요소가 심각하게 나타나게 되고 이를 제어하지 못하게 될 경우 최고지도자의 권력 누수에 비례하여 권력 투쟁 현상은 점증함에 따라 정치적 기반 및 정권 통제기능은 매우 약화될 것으로 보인다.

북한 최고지도층은 권력 상층 엘리트에 대한 상시적 감시와 통제기능을 원활하게 작동시켜 왔고 이는 상층부 파벌 형성 및 권력 투쟁을 억제해 오고 있다. 이에 따라 파벌의 형성과 활동, 간부와 당원에 대한 숙청, 권력투쟁 발생 등의 요소가 현재 시점에서는 북한 체제의 안정성을 심각하게 위협하는 요인으로 작용하지 않고 있는 것으로 보인다. 북한 권력구조 내에서 기본적으로 파벌형성이 어렵기 때문에 파벌 간 권력투쟁은 매우 드물다는 것이다.

인민 생활 못 챙기는 김정은 체제의 내각

수령체제 하에 있는 북한은 '전당과 온 사회'에 수령의 '혁명사상'만이 지배하도록 하고 있으며 '전당·전국·전민'이 수령의 명령과 지시에 따라 획일적으로 움직이고 '무조건 철저히 끝까지 관철'하도록 하는 '수령유일영도체계'의 사회이다. 여기에서 유일당인 노동당은 수령의 유일적 영도를 실현하는 '정치적 령도기관'이기 때문에 북한 내의 모든 조직을 "통일적으로 지도하는 최고 형태의 조직"이 되고 있다.

이에 근거해서 당은 북한의 "모든 조직들을 튼튼히 꾸리고 수령의 두리에 굳게 결속하며 그것들의 활동원칙과 활동방향, 투쟁목표와 실현방도를 제시하며 모든 조직들의 활동 전반을 통일적으로 장악 통제하고 지도"하는 지위와 역할을 가지고 있다. 반면, 국가 또는 정부를 의미하는 북한의 '국가정권'은 이 같은 유일당의 노선과 정책 '집행자'로서의 지위와 역할을 갖고 있다.

이에 북한의 국가정권은 "수령의 두리에 굳게 묶어 세우는" 당의 노선과 정책을 집행하는 '무기'와 '수단'이 되고 있는 것이다. 즉 국가정권은 수령의 이익을 침해하는 "적대분자들에 대한 진압기능, 국가의 법질서를 유지하기 위한 통제적 기능, 경제 조직자적 및 문화교양자적 기능, 방위적 기능, 대외적 기능 등을 통하여 정치, 경제, 문화, 군사 등 사회생활 모든 분야에서 당의 로선과 정책을 전면적으로 집행"하도록 되어 있다.

북한은 국가정권이 입법기관, 행정기관, 사회안전기관(치안기관), 재판검찰기관 등 권력기관들을 가지고 있으며 이것을 통해 당이 제시한 방향에 따라 사법정책, 경제정책, 교육정책, 문예정책, 대외정책 등을 비롯한 당의 모든 정책집행을 조직하고 지도하며 감독하고 통제하도록 하고 있다.

'국가정권'은 인민대중에 대해서는 정치생활 분야에서의 권리와 자유에 더해서 "일할 권리, 먹을 권리, 배울 권리, 치료받을 권리를 비롯하여 경제문화생활 분야의 모든 권리들까지도 전면 보장"하여 주도록 하고 있다. 따라서 "인민 생활을 책임진 호주로서의 역할을 수행한다"고 밝히고 있다. 이에 북한의 '국가정권'은 인민대중의 '호주'로서 "근로자들에게 일자리를 마련해 주고 먹고 쓰고 사는 데 필요한 생활조건들을 보장하는 사업으로부터 교육조건, 문화생활조건에 이르기까지 인민 생활과 관련되는 모든 조건들을 보장하는 사업을 조직하고 책임적으로 풀어나간다"고 한다.

자본주의 국가에서는 정부의 내각이 이러한 임무를 담당하고 있다. 이렇게 볼 때 북한이 사용하고 있는 '국가정권' 개념은 보통국가들의 정부에 해당한다. 북한에서는 "조선민주주의인민공화국 정부를 대표"(헌법 126조)하고 "내각사업을 조직지도"(제127조)하는 내각총리의 지휘 아래 '국가정권'(이하 정부로 호칭하기로 한다), 즉 정부의 내각은 다음과 같은 임무와 권한(헌법 125조)을 수행하도록 되어 있다.

- 국가의 정책을 집행하기 위한 대책을 세운다(1항).
- 내각의 위원회, 성, 내각직속기관, 지방인민위원회의 사업을 지도한다(3항).
- 국가의 인민경제발전계획을 작성하며 그 실행대책을 세운다(5항).
- 국가예산을 편성하며 그 집행대책을 세운다(6항).
- 공업, 농업, 건설, 운수, 체신, 상업, 무역, 국토관리, 도시경영, 교육, 과학, 문화, 보건, 체육, 로동행정, 환경보호, 관광, 그 밖의 여러 부문의 사업을 조직집행한다(7항).

- 화폐와 은행제도를 공고히 하기 위한 대책을 세운다(8항).
- 국가관리질서를 세우기 위한 검열, 통제사업을 한다(9항).
- 사회질서유지, 국가 및 사회협동단체의 소유와 리익의 보호, 공민의 권리보장을 위한 대책을 세운다(10항).
- 다른 나라와 조약을 맺으며 대외사업을 한다(11항).
- 내각 결정, 지시에 어긋나는 행정경제기관의 결정, 지시를 폐지한다(12항).

이와 같이 북한에서는 정부의 내각이 개인이 해결해야 하는 역할까지도 수행하도록 되어 있다. 인민들의 개인사에 해당하는 의식주와 소비재를 해결해 주는 것과 예술, 사회조직, 농업 및 산업관리가 정부가 책임지는 공공재에 해당한다. 이를 위해 북한은 수령 → 당 → '국가정권'(정부) → 인민대중 순의 수직적 통합국가를 건설하고자 한다.

북한 사회의 모든 단계에서 정부관리가 생산과정과 수령·당의 지침 준수 여부를 감독하기도 한다. 북한 주민들은 생산수단이 사회화되고 사회의 모든 생활이 계획적·조직적으로 실현되는 사회주의제도를 자체의 근본요구로 받아들이면서 중앙통제체제를 따르는 데 익숙해 있다.

그러나 북한 정부는 이 같은 광범위한 임무와 역할을 가지고 수직적인 통제력을 행사해 오다가 점차적으로 어려움을 겪고 있다. 이는 인민 생활과 관련된 모든 조건들을 보장하는 사업을 조직하고 책임성 있게 풀어나가야 하는 정부의 기능이 크게 저하된 데서 기인한다. 정부 기능의 저하는 바로 체제 안정성과 직결된다.

위기의 경제… 대책이 없다

해방 이후 북한은 사회주의 이념과 체제를 도입하여 강력한 중앙집권적 계획경제체제를 고수해 왔다. 이에 따라 정부는 생산, 분배, 소비 등 경제활동의 모든 분야에 걸쳐 일원화·세분화[75]된 '인민경제계획'을 작성하고 이를 집행해 오고 있다. '인민경제계획'의 구체적인 항목은 다음과 같다.

- 각 부문(농림, 수산 및 광공업 등) 생산계획
- 기본건설 및 기술발전 계획
- 상품유통계획 및 수매양정계획
- 무역계획, 노동계획, 원가계획, 재정계획, 교육계획, 문화계획, 보건계획

---

[75] 당 정치사업과 경제사업의 밀접한 결합, 집체적 지도와 유일적 지휘의 옳은 배합, 계획의 일원화와 세부화의 철저한 실현, 독립채산제의 올바른 실시 등을 포함한 경제관리 및 지도원칙을 유지하고 있다. 사회과학원 주체경제학연구소편, 『경제사전 1』(평양 : 사회과학출판사, 1985), p.93.

'인민경제계획'의 계획·관리업무가 방대하여 현실적이고 균형 잡힌 합리적 계획을 세우기가 사실상 불가능한데도 북한 당국은 아직까지 이를 고수하고있다. 북한 경제는 기본적으로 국가계획에 의해서 움직이는 것으로 되어 있지만 장기화된 경제난으로 인해 국가계획위원회의 기능이 거의 마비되어 있는 것으로 전해지고 있다. 북한의 계획체계에서는 중앙집중적 물자공급체계를 기반으로 국가계획위원회를 통하여 계획시스템이 작동하도록 되어 있다. 그러나 1990년대 핵심산업이 붕괴되면서 중앙집중적 물자공급체계는 사실상 기능을 멈추었으며, 2000년대 들어 부분적으로 산업생산이 약간 회복세를 보이고 난 이후에도 극히 제한적인 영역에서만 기능이 회복된 것으로 나타난다.

　이는 계획 수행상 필요한 자원의 상당 부문은 당이나 군경제 등 내각경제 외부에서 조달되지 않으면 안 되는 상황이 지속되고 있기 때문에 국가계획위원회가 사실상 주요한 역할을 하지 못하고 있는 것이다. 국가 제계획이 제대로 지켜지지 않는 이 같은 상황은 김일성 사후(1994) 김정일이 최고지도자로 등장하면서부터 지금까지 계속되고 있는 것으로 분석되고 있다. 이는 바로 국가계획에 의한 공공부문의 생산력에 영향력을 미치게 되었고 그 실태를 경제성장률, 발전량, 공장가동률을 중심으로 살펴보면 다음과 같다.

　북한의 경제성장률은 약간의 성장을 보인 2008년을 제외하고 2006년 이래 정체상태에서 벗어나지 못하고 있는 것을 발견할 수 있다. 특히 2009년, 2010년은 연속 마이너스 경제성장을 기록하고

:: 북한의 '경제성장률' 변화추이

연 도	경제성장률 %	등급점수	연 도	경제성장률 %	등급점수
1994년	-2.1	3.60	2005년	3.8	1.91
1998년	-0.9	3.26	2006년	-1.0	3.29
1999년	6.1	1.26	2007년	-1.2	3.34
2000년	0.4	2.89	2008년	3.1	2.11
2001년	3.8	1.91	2009년	-0.9	3.26
2002년	1.2	2.66	2010년	-0.5	3.14
2003년	1.8	2.49	2011년	0.8	2.77
2004년	2.1	2.40	2012년	1.3	2.63

*등급점수는 5.0 척도

있으며 2011년과 2012년 상반기는 미미한 플러스 성장 추세를 보이고 있다. -2.1%의 경제성장률을 보인 1994년과 비교할 때, 2006년 이래 나타난 경제성장 수준은 미약하나마 북한의 전반적인 성장추세를 반영하고 있는 것으로 판단된다.

한국은행은 북한 경제가 2012년에 소폭 플러스 성장을 기록한 것으로 추정한 바 있다. FAO/WFP 조사단 보고에 의하면, 2013년 북한의 식량 생산량은 5% 정도 증가한 것으로 추정된다. 2013년 1~10월 기간 북한의 대중국 수출도 전년 동기 대비 12% 증가하였다. 북한의 주요 언론매체에서도 각종 공장, 기업소, 발전소, 상업시설, 문화체육시설 등의 건설 상황을 계속 활발하게 보도하고 있다.

연 도	발전량 억kWh	등급점수	연 도	발전량 억kWh	등급점수
1994년	231	2.72	2005년	215	3.32
1998년	170	5.00	2006년	225	2.94
1999년			2007년	237	2.50
2000년	194	4.10	2008년	255	1.82
2001년	202	3.80	2009년	235	2.57
2002년	190	4.25	2010년	237	2.50
2003년	196	4.03	2011년	209	3.54
2004년	206	3.65	2012년	218.3	3.19

*2012년 북한의 발전량은 2011년과 비슷한 상황으로 추정해 2011년의 측정치를 그대로 활용함

그러나 북한 당국이 위락시설 및 평양 재건설 등과 같은 전시성 경제건설에 가용자원을 집중시켰기 때문에, 그 부정적 여파로 2012년 이후 경제성장이 뒷걸음치는 결과를 야기할 가능성을 배제할 수 없다. 특히 핵문제와 장성택 처형으로 향후 중국을 포함한 대외적 경제지원과 투자가 위축될 가능성을 고려하면 향후 북한의 경제성장률은 지속적인 마이너스 기록이 예상되기도 한다.

북한의 전력생산량은 최악의 1998년 이후 점진적으로 개선되는 추세를 보여 왔다. 이는 6자회담을 통한 핵문제 해결 보상차원에서 제공된 중유와 발전시설의 개보수에 필요한 설비지원에서 비롯된 것이다. 특히 2000년대 중반 이후 2008년까지는 북한 전력생산량이 지속적인 증가세를 보이고 있는 것을 확인할 수 있다. 좀 더 구체적

으로 살펴보면, 1998년 최악의 상황에서 점차 완화되는 모습을 보이면서 2001년까지 회복세를 보였으나 2002년 악화 이후 다시 2008년까지 꾸준히 증가추세를 보였다. 이후에는 상황이 다시 악화되는 것을 볼 수 있다.

중유, 석탄, 천연가스 등을 연료로 하는 화력발전의 경우 2009~2010년에는 110억kWh에서 103억kWh로 감소하였으며, 수력발전의 경우 125억kWh에서 134억kWh로 증가하여 총 발전량은 235억kWh에서 237억kWh로 다소 증가한 것으로 알려지고 있다. 그러나 2010~2011년에는 화력 및 수력 각각의 통계치를 통계청의 국가통계포털(KOSIS)에서 공개하고 있지 않은 상황에서 한국은행

■ 2012년 청천강 상류에 건설된 희천1호 · 2호 발전소. ⓒ연합뉴스

경제통계시스템(ECOS)에서는 총 발전량이 237억kWh에서 209억kWh로 감소한 것으로 추정하고 있다.

최근 몇 년 동안 북한은 희천발전소를 비롯한 수력발전소 건설을 계속 추진해 왔으며, 희천발전소 1단계 공사는 2012년에 마무리되었다. 희천발전소 2단계 공사는 아직 끝나지 않았으며, 희천발전소 외의 신규 수력발전소는 규모가 크지 않다. 화력발전의 경우 주요 발전연료인 무연탄의 대중국 수출물량이 2013년에도 크게 증가추세를 보인 것으로 미루어 보아, 발전연료 공급이 원활하지 않았을 가능성이 있다. 수력발전량은 소폭 증가한 반면 화력발전량은 소폭 감소함으로써 전체 발전량에 크게 변화가 없는 것으로 판단된다. 이러한 추세를 고려해 볼 때, 향후 북한의 발전량이 획기적으로 증가하기는 어려울 것으로 전망된다.

배급제의 붕괴로 흉흉한 민심

1990년대 초·중반의 경제위기를 거치면서 북한의 경제작동 체계는 크게 달라졌다. 배급체계의 붕괴로 주민들이 시장활동에 의존하는 경향이 확대되는 등 북한의 국가경제계획화 체계가 크게 약화되었다. 국가계획체계는 오로지 전력, 지하자원 채취, 금속, 기계와 같은 전략적 물자의 생산부문에만 국한되었고 소비재의 생산과 유통 등에서는 시장의 영향력이 크게 확대되는 현상을 보였다.

경제난의 장기화는 북한 경제의 산업구조를 크게 변화시키는 결과를 가져왔다. 1980년대까지만 하더라도 북한 경제는 자체생산 자원에 기초하여 재생산이 이루어지는 '자력갱생'적 구조가 기본이었다. 북한은 국가계획체계 하에서 자체적으로 생산되는 석탄, 수력 등 에너지 자원과 철광석 등 기초 원자재에 노동력을 결합시켜 금속, 기계, 화학 등 자본재 부분을 가동시켰으며, 여기서 생산된 자본재는 군수부문과 소비재 부문에 공급되고 중화학공업에서 공급된 비료, 섬유, 산업용 기계를 사용하여 생산된 식량과 소비재는 가계에 공급되는 완결된 산업구조를 지니고 있었다. 이에 북한은 단지 원유 등 내부에서 생산되지 않는 원자재나 일부 기계류만 사회주의 무역을 통하여 외부에서 수입될 뿐이었다.

그러나 1990년대의 경제위기는 모든 것을 바꾸어 놓았다. 산업구조도 예외가 아니어서 전력, 석탄, 금속 등 군수부문 관련 산업은 어느 정도 복구가 이루어졌지만 화학 등 소비재 부문에 자본재를 공급하는 부문은 회복이 느리게 나타나고 있다. 특히 자본재 부문에서 농업 및 소비재 부문에 기계 및 원부자재 공급이 제대로 이루어지지 않는 산업구조의 불균형화가 극복되지 않고 이에 공식경제부문의 기능이 전략부문을 중심으로 제한적으로 작동함에 따라 주민들에 대한 정부의 식량 및 생필품 공급이 매우 제한적으로 이루어지고 있는 상황이다.

그러나 북한과 같은 국가계획체계 하에서는 공식경제의 생산능력 향상도 중요하지만 이것이 주민들의 기초생활 수준 개선으로 연결되지 않으면 안 된다. 공식경제 능력 향상으로 주민들에 대한 국가배급능력을 늘임으로써 기초생활 향상을 도모하도록 되어 있기 때문이다. 이에 국가의 생산능력이 향상되더라도 주민들에게 돌아가는 혜택이 없다면 기초생활 저하로 인한 주민들의 불만은 커질 수밖에 없다. 주민들에 대한 국가의 기초물자 배급능력 개선 여부가 북한 체제 또는 정권의 안정성에 민감하게 영향을 미친다고 할 수 있다.

우선 북한에서 당국 차원의 식량공급 시스템이 사실상 붕괴됐다는 관측에 대한 사실 여부를 파악해 볼 필요가 있다. 부분적으로라도 식량공급이 이루어지는지에 대해서 의문이 제기되고 있다는 점에서다. 한 탈북자 설문조사(1998~2012)를 보면 '식량을 지급받은 적이 있다'고 한 응답자가 72.3%, '지급받은 적이 없다'고 답한 사람은 26.9%로 나타났다. 600여 명의 탈북자 중 3분의 2에 해당하는 사람들이 부분적이나마 기존의 국가배급시스템의 혜택을 받아 왔다는 사실은 의미가 있는 부분이다. 이것은 북한의 식량배급시스템의 기능이 1998년 이후 식량부족이 지속되는 상황에서도 최소한의 명맥은 유지되어 온 것을 시사하기 때문이다.

'식량공급 비율'은 김일성 사후 1년이 지난 시점부터 급격하게 악화된 것으로 분석되고 있는데, 이는 기본적으로 북한의 공식경제 관리체계가 김일성 사망을 계기로 거의 붕괴되었기 때문으로 보인다. 이후 오랫동안 따른 식량배급이 원활하게 이루어지지 않

앞으며, 2002년 이후 한동안 주민들을 대상으로 하는 식량배급시스템의 중단을 시도하기도 하였다. 그러나 2005년 이후 식량배급을 복원하겠다는 발표를 했음에도 불구하고 실질적으로 식량배급이 제대로 이루어지지 않고 있었으며 2010년 이후 미세한 수준에서 호전된 것으로 파악되고 있다.

이를 고려해 볼 때 북한의 식량배급시스템이 완전히 붕괴되었다고 말할 수는 없다. 특히 1994년 제네바 핵협상 타결과 2000년대 이후 남북정상회담 이후 한국을 비롯한 국제사회의 원조, 북·중 무역을 중심으로 한 대외무역과 남북경협이 북한 경제를 약간이나마 향상시키는 데 크게 기여한 것으로 보인다. 국제사회의 원조와 대외무역으로 획득한 외화를 통해 수입되는 소비재 및 자본재가 북한 경제의 유지에 매우 중요한 역할을 하는 것이다. 이후 남북관계의 경색과 북핵문제 등으로 인하여 남북경협이 위축되어 북한에 대한 경제지원이 감소함에 따라 경제적 취약성이 가중되었지만 중국의 지원과 협력을 확대하여 이 같은 경제적 문제를 해결하고자 노력하였다.

따라서 북한의 식량배급 관련은 상황에 따라서 상당부분 회복될 수 있는 여지가 여전히 남아 있는 것으로 볼 수 있다. 특히 김정은 집권 3년째를 거치면서 북한 당국이 인민 생활 향상에 집중하고 있음을 고려해 볼 때 주민들에 대한 식량공급 사정이 다소 완화될 가능성도 상존한다. 특히 장성택 처형 이후 다소 주춤해 있는 북·중 교류와 협력을 되살리고 남북관계 개선을 통한 남북교류협력 확대에 성공할 경우 북한의 식량공급 상황은 크게 개선될 가능성이 있다.

생필품 부족 문제도 민심을 흉흉하게 하는 요인이 될 수 있다. 김정은은 경제의 안정화와 주민생활 향상을 해결해야 할 최우선 과제로 삼았다.[76] 그러나 고난의 행군시기와 비슷한 정도로 불안정성이 높아지고 있다. 이는 김정은 체제 집권 직후 '주민생활안정'을 내세워 주민들의 기대감이 높아진 가운데 식량을 비롯한 생필품 공급 등이 제대로 이루어지지 못하자 오히려 더욱 불안감이 증폭되었기 때문으로 보인다. 주민들의 이 같은 불안감은 체제 안정화에 있어 불안정 요인으로 작용할 수밖에 없다.

---

76 김정은은 2012년 4월 15일 있었던 김일성 탄생 100주년 기념 열병식 중 "인민 생활 향상과 경제강국 건설에 결정적 전환을 일으켜야 한다"며 식량 및 전력공급의 정상화와 주민생필품 생산을 독려했다. 또 "'함남의 불길'에 따라 인민경제의 선행부문, 기초공업부문을 빨리 추켜세워 경제발전의 토대를 튼튼히 하며 인민경제 모든 부문에서 생산적 앙양을 일으켜야 한다"고 강조했다. 『조선중앙TV』, 2012년 4월 15일.

제5장

백두혈통을
사수하라

'김일성 민족'을 강조하는 배경
제국주의 위협 과장 통해 체제 결속
김정일의 선군정치 노선을 답습하다
절정 치닫는 김정은 개인숭배
인터넷 없는 지구상의 유일한 체제
한류가 북한을 흔들고 있다

'김일성 민족'을 강조하는 배경

정권의 정통성이라 함은 "어떤 사회에 있어서 그 사회의 정치체제와 정치권력을 정당한 것이라고 여기는 일반적인 관념"을 의미한다. 국가권력은 정통성 확보를 통해서 국민을 자발적으로 복종하게 하고 권위를 가지게 됨으로써 안정된 지배체제를 유지할 수 있게 된다.

독일의 사회학자 베버(M. Weber)는 전통적 권위, 카리스마적 권위, 합법적 권위의 세 가지 유형에서 정통성의 근거를 찾는다. 그러나 독재정권들은 사상과 정보통제를 통하여 권위를 인위적으로 도출해 냄으로써 그들의 통치를 정당화하는 과정을 걷는다.[77] 독재정권들은 사회주의·공산주의, 민족주의 등과 같은 사상 제공으로 권력을 정당화하고자 한다.

독재정권 지도자들은 국민에게 사상을 효율적으로 주입하여 그들의 우선순위를 정당화한다든가 실수를 합리화하며 맹목적 추종을 이끌어 낸다. 이는 결국 반대 측의 저항을 억누르게 하여 독재

---

[77] 막스 베버는 권력은 자신을 정당화할 수 있어야 한다고 주장한다. Max Weber, Economy and Society (Berkeley : University of California Press, 1978), p.953.

정권의 획일적 지배를 가능하도록 하는 것이다.

북한의 유일지배체제 역시 예외는 아니다. 김일성·김정일·김정은으로 이어지는 3대 세습체제는 다른 독재국가와 마찬가지로 사상과 정보통제 방식을 적극 활용함으로써 세습적 유일지배 정통성을 유지하고자 노력해 오고 있다.

북한은 다른 사회주의국가들과 마찬가지로 사회주의·공산주의를 강조하면서도 김일성 혁명사상을 내세워 그들의 독창적인 사상으로 부각·선전해 오고 있다. 그들은 최고통치자, 즉 수령의 혁명전통에 대하여 특별한 의미를 부여하면서 크게 과장하고 신비화하여 대대적인 선전을 전개해 왔다. 김일성의 항일 빨치산 투쟁을 과장 선전해 온 것이 그것이다.

황장엽에 의하면, 김일성 자신이 혁명투쟁역사를 자기 개인과 가족들의 투쟁역사로 바꾸어 놓았고 혁명전통을 자기 개인과 가계의 투쟁전통으로 만들었다. 김일성이 만주에서 싸운 것이 아니라 백두산을 근거지로 하여 국내에서 싸웠고 중국 공산당의 영도 밑에 중국혁명을 위해 싸운 것이 아니라 조선혁명을 위하여 싸웠다는 것을 정당화하기 위하여 "백두산 밀영에서 김정일을 낳았다"고 꾸며냈다.

이를 뒷받침하기 위하여 북한 당국은 다양한 후속작업들을 추진하였다. 김일성 자신이 "김정일이 탄생한 백두산 밀영 자리를 찾아내라"고 과업을 준 후, 자기가 직접 나서서 경치 좋은 곳을 찾아내어 "여기가 밀영지였다"고 지적하고 그 뒷산을 '정일봉'이라고 이름 짓도록 하였다. 북한 당국은 '백두산 밀영 고향집'이라는 것을 건설하고 이 집에서 김일성과 김정숙이 살면서 사령부를 표시하는 붉은 깃발을 띄워놓고 빨치산 투쟁을 지도하였으며 여기서 김정일도 낳았다고 선전활동을 펼쳐왔던 것이다. 이로써 김일성은 "혁명전통을 대를 이어 계승 발전시켜야 한다"는 논리로 '김씨 부자' 세습을 위한 기초를 닦아 놓았던 셈이다.

김일성은 자주노선을 의미하는 '주체'라는 개념을 만들고 이를 자신의 고유사상으로 만들기 위해 항일무장투쟁 역사를 주체사상의 중심에 놓았다. 이는 "간고하고 복잡한 항일혁명투쟁을 승리에로 이끌어 나가는 데서 우리 앞에 나선 가장 중대한 문제는 우리 혁명의 주체를 튼튼히 세우는 것이었습니다"라고 한 김일성의 발언에서 항일무장투쟁이 주체사상의 근원이 되고 있다는 사실을 발견할 수 있다.

이에 북한은 주체사상이 김일성의 항일무장투쟁 역사에 근거한 것임을 부각시키면서 맑스 레닌주의를 대체한 김일성의 고유사상으로 자리매김하도록 했다. 또한 북한은 사회주의 개념을 그대로 사용하면서 맑스 레닌주의식이 아닌 주체사상으로 재해석하여 유지해 오고 있다. 그들은 사회주의 제도의 본질이 "근로대중이 모든 것의 주인으로 되고 있으며, 사회의 모든 것이 근로대중을 위하여 복무하는 데 있다"고 하는 주체사상 관점의 사회주의 개념을 사용해 오고 있다. 따라서 북한이 주체사상을 강조한다고 해서 사회주의·공산주의를 포기한 것이 아니라 오히려 독창적 이념으로서의 사회주의

(우리식 사회주의)를 구현해 나가고 있다는 것이라 할 수 있다.

> "주체사상의 기치를 높이 들고 투쟁해 나가야 그 어떤 난관과 시련
> 도 이겨내고 조국의 통일을 앞당길 수 있으며 사회주의 · 공산주의
> 위업의 종국적 승리를 이룩할 수 있습니다."[78]

북한 당국은 주체사상을 김일성의 독창적인 사상으로 부각하고 이를 '김일성사상 또는 김일성주의'로까지 고양시켜 놓았다.[79] 그리고 김일성주의를 주체시대의 새로운 요구를 반영하여 나온 새롭고 독창적인 위대한 혁명사상으로 선언하고 주체의 사상, 이론, 방법체계의 반열에 올려놓았다.

이에 기초하여 북한 당국은 김일성, 즉 수령의 '혁명사상'으로 북한의 전체 사회를 '일색화'하기 위한 '유일사상체계'를 만들어 김일성 정권의 항구적 정통성을 수립하고자 하였다. 북한의 전 사회를 '김일성주의화'하여 주민들을 수령(김일성)에게 충직한 '김일성주의자'로 만들고 김일성주의의 요구대로 전 사회를 철저히 개조

---

78 김정일, "주체사상에 대하여(위대한 수령 김일성 동지 탄생 70돌 기념 전국주체사상토론회에 보낸 논문, 1982. 3. 31)", 『김정일선집 7』(평양 : 조선로동당출판사, 1996), p.213. '당의 유일사상 확립의 10대 원칙'에서도 "주체사상의 위대한 혁명적 기치를 높이 들고 조국통일과 혁명의 전국적 승리를 위하여, 우리나라에서의 사회주의 · 공산주의의 위업의 완성을 위하여 모든 것을 다 바쳐 투쟁하여야 한다"(1장 4절)고 명시하고 있다.

79 1966년까지만 하더라도 주체사상을 조선로동당의 지도사상으로 불러오다가 1967년 이후 주체사상은 '김일성 동지의 주체사상'이라는 표현이 주로 사용되었다. 정성장, "주체사상의 형성 · 변화와 논리체계", 『북한의 정치 2』(서울 : 경인문화사, 2006), p.14.

하여 김일성에 대한 유일적 충성구조를 구축하였다.

이를 위해 북한 당국은 첫째, 주민들이 김일성을 충성으로 모시도록 하고, 둘째, 김일성의 권위를 절대화하며, 셋째, 김일성의 혁명사상을 신념으로 삼도록 하고 김일성의 교시를 신조화하도록 하며, 넷째, 무조건성의 원칙으로 김일성의 교시를 집행하며, 다섯째, 김일성을 중심으로 하는 사상적 통일과 혁명적 단결을 강화하고, 여섯째, 김일성을 따라 배우도록 하며, 일곱째, 김일성에게 충성을 다하도록 하며, 김일성의 유일적 영도체계 하에 한결같이 움직일 수 있는 조직규율을 세우며, 마지막으로 김일성의 혁명의 위업을 대를 이어 끝까지 계승·완성하도록 하고 있다.[80]

북한 당국은 이와 같이 '김일성 혁명'과 같은 이념의 깃발 아래 주민들을 결집시켜 김정일에서 김정은으로 세습되는 '김일성 왕조'의 정통성을 도출해 내고자 하였다. 이에 대해 황장엽은 "김일성의 빨치산 투쟁을 지나치게 과장하여 선전하는 목적이 '혁명전통을 대를 이어 계승 발전시켜야 한다'는 구실 밑에 결국 권력을 자기 아들에게 세습적으로 넘겨주기 위한 기초를 마련하는 데 있었다"고 증언한 바 있다.

김정은 시대에 와서 북한 당국은 국가 '시조'가 김일성이라는 것

---

80 노동당 유일사상 10대 원칙은 조선민주주의인민공화국 조선노동당의 강령이다. 정식 명칭은 당의 유일사상체계확립의 10대 원칙이다. 서문을 제외하고 모두 10조 65항으로 구성되어 있다. 오경섭, "10대 원칙 개정안의 주요 내용과 정치적 의미", 『정세와 정책』 2013년 9월호 참조.

■ 북한 당국은 국가 '시조'가 김일성이라는 것을 의미하는 '김일성 민족'과 '김일성 민족국가' 건설자가 김정일이라는 것을 나타내는 '김정일 조선'에 '대를 이어 완성'해 나가는 정치가로 김정은을 내세움으로써 김정은 정권의 세습적 정통성을 찾아나가고 있다. ⓒ 리버티헤럴드

을 의미하는 '김일성 민족'과 '김일성 민족국가' 건설자가 김정일이라는 것을 나타내는 '김정일 조선'에 '대를 이어 완성'해 나가는 정치가로 김정은을 내세움으로써 김정은 정권의 세습적 정통성을 찾아나가고 있다. 실제로 북한 당국은 김정은을 "위대한 대원수님들(김일성, 김정일)께서 열어 놓으신 자주의 길, 선군의 길, 사회주의의 길을 따라 끝까지 전진시키고 대를 이어 완성해 나가시는 위대한 정치가, 위대한 선군령장"으로 추켜세우고 있다.

북한은 혁명의 궁극적 목표를 사회주의 · 공산주의 실현에 두고 이를 위해서는 자주적 방법(주체성)과 군사적 수단(선군)을 선택해 왔다고 주장한다. 이에 기초해서 김정은 시대 북한은 "자주, 선군, 사회주의 길"이 그들의 "혁명의 영원한 진리"라고 강조하고 있는 것이다.

제국주의 위협 과장 통해 체제 결속

자주, 즉 민족주의를 고취시키는 것은 정권의 정통성을 구축하는 데 활용되는 중요한 방식 중 하나다. 정권 지도자들은 '민중'이 자주권을 가져야 한다는 사상과 민족주의가 정치적 충성심과 정체성의 근거가 되어야 한다고 강조한다. 북한은 김일성이 일찍부터 주체사상에 기초해서 "민족대단결에 관한 사상과 리론"을 내놓았다고 하면서 "민족대단결 사상은 민족의 자주성을 옹호하고 실현하기 위한 것"이라 하여 자주와 민족주의를 연결시켰다.

북한 당국은 자주성을 '민족의 생명'으로 강조한다. 김일성은 "자주성을 민족의 생명으로 보고 온 민족이 단결하여 민족의 자주성을 옹호하고 실현"해야 한다고 말함으로써 그의 강한 민족주의적 의지를 표출한 바 있다. 북한 당국은 자주성을 '민족의 생명'이라 할 정도로 귀중한 것으로 인식하도록 하고 전 민족이 단결하여 민족의 자주성을 옹호하고 실현하여야 한다는 실천적 의지를 강조하기도 하였다. 그들은 민족주의를 의미하는 자주성을 강조하여 주민들을 유일정권에 결집될 수 있도록 하는 데 일차적 목적을 둔 것으로 판단된다.

이를 위해 북한 당국은 민족통합이라는 긍정적 측면과 외세배격이라는 부정적 측면 등 자주성을 두 가지 관점으로 발전시켜 왔다. 전자의 경우 민족통합, 즉 민족대단결을 조국통일로 연계하여 조국통일을 위한 대결집이 이루어지도록 해 오고 있다. 이것은 조국통일의 기치 아래 북한 주민들의 결집뿐만 아니라 남한과 해외에 흩어져 있는 '한민족'을 결집하고자 하는 노력으로 나타났다. 김일성의 다음과 같은 말은 이를 잘 반영한다.

"민족의 대단결을 이룩하기 위하여서는 조국통일을 위하여 투쟁하는 북과 남, 해외의 모든 정당, 단체와 조직들, 각계각층 동포들의 조직적인 련합을 실현하여야 합니다."[81]

다른 한편으로 외세배격 차원의 논리를 통해 유일지배정권의 공고화를 도모하고자 하였다. 독재정권들은 흔히 외부의 적을 강조함으로써 정권의 민족주의적 정통성을 구축하려는 경향이 강하다. 이는 민족주의가 외국 공포주의적인(xenophobic) 사상을 갖도록 하여 주민들이 정권에 결집되도록 하는 효과를 가져오도록 한다. 이에 정권 지도자들은 다른 국가들의 교묘한 책략을 매도·과장하고, 적을 핑계로 높은 국방비 투여를 정당화하고, 정권의 제반 문제점들을 회피한다. 적을 과장함으로써 정권 통제를 위한 보안기관 활동을 합리화하며, 대외의존적인 배신자들을 타도한다는 명목 하에 내부적 반체제 활동을 감시하며 와해시켜 나가고자 한다.

북한의 경우도 세계 '제국주의' 적을 인위적으로 과장하여 위험성을 강조함으로써 정권의 정통성을 유지하고 강화하는 조치들을

---

81 김일성, 『김일성 저작집 43』 (평양 : 조선로동당출판사, 1996), p.181.

정당화한다. 먼저 그들은 "세계 정치구도와 력량관계가 변화되고 반제군사전선이 혁명의 기본전선"[82]이 되고 있다고 전제하는데, 그 이유를 다음과 같이 설명하고 있다.

1990년대 이전에는 미국을 비롯한 '제국주의'가 명분을 잃어 가고 있었지만 사회주의체제 붕괴에 따라 다시 기승을 부리며 도전적으로 나서게 됨으로써 세계 힘의 역학구조가 변하였다. 냉전 종식으로 초강대국들의 대결구도가 허물어지고 미국이 '유일 초대국'으로 등장하여 미국 주도의 '비극적인 시대'가 열렸다. '제국주의 반동세력'은 '반제 자주역량'에 대한 공세를 공공연하게 강행하는 길에 들어섰다. 세계 무대에서 국제법과 공인된 국제질서가 유린당하고 여러 나라들의 자주권이 무참히 짓밟히는 정세가 조성되었다.

'유일 초대국'으로 우뚝 선 미국은 '선제타격론'을 제창하면서 그들의 지휘봉에 따라 움직이는 것이 곧 '세계질서'라는 논리를 내세우고 세계를 약육강식으로 만들었다. 그 결과 반미를 하는 일부 나라들, 특히 힘이 약한 나라들이 미국과 그 추종세력들에게 무참히 짓밟히게 된 상황이며 미국의 주된 공격 화살이 북한에 집중되었다는 것이다.

---

82 조선인민군출판사 편, "선군사상은 시대와 혁명의 요구를 가장 정확히 반영한 과학적인 혁명사상이라는 데 대하여", 『학습제강 : 군관, 장령용』(평양 : 조선인민군출판사, 2004) 정영태, 『북한 군대의 대내외 정세 인식형성과 군대변화』(서울 : 통일연구원, 2007), p.31에서 재인용.

북한은 "반대하여 싸워야 하는 주되는 적이 바로 미제국주의자"들이며 "대미의식, 계급의식을 높여야 한다"는 전제 하에 미국을 대하도록 선전하고 있다. 미국은 곧 '철천지 원쑤'이고 '백년숙적'으로 치부되는 것이다. 따라서 북한 당국은 '미제'를 끝없이 증오하고 반대하여 끝까지 싸우겠다는 각오를 가지도록 의식화해 오고 있다. 그들은 미국에 대해 털끝만한 환상이나 기대를 갖지 말고 '반미 대결전'을 더욱 힘있게 벌여 나가기 위해서 조성된 정세에 맞게 싸움 준비에 박차를 가하도록 결집해 오고 있다.

다른 한편으로, 북한은 남한을 미국의 총알받이가 되어 동족의 가슴에 총을 겨눈 "남조선 괴뢰군놈들이 앞장서서 입에 피를 물고 날뛰고 있다"고 강조함으로써 적으로서의 남한을 부각시킨다. 예를 들면, 그들은 "남조선 괴뢰군놈들은 아침체조나 '기합'을 받을 때, 서로 인사를 할 때에도 미친놈들처럼 '멸공통일'과 '북진통일'을 부르짖고 부대의 별호들을 우리 공화국의 지명들과 '멸공', '필승', '북진' 등으로 달아놓고 있다", "동서의 전연지대에 새로 개설된 철길과 도로를 따라 주변에 155MM 자행곡사포를 비롯한 수많은 중무기들을 끌어들였다" 하면서 "남조선 괴뢰군놈들은 앞으로 남녘 해방의 길에서 우리가 제일 먼저 맞서 싸워야 할 주되는 적"이라고 인식시키고 있다.

김정일의 선군정치 노선을 답습하다

북한은 김일성을 시조로 하는 정권의 시작을 김일성의 만주항일투쟁 활동에 근원을 두고 있다. 북한에서는 김일성의 만주에서의 항일 빨치산 경험들을 영웅적인 반제국주의 투쟁으로 포장하여 선전했다. 이 같은 신화가 김일성 정권의 수령 위치를 합리화시켜, 또한 빨치산 지도자들이 아니었으면 제국주의자들을 몰아내지 못하고 해방을 얻을 수 없었을 것이라 하며 김일성을 정점으로 한 빨치산 엘리트들의 권위를 정당화시켜 준다. 특히 만주항일투쟁신화는 북한 사회에서 김일성 수령 일가에 대한 강력한 충성세력으로 군부의 높은 위상을 정당화하며, 북한의 조선인민군을 '항일무장투쟁의 계승자'로 칭송받도록 하고 있다.[83]

기본적으로 만주신화의 핵심과 북한의 민족주의 저변에는 앞서 지적한 바와 같이 외국 공포증이 자리잡고 있다. 따라서 북한 당국은 김일성 유일지배정권의 정당성을 높이기 위해 주민들에게 이러한 외국인 혐오증을 부추기며, 외부 위협과 포위에 관한 두려움을 북돋워 오고 있는 것이다. 예를 들면 김정일의 아래와 같은 발언이 대표적이다.

---

83 김일성이 "조선인민군은 항일무장투쟁의 계승자이다"라는 제하의 연설에서 "조선인민군은 항일유격대의 애국전통을 계승한 혁명군대로서 오직 조선로동당에 충실하고 오직 조선 로동당의 령도 밑에 혁명의 한길로 전진하는 우리 당의 혁명무장력"이라고 밝혔다고 한다. 조선로동당출판사 편, 『우리당의 선군정치』(평양 : 조선로동당출판사, 2006), p.47.

"20세기 90년대에 들어와 이전 쏘련과 동유럽 여러 나라들에서는 사회주의가 무너지고 세계 정치구도와 력량관계에서는 커다란 변화가 일어났습니다. …제국주의 반동세력은 세계 사회주의체계의 붕괴를 기화로 하여 반제자주력량에 대한 공세를 강화하였으며 특히 세계 유일 초대국으로 대두한 미제국주의가 국제무대에서 강권과 전횡을 부리고 다른 나라들의 자주권을 유린하면서 세계 제패의 야망을 실현해 보려고 침략과 전쟁정책을 더욱 악랄하게 추구하여 왔습니다."

이에 김정일은 주민들에게 심각한 경제난에도 불구하고 군대 강화에 나서지 않을 수 없었다고 선전하고 선군정치의 채택을 정당화하였다.

"내가 수령님께서 서거하신 이후 인민군대를 강화하는 데 선차적인 힘을 넣은 것은 인민 생활이 곤란하다는 것을 몰라서가 아니라 우리 앞에 자주적인 인민, 자주적인 근위병이 되느냐, 또다시 제국주의 식민지 노예가 되느냐 하는 심각한 문제가 나서고 있었기 때문입니다. 이 심각한 문제를 풀 수 있는 열쇠가 바로 총대를 강화하는 데 있었습니다."[84]

북한 당국은 '반제군사전선', 특히 '반미제국주의군사전선'을 선군혁명의 기본전선으로 상정하고 그들의 선군정치 추진의 명분으로 내세웠다. 유럽에서의 사회주의 붕괴, 동서 냉전구도의 파괴, 그와 관련하여 세계 '유일 초대국'으로 등장한 미국은 일극세계의 확립을 중요한 전략적 과업으로 내세우고 자주성이 강하고 혁명적인 나라들을 없애기 위한 '강도적'인 침략전쟁의 길에 나서고 있으며 여기에서 '미제'는 북한을 그 첫째가는 침략 대상으로 삼고 있다는 점을 보다 더 강조하고 나선다. 이와 같이 북한 당국은 그들의 외국인 혐오증을 강조하여 심각한 경제난에도 불구하고 군사력을 강화하고 군사를 우선하는 '선군정치'를 합리화하고 있다.

  김정일은 군사력을 강화하고 군사를 '국사 중의 국사'로 하면서 군대를 모든 부문에서 앞세우는 군사선행이론 개념을 전개하였다. 김정일의 선군정치는 "정치를 군사와 결합시키고 정치의 중심에 군사를 놓고 군사문제를 해결하는 것을 통하여 혁명과 건설에서 제기되는 모든 문제를 풀어나가는 독특한 방식"이라고 설명하고 있다. 곧 선군정치는 "군사문제, 군대문제를 정치 안에서 용해시켜 고찰한 것이 아니라 군사문제, 군대문제를 정치의 중심에 놓고 군사제일, 군사중심의 관점과 립장의 정치방식을 확립"하는 것이라

---

84 김정일은 경제를 뒤로하고 군사를 우선해야 한다는 다음과 같은 논리를 밝힌 바 있기도 하다. "지금까지 정세가 복잡한 때에 내가 경제실무사업까지 맡아 보면서 걸린 문제들을 다 풀어 줄 수는 없습니다. 내가 혼자서 당과 군대를 비롯한 중요 부문을 틀어쥐어야지 경제실무사업까지 맡아보면 혁명과 건설에 돌이킬 수 없는 후과를 미칠 수 있습니다. 수령님께서는 생전에 나에게 절대로 경제사업에 말려들어가서는 안 된다고 하시면서 경제사업에 말려들면 당 사업도 못하고 군대사업도 할 수 없다고 여러 번 당부하시었습니다." 조선로동당출판사, 『우리당의 선군정치』, 앞의 책, pp.8~9 ; "친애하는 지도자 김정일 동지께서 1996년 12월 7일 당 중앙위원회 책임일군들에게 하신 말씀", 『월간조선』, 1997년 4월호에 게재된 "김정일 연설문 전문", p.8.

고 한다. 즉 모든 정치적 문제를 군사를 중심으로 하고 군사적 관점에서 해결해 나가야 한다는 것이다.

이에 따라 군대와 군사가 "조국을 보위하기 위한 투쟁에서 리용되는 하나의 수단", 즉 국가방위를 위한 수단 이상의 기능과 역할을 요구하고 있는 것이 곧 선군정치의 핵심이라고 한다. 이에 김정일은 군사사업을 "그 어느 다른 분야의 사업보다 제일 선차적이고 중요한 사업으로 내세우고 국방력 강화에 최우선적인 힘을 넣도록 해야 한다"고 설명하고 있다.

특히 국방력 강화는 군대강화와 국방공업의 발전을 포함해 선군정치에서 군대를 정치적으로, 군사기술적으로 강화하는 것을 의미한다. 이에 북한에서의 정치개념이 '수령에 대한 충성활동'이라는 사실을 고려할 때 정치적으로 군대를 강화한다는 것은 곧 "군대를 수령에게 충직한 혁명군대로 만드는 것"이 된다. 결국 선군정치는 '수령결사옹위'를 위한 충성활동에 군대를 앞세운다는 의미로 집약된다고 할 수 있다.

이로써 김정일은 선군이라는 구호 하에 군대를 효율적으로 장악하고 정권을 공고화하는 데 군대를 적극 활용해 온 측면을 간과할 수 없다. "총대를 틀어쥐지 못한 정치가는 허수아비와 같다"고 한 김정일의 발언은 이와 무관하지 않다. 김정일은 선군정치를 통해 "군대를 령도자의 사상과 령도에 충실하며 령도자의 명령과 지시에 절대 복종하며 그 길에서 목숨도 서슴없이 바치는 군대"로 만들어 군대를 틀어쥐고자 하였던 것으로 이해된다. 충성혁명의 기둥으로서의 군대 역할을 강조하는 선군정치의 필요성을 체제 보위 차원으로 연결시켜 김정일 정권 보위를 위한 인위적인 군대 활용을 당연시하는 통치행태를 보였던 것이다.

이에 따라 북한은 점차적으로 선군혁명사상을 혁명이론으로 구체화하면서 혁명주력군으로 노동계급 대신 군대를 내세움으로써 군대의 정치·사회적 역할(수령에 대한 충성 역할)의 확대를 공식화하였다. 이와 같이 김정일의 선군정치는 북한 사회의 전 분야에 걸쳐서 충성혁명이라는 이름 하에 인민군대가 김정일 개인군대로서 정치사회적으로 개입하는 것을 정당화하는 사상으로 발전하였다고 할 수 있다.

이 같은 김정일의 선군정치는 김정은 시대에 와서도 그대로 견지되고 있다. 김정은은 "김정일 동지의 위대한 선군혁명사상과 업적을 길이 빛내여 나가자" 함으로써 선군혁명의 답습을 확인하였다. 그는 "김정일 동지의 위대한 사상인 선군혁명사상에 의하여 우리의 힘, 우리의 총대로 조국의 존엄과 인민의 자주성, 사회주의 전취물을 믿음직하게 지키고 조국의 부강번영과 민족의 밝은 미래를 열어갈 수 있게 되었다"고 밝혔다.

절정 치닫는 김정은 개인숭배

베버는 리더의 카리스마가 받아들여지기만 하면 카리스마를 가진 지도자는 모든 규칙과 규범을 어길 수 있는 힘을 갖게 된다고 주장하였다. 그래서 독재자들은 카리스마를 갖추기 위해 여러 가지 수단과 방법을 동원하게 된다. 독재자들이 흔히 개인숭배(cult of personality) 창출 활동에 매달리는 이유도 여기에 있다. 실제로 카리스마가 존재하지 않는 곳에서나 지도자의 기반이 약화될 위험성이 있는 곳에서 카리스마를 만들기 위해 독재자들에 대한 개인숭배 현상이 나타난다.

북한의 개인숭배[85] 현상은 수령체제에서 잘 드러난다. 수령을 정점으로 피라미드 구조의 지배를 하고 있는 것이 수령체제다. 북한의 수령체제 하에서는 첫째, 전체 사회 내에 '수령의 혁명사상' 만이 지배하도록 하고 있으며, 둘째, "전당·전국·전민이 수령의 명령과 지시에 따라 하나같이 움직이고 그것을 무조건 관철"하도록 하고 있다. 수령이 "혁명과 건설에서 절대적 지위를 차지하고 결정적 역할을 수행하는 당과 혁명의 탁월한 령도자"이기 때문에 이러

---

85 서재진은 개인숭배를 위한 북한의 정치적 담론으로 첫째, 항일무장투쟁의 지도자상 형상화, 둘째, 무오류의 지도자상 형상화, 셋째, 사회주의제도 및 주체사상의 우월성을 선동 등을 제시하였다. 북한 사회에 이를 확산하기 위해서 다양한 제도적 자원을 도원하였다고 한다. 예를 들면, 김일성혁명사상연구실 운영, 회사실기 교양, 극장 국가화, '수령 형상 창조'를 위한 문예정책 활용 등이 그것이다. 서재진, 『북한의 개인숭배 및 정치사회화의 효과에 대한 평가 연구』(서울 : 통일연구원, 2004), pp.42~98 참조.

한 수령의 혁명적 유일성과 수령의 명령과 지시의 '무조건 관철' 원칙이 지켜져야 한다는 것이다. 북한 인민들은 절대성, 신성성을 보유한 수령을 무비판적으로 복종하고 따르도록 하고 있다.

북한의 수령은 첫째, 그 누구도 가질 수 없는 비범한 예지와 과학적 통찰력을 지니고 지칠 줄 모르는 사상이론 활동과 실천활동을 벌일 수 있는 능력을 겸비하고 있고, 둘째, 백과전서적인 지식과 끝없이 풍부한 혁명투쟁 경험을 가지고 인민들과 함께 혁명의 장애를 극복해 나갈 수 있는 능력을 가진 인간의 경지를 넘는 인물로 숭배되고 있는 것이다.

북한은 제1대 수령으로 김일성을 내세워 숭배해 오고 있다. 김일성은 '조선민주주의인민공화국의 창건자'이며 '시조'로, '민족의 태양'으로서 '사상리론과 령도예술의 천재', '백전백승의 강철의 령장', '위대한 혁명가'로 숭배되어 왔다.

김정일 역시 아버지 김일성과 같이 수령으로서의 지위를 누려 왔다. 북한 당국은 "우리의 수령님은 친애하는 지도자 동지이시며 친애하는 김정일 동지는 위대한 수령이시라고 생각한다"고 밝힌 바 있다. 실제로 김정일은 '민족의 앞길을 밝혀 주는 향도의 별'(1976), '공산주의 미래의 태양'(1977), '인류가 낳은 걸출한 영웅'(1978~79), '은혜로운 햇빛'(1980), '또 하나의 수령'(1991), '우리 당과 인민의 영명한 수령'(1994) 등으로 호칭되면서 숭배되어 오기도 하였다.

이와 같이 북한 당국은 김일성 수령에 대한 절대적 숭배를 대를 이어 지속되도록 하였다. '유일사상체계 확립의 10대 원칙'에서 "위대한 수령 김일성 동지께서 개척하신 혁명위업을 대를 이어 끝까지 계승하여 완성하여 나가야 한다"고 밝힘으로써 대를 이은 충성구조가 확인되었다.

이 같은 개인숭배는 김정은에게도 그대로 적용되고 있다. 북한 당국은 김정은 후계사실이 공개되기 이전인 2009년에 이미 "존경하는 김정은 대장 동지의 위대성 교양자료"를 만들어 김정은에 대한 개인숭배가 이루어지도록 하였다. 이 교양자료에서 김정은을 김일성·김정일과 똑같은 "선군령장"이며 "천재적 예지와 전략을 지니신 군사의 영재", "다재다능하시고 현대 군사과학과 기술에 정통하신 천재"로 호칭하여 숭배하도록 한 것이 대표적인 예다.

김정일 사후 김정은 집권 이후에 들어와서도 김정은에 대한 개인숭배 활동은 여전히 지속되고 있다. 북한 당국은 교과 과정을 통해서 김정은의 위대성을 의식화하는 노력을 강화하고 있다. 김정은에 대한 개인숭배 상황을 2014년 1월에 발행된 고급중학교용 『경애하는 김정은 원수님 혁명활동 교수 참고서』를 통해서 좀 더 구체적으로 살펴보기로 하자.

그들은 김정은이 '비범한 천품'을 지니고 있다고 강조한다. 김정은이 어린 시절부터 남다른 '천품'을 지니고 '위대한 혁명가'로 성장하였다고 한다. '영웅 남아다운 담력과 배짱' 강한 의지를 소유하고, '한없이 뜨거운 인간애'와 '소탈하고 검박한 품성'을 '천품'으로 지니고, 어린 시절부터 '비범한 예지와 예리한 통찰력'을 인물로 김정은을 추켜세우고 있다. 아버지 김정일의 입을 빌려 김정은이 어린 시절부터 '만경대 가문의 혈통'을 이어 '비범한 사격술'을 지니고 있었고 세 살 때부터 총을 쏘고 어린 시절에 세상사람들을 놀라게 하는 '사격술'을 가졌다고 과장한다.

"김정은 대장은 군사적 기질을 타고난 천재라고 하시면서 그는 총쏘기를 좋아하는데 3초 내에 10발의 총탄을 쏘아 다 정확히 명중시킨다고, 나는 그가 총을 쏘아 목표를 100% 통구멍을 내는 것을 보고 깜짝 놀랐다고, 그는 아홉 살 때 총을 쏘면서 나타나는 목표를 다 소멸하곤 하였다고 감회 깊이 말씀하시었다."

북한 당국은 "원수님(김정은)의 배짱과 의지, 령도방식과 풍모는 년대와 년대를 이어 자주, 선군, 사회주의 위업을 백승의 한길로 이끌어 오신 위대한 대원수님들의 위인상 그대로이다" 하면서 김일성·김정일 수준에 걸맞은 위대성을 지닌 인물로 김정은을 부각시키고 있다.

또한 그들은 김정은을 "혁명의 령도자, 인민의 지도자로서의 자질과 품격을 완벽하게 갖추고 계시는 또 한 분의 백두산형 위인"으로 떠받들어 오고 있다. 재미학자 박한식 교수는 북한 당국이 김정은을 절대시하는 최근의 개인숭배 상황을 다음과 같이 전하고 있다.

"(북한) 고위 당국자부터 실무자까지 내가 만난 대부분의 북한 사람들은 김정은을 수령이라고 부르며 절대시 하더라. 장성택 처형 이후 김정은의 입지가 확고해졌고 그를 절대화하는 작업이 진행 중인 것 같다. … 북한에선 2인자를 인정하지 않는다. 북한에서 수령은 모든 체제와 법 위에 있는 신(神)이다. 1인자 이상의 의미다. 최고지도자를 신과 같은 존재로 만드는 수령화 과정에서 도전하면 어떻게 된다는 본보기가 장성택 사건이다."[86]

인터넷 없는 지구상의 유일한 체제

이러한 모든 관념적인 도구들은 정보환경의 통제를 필요로 한다. 독재정권들은 사상과 정보를 통제함으로써 피지배층으로부터 그들의 정당성을 증대시키고 반대세력 형성을 억제한다. 북한의 유일지배 정권 역시 이데올로기와 개인숭배를 주입하면서 강력한 정보통제체제를 유지해 오고 있다.

북한은 '정치사업', '정치사상사업', '정치사상교양', '사상교양', '사상사업', '주체사상 교양' 등 각종 형태의 정치사회화 교육을

---

86 2014년 2월 4일부터 8일까지 평양을 방문하고 돌아온 재미학자 박한식 교수와의 인터뷰 내용. 「중앙일보」, 2014년 2월 11일.

통해서 피지배층에 대한 통제를 시행해 오고 있다. 북한의 각급 학교에서는 주민들에게 주체사상과 김씨 우상화 교육이 중점적으로 실시되고 있다. 예를 들면, 소학교에서 전체 교육시간의 44%가 사상교육으로 채워져 있으며, 국어교과서의 67%가 정치사상을 강조하는 단원으로 구성되어 있다.

한 조사에 따르면 초등교육의 35%, 대학교육의 40%가 정치적 교육으로 채워져 있다. 초등학생과 어른은 동일하게 매일 정치적 스터디 그룹에 참여하여 주체사상과 역사 관련 퀴즈문제를 풀어야 하며, 김일성의 중요한 기념일과 긴 연설문들을 외우게 한다. 당에서 임명한 동네 책임자가 참석률과 과업수행 결과를 감시한다.

성인들에 대한 정치사상교육은 토요일 오전부터 하루 종일 하며 일반노동자, 농민은 월요일 일과시간이 끝난 후 저녁에 2~4시간씩 '월요학습 침투'라는 이름으로 이루어지고 있다. 이러한 학습은 반복학습을 통하여 이루어지는 것을 특징으로 하고 있다. 반복학습은 정치이념을 효과적으로 주민들에게 주입시키며 반체제적인 정치정향이 발생되는 것을 억제하는 데 효과적이다.

북한 당국은 외부정보 유입을 통제하는 데 주력하고 있다. 모든 언론매체는 국영이며 라디오와 텔레비전은 국영방송만 들을 수 있게 고정되어 있다. 북한의 언론은 철저하게 북한 정권의 신임과 통제 하에서만 조직이 가동된다. 북한 방송의 경우 조선중앙방송위원회 산하에 여러 개의 라디오, 텔레비전 방송이 있으나 최고 권력자에 대한 선전과 체제선전에 집중되는 기능과 역할을 하고 있다.

북한의 이 같은 방송매체들은 김정일이 추진한 '유일사상체계 확립의 10대 원칙'에 따라 김일성·김정일 선전에 방송목표를 두고 '김일성 혁명사상' 선전, 노동당과 정권의 입장을 대변하는 역할을 하고 있다. 따라서 이러한 방송매체를 통해서 체제에 부정적인 다양한 외국사조를 접하기는 어렵다.

북한 주민들은 외국 채널을 듣기 위해 임시변통으로 텔레비전이나 라디오를 조작하기도 하지만, 검열관의 기습적인 조사로 이러한 배신행위가 적발되면 엄격하게 처벌받게 되므로 이 또한 쉬운 일이 아니다. 컴퓨터도 극소수 엘리트를 제외하고는 거의 인터넷 접속을 할 수 없다.

또한 북한 당국은 주민들과 외국인들의 직접적인 접촉을 금한다. 일반 주민들은 해외여행을 할 수 없으며, 북한을 방문한 자들도 안내자가 없는 상태에서 주민들과의 즉흥적인 접촉이 금지된다. 아울러 북한 정권은 주민들이 외국인을 접할 수 있는 소수 지역을 엄격하게 제한해 특수경제구역과 러시아의 목재와 광산업에 종사하는 북한인들은 외국인과의 접촉을 회피하도록 교육받았으며, 밀고자들로부터 끊임없이 감시를 받고 있다.

그러나 1996년부터 1997년의 기근 이후부터 북한의 정보통제체제가 상당히 약화된 것으로 알려지고 있다. 북한 주민 약 1,200만 명이 남한 텔레비전 방송 시청권에 있으며, 남한 텔레비전 수신은 주로 평북 신의주와 강원도 원산 이남 지역에서 가능하다고 한다. 탈북자들의 증언에 따르면, 방송을 통해 외부세계의 소식을 접하는 북한 주민들이 늘어나고 있다고 한다. 일반 라디오로도 쉽게 남한 방송을 들었다는 탈북자도 있다. 라진 특구에서 서비스직에 종사했던 한 탈북자는 평양에 있는 언니네 집에서 방송을 몇 달 동안 계속 청취했다고 한다.

탈북자 중 북한에서 남한의 영상 등 콘텐츠를 접촉한 경험이 있는 사람은 70.5%, 남한 콘텐츠를 보고 '친숙감을 느꼈다'는 사람이 90.5% 정도에 달한다는 사실은 남한에 대한 정보가 탈북에도 많은 영향을 끼쳤음을 말해 준다.

물론 일부지역에 한정적이긴 하지만 북한 주민들은 몰래 휴대전화로 외부와 연락을 주고받을 정도로 북한의 정보통제체제가 매우 이완된 것만은 분명한 것으로 판단된다. 현재 한국에 정착해 있는 상당수의 탈북자들이 북한 고향에 있는 사람들과 은밀하게 전화를 하고 송금까지 가능한 상황이다. "휴대전화로 북한의 가족과 통화하고 서울에서 평양과 직접 통화도 가능하다"는 탈북자들의 증언이 있을 정도로 휴대전화를 통한 남한 및 외부정보의 북한 유입이 상당히 심화되고 있는 상황이다.

북한 당국이 외부사조에 대한 경계를 부쩍 강조하는 이유도 여기에 있다. 간부들을 위한 학습자료(학습제강)에서 "자본주의 사상문화적 침투를 짓부시기 위한 투쟁을 강도 높이 벌이는 것"을 중요한 문제로 삼고 있는 이유를 다음과 같이 설명하고 있다.

첫째, 그들은 외부로부터의 "사상문화적 침투가 보다 악랄해지고" 있다는 사실을 강조한다. "올해(2002) 국경연선지대의 우리 세관들에서 단속하고 압수한 불순선전물만 해도 전해의 두 배에 달하고 있다" 함으로써 외부사조 침투에 대한 심각성을 드러내었다. 둘째, 북한 주민들 속에서 "부르죠아 바람에 휘말려드는 현상이 퍼져가고 있는" 상황을 들고 있다.

그들은 그러한 현상들의 다양한 사례를 이렇게 제시하기도 하였다.

- 소재의 다양성 확대 : "미국 영화와 추잡한 화면들을 록화한 테프, 이색적인 기록 테프와 사진첩, 화보, 소설책, 성경책을 들여왔다."
- 돌려보기 확산 : "집안식구들이 심심풀이 삼아 때없이 보고 듣고 했을 뿐만 아니라 가족들이 제각각 친척이나 가까운 사람들한테 돌리기까지 류포시켰다."
- 판매 또는 빌려주기 : "그것을 복사해서 외화나 물건을 받고 팔거나 빌려주는 행동을 상습적으로 하고 있다."
- 시장화 : "최근에 와서는 출처가 없는 노래들이 들어 있는 록음 카세트와 이색적인 록화물이 농민시장과 수매상점에까지 나돌고 있다."
- 시청의 집단화 : "예전에는 록화물들을 숨어서 보다시피 했다면 지금은 내놓고 그것도 한두 사람이 아니라 여러 명씩 한데 모여 보는 데까지 이르렀다."
- 관련 계층의 확산 : "이런 현상은 일부 중앙기관 일군들 속에서도 찾아볼 수 있다."

한류가 북한을 흔들고 있다

국경경비대와 기차 여객전무 같은 공무원들이 필사적으로 자금과 식량을 구하려 하는 가운데 뇌물 공여가 공공연해지고 정권의 통제 노력은 점차 느슨해지고 있다. 그 결과 더 많은 북한 주민들이 밀수를 하느라 국경을 드나들면서 또는 방송 등 각종 매체를 통해서 중국의 개혁개방 성공 실태와 남한의 상대적인 번영에 대한 정보에 보다 많이 접근할 수 있는 기회를 갖게 된 것으로 판단된다. 밀수업자들은 주민들에게 다양한 정보를 유입시켰고 그 결과 북한 정권의 정보 통제에 관한 능력이 줄어들고 있는 추세를 보이고 있는 것으로 평가할 수 있다.

USB와 같이 단속에도 쉽게 걸리지 않고 정보를 대량으로 저장할 수 있는 기기의 발달 등도 외부정보 접근을 용이하게 만들고 있는 요소가 된다. 특히 북한 내 시장의 확산으로 인해 중국과 남한 제품의 거래 등을 통한 외부정보의 유통이 더욱 활발해진 것으로 알려져 있다.

북한은 아직까지 개방화 수준이 극히 낮은 상태지만 기본적으로 외교, 무역, 여행, 관광, 해외파견 노동자 등을 통해 제한적이나마 외부정보가 유입·확산되고 있는 것만은 분명한 사실이다. 최근 나진·선봉특구의 도로 확장 개보수 및 중국 전력 공급, 나진-하산 철도 개통 등으로 중·북·러 접경지역의 외부정보 유입이 증가하고 있다. 이는 한류의 확산에도 기여를 하고 있는 것으로 보인다.

제6장

김정은, 평양권력 제대로 장악했나

활발한 공개활동으로 지도력 과시
노동당의 통제력을 적극 활용하는 김정은
공안기구 장악으로 통제력 강화
파워엘리트의 균열 가능성 미미
무너진 배급망에 흔들리는 민심
시장이 인민을 먹여살린다
심화되는 빈부격차
걷잡을 수 없는 개혁개방 바람
뇌물이 시장을 움직인다
범죄율 증가에 바짝 죄어진 단속고삐
시들해진 노동당 입당 열기

활발한 공개활동으로 지도력 과시

　북한은 수령유일지배 국가다. 최고지도자 한 사람에게 모든 권력이 집중되어 있는 체제 특성상 최고지도자의 건강은 개인 체제 장악력의 가장 중요한 요소 중 하나다. 김정일 정권의 불안정성을 논할 때 김정일 자신의 건강 여부가 중요한 관심사로 부각되어 온 이유도 여기에 있다. 특히 김정일이 2008년 하반기에 뇌출혈과 뇌졸중으로 쓰러진 이후 김정일의 건강상태와 북한 체제의 불안정성을 동일시하는 경향까지 대두되기도 하였다.

　하지만 김정은은 30대 초반의 젊고 비교적 건장한 육체를 가진 젊은 지도자로서 건강상태로 인한 체제 장악력 저하 우려는 아직 크게 나타나지 않고 있다. 과다 체중으로 인한 건강이상이나 무릎 또는 관절 수술설이 있지만 의료진에 의해 통제가능한 상황인데다 통치에 부담을 줄 정도의 이상은 없는 것으로 파악되고 있다.

　지도자의 현지지도 빈도와 수준은 김정은의 체제 장악력을 파악할 수 있는 또 다른 요소다. 북한의 최고지도자는 현지지도를 통해 현장 실태와 민심의 동향을 파악하고 정치사업을 앞세워 인민대중에게 당 정책을 관철하는 의식과 각오를 가지도록 하여 체제 장악력을 높이고자 한다.

김일성에 이어 김정일, 김정은이 현지지도를 통해서 '어버이 수령'이라는 이미지를 강화하고 수령의 절대적 능력을 정당화하고자 한다. 즉 정치, 경제, 사회, 군사, 문화 등 모든 분야에 걸친 당의 노선과 정책을 작성하고 당과 국가의 대내외 활동 전반의 영도를 과시함으로써 체제 전반에 대한 수령의 장악력을 높이고자 한다. 따라서 북한의 최고지도자가 어느 정도 왕성하게 현지지도를 벌이고 있느냐에 따라 그의 체제 장악력 실체가 드러난다고 할 수 있다.

과거 김정일의 월별 현지활동은 그 횟수와 수준이 점점 증대되는 추세를 보인 것이 특징이다. 2007년과 2008년에 소폭 줄어드는 양상을 보이다가, 2009년부터 다시 활발해지는 양상을 보였다. 2007년과 2008년의 경우는 김정일의 건강상태가 이상을 보이다가 2008년 8월에 결국 쓰러지게 되면서 현지활동을 통한 지도가 불가능했기 때문에 그 횟수가 줄어들었다가 2009년 이후에 현지활동

:: 김정일 · 김정은 공개활동 빈도

구 분	집권 후 3년간 김정은(총 535회)	사망 전 3년간 김정일(총 465회)	비 고
분야	경제 173회(32.3%) 〉 군 167회(31.2%) 〉 사회 · 문화 108회(20.2%) 〉 정치 79회(14.8%) 〉 대외 6회(1.1%) 順	경제 189회(40.6%) 〉 군 121회(26.0%) 〉 사회 · 문화 68회(14.6%) 〉 대외 41회(8.8%) 〉 정치 19회(4.1%) 順	기타 제외
지역	평양 306회(57.5%) 〉 강원도 54회(10.2%) 〉 평남 26회(4.9%) 〉 평북 21회(3.9%) 〉 황남 17회(3.2%) 順	평양 157회(33.8%) 〉 함남 54회(11.6%) 〉 평북 36회(7.7%) 〉 함북 25회(5.4%) 〉 평남 23회(4.9%) 〉 강원도 22회(4.7%) 順	미상 제외

출처 통일부, 2015년

빈도가 또다시 활발해지는 양상을 보였다. 김정일은 사망 전 3년간 (2009. 1~2011. 12) 총 465회 공개활동을 실시하였다. 2009년에는 159회, 2010년 161회, 그리고 2011년에는 145회의 공개활동이 각각 실시되었다.

김정은은 집권 이후 3년간(2012. 1~2014. 12) 총 535회의 공개활동을 실시함으로써 아버지 김정일 때보다 더 왕성한 행보를 과시하였다. 김정은은 2012년 151회, 2013년 212회 그리고 2014년에는 172회로 상당히 많은 공개활동을 실시하였다.

김정일 사망 전후 3년 공개활동 특징에 있어서도 김정일과 김정은은 약간 다른 측면을 노정하였다. 경제부문의 경우 김정일은 공업 등 주요 기간시설을 강조했던 것과는 달리 김정은은 대규모 주민생활이나 위락시설 건설현장을 중심으로 공개활동을 실시하였다.

특히 김정은은 건설물 완공 전 건설현장을 수차례 방문함으로써 이러한 건설사업들이 자신이 직접 진두지휘하여 만든 노력의 결과물이라는 업적을 부각시키고자 하였다. 문수물놀이장 7회, 미림승마구락부 6회, 마식령스키장 5회, 국제소년단야영소 4회, 평양육아원·애육원, 김책공업대살림집, 과학자휴양소 각각 3회씩 김정은의 집중 방문이 이루어졌다.

2014년 6월 이후에는 경공업 분야 등으로 확대하여 현지지도 대상의 폭을 넓혀 갔다. 그는 대동강 과일종합가공공장(6. 5), 성천강 그물공장(7. 18), 원산 구두공장(7. 26), 천리마 타일공장(8. 3),

■ 김정은은 건설물 완공 전 건설현장을 수차례 방문함으로써 이러한 건설사업들이 자신이 직접 진두지휘하여 만든 노력의 결과물이라는 업적을 부각시키고자 하였다. ⓒ연합뉴스

평양 양말공장(8. 7), 갈마식료공장(8. 15)에 대한 공개활동을 실시하였다.

군사부문에 있어서도 김정은은 아버지 김정일과는 다소 다른 면모의 공개활동 행보를 보인 것이 특징이다. 김정일은 군부대 시찰에 더해 군 공연 관람 위주의 공개활동을 한 반면, 김정은의 군사관련 공개활동은 각종 군사훈련 과정을 상세히 보도하면서 군사 훈련지도 중심으로 이루어졌다. 김정은은 최전선지대인 섬 방어대를 12회나 방문하는 모습을 보임으로써 김정일과는 또 다른 특성을 보였다. 그는 장재도·무도 3회 (2012. 8, 2013. 3, 2013. 9), 월래도 2회 (2013. 3, 2013. 9) 등 서해 전방지역을, 그리고 여도 2회(2012. 4, 2014. 6), 화도 1회(2014. 7), 웅도 1회(2014. 7) 등 동해 전방지역을 각각 시찰한 바 있다. 이는 선군정치를 세습한 김정은이 군사지도자로서의 능력을 뒷받침하기 위한 인위적인 공개행보 성격이 강하다.

공개활동 때 김정은은 김정일과는 달리 주민과 적극적인 스킨십을 해 보인다든가, 부인 리설주를 대동(55회)하면서 대중 공개연설(20회)도 활발히 벌임으로써 보다 건강하고 왕성한 젊은 지도자로

:: 김정일·김정은의 군사관련 공개활동 빈도

구 분	김정일(2009. 1~2011. 12)			김정은(2012. 1~2014. 12)		
	09년도	10년도	11년도	12년도	13년도	14년도
군 훈련	3회	5회	4회	3회	11회	25회
군 공연	18회	18회	12회	4회	2회	4회

출처 통일부, 2015년

서의 면모를 과시하는 데 치중하였다. 이것은 김정일이 대중연설을 단 1회 실시하는 등 '신비적인 리더십'의 특성을 보인 것과는 크게 대조된다.

김정은은 열차, 승용차 외에 목선, 항공기도 이용하는 등 다양한 이동수단을 활용하는 다양한 모습을 드러내었다. 최전선지대인 월래도 방어대 방문(2013. 3) 때는 작은 목선을 타고 이동하거나 양강도 공개활동(2014. 4)은 전용기를 이용하는 등 '영웅 남아다운 담력'과 '배짱'을 지닌 최고지도자로서의 '위대성'을 인위적으로 창출하는 데 급급하는 양태를 보였다.

이처럼 북한 당국은 최고지도자의 건강과 공개활동 그리고 체제 장악력을 상호 밀접하게 연관시키기 위해 적극적으로 노력하고 있는 것처럼 보인다. 과장된 측면이 있기는 하나 김정은은 젊고 건강한 체력을 바탕으로 김정일 시대 이상으로 활발한 공개활동을 전개해 오고 있다는 점을 고려해 볼 때, 비교적 안정적인 개인 지도역량을 유지해 오고 있는 것으로 이해된다.

유일지배체제의 경우 권력집중 수준이 어느 정도인지에 따라서 유일지도자의 체제 장악력 수준이 파악될 수 있다. 김일성·김정일 시대에는 '현지지도'가 수령의 고유권한이었지만 김정은 시대에는 내각총리, 총정치국장 등이 단독으로 현지지도를 실시하는 파격이 등장하고 있다. 이는 최고엘리트들이 김정은의 정책집행 수행 능력 부족점을 보완하고 있다는 사실을 의미한다.

이 같은 권력행사의 분산 추세는 김정은이 업무를 완전히 파악

■ 김정일은 군부대 시찰에 더해 군 공연 관람 위주의 공개활동을 한 반면, 김정은의 군사관련 공개활동은 각종 군사훈련 과정을 상세히 보도하면서 군사 훈련지도 중심으로 이루어졌다. ⓒ 연합뉴스

■ 김정은은 젊고 건강한 체력을 바탕으로 김정일 시대 이상으로 활발한 공개활동을 전개해 오고 있다는 점을 고려해 볼 때, 비교적 안정적인 개인 지도역량을 유지해 오고 있는 것으로 이해된다. ⓒ 연합뉴스

하여 일인지배권력을 공고화하기까지 지속될 것으로 전망된다. 김정은 정권 출범 초기 2년 동안의 기록만 살펴보더라도 김정은이 아닌 주요 권력엘리트들의 독자적인 공식활동 빈도가 635회에 이른다는 것은 김정은으로의 권력집중도가 그만큼 저하된 측면을 반영한다. 그러나 이후 점차적으로 김정은의 직접적인 현지지도가 증가하고 있는 것으로 보아 향후 친정체제는 더욱 강화될 것으로 판단된다.

김정은 이외의 북한 엘리트들의 현지지도를 '현지료해'로 표현하여 최고영수인 김정은의 '현지지도'와 구별하고 있어 간부들의 경우 실무차원에 제한되고 있는 것이 특징이다.

노동당의 통제력을 적극 활용하는 김정은

당 및 수령의 영도는 북한 체제 유지의 결정적인 요소다. 북한은 김정은 정권 출범 이후 지속적으로 당의 영도를 강조하고 김정은 우상화를 위해 매진하고 있는데 이것은 당의 영도를 통한 김정은 체제의 정치적 통제역량을 높이기 위한 것이다.

북한은 기본적으로 동원사회로 동원력은 왕권사회에서처럼 수령권력의 척도가 된다. 북한은 사적 모임은 철저히 금지하고 있지만 국가차원의 집회는 적극 권장 활용하고 있는 실정으로 당적 영도

관철을 위한 대중집회는 절대권의 상징이다. 만일 북한에서 당적 대중집회가 소멸된다면 그것은 곧 정권이나 체제 붕괴를 의미할 정도로 중요한 지표가 될 수 있다. 이런 가운데 최근 김정은 체제 하에서 북한의 당적 대중집회가 크게 활성화되고 있어 당을 통한 정치적 통제력은 점차적으로 강화되고 있는 추세를 보이고 있다.

특히 김정은은 선군정치를 다소 약화시키는 대신 당·국가체제 강화를 위해 노력함으로써 당을 통한 정권 통제력을 높여 나가고 있는 상황이다. 김정은 정권 등장 이후 북한의 당 기구는 활발한 활동을 하고 있어 외형상 '선군정치'로부터 '선당정치'로 전이되고 있는 것으로 비춰질 정도다.

2012년 4월 11일 김정은은 제4차 당 대표자회를 통해 당 제1비서와 당 중앙군사위원회 위원장에 취임하고 당 조직을 정비했다. 김정은 권력을 최측근에서 보좌하고 있는 최룡해를 당 정치국 상무위원과 당 중앙군사위원회 부위원장으로 선출하는 결정을 내리기도 하였다. 2013년 3월 31일 당 중앙위 전원회의에서는 '경제건설과 핵무력 건설의 병행노선'을 채택하고 정치국과 전문부서의 인선을 마무리했고 박봉주 당 부장을 정치국 위원에 이름을 올리기도 하였다.

2013년 1월 28일에서 29일 양일 간 조선노동당 세포비서대회를 소집한 것 역시 김정은의 노동당 정상화의 일환으로 판단된다. 김정은은 동 대회에서 "당세포는 당원들의 당 생활거점이고 군중 속에 뻗어 있는 당의 말단신경이며 당 정책관철의 척후대"며 "세도와 관료주의를 반대하는 투쟁은 모든 당 조직들과 당원들이 다 떨쳐나서야 할 전당적 사업"임을 밝힘으로써 당을 통한 권력 재정비 의지를 표출하였다.

또한 김정은 시대에 들어와서 이전에는 거의 유명무실한 상태로 놓여 있던 정치국회의와 확대회의를 각각 4회, 3회, 총 일곱 차례 개최한 것은 분명 당의 활성화 의도를 반영한다. 특히 최근까지 중앙군사위원회 확대회의를 일곱 차례나 개최하여 다음과 같은 주요 군사사업 결정을 내리게 하였다.

- 전군, 당의 유일적 영군체계 확립 및 군생활문제
- 인민군대의 정치사상적·군사기술적 강화 발전
- 국가방위사업 전반의 전환을 일으키기 위한 전략적 문제
- 적들의 군사적 도발행위에 등에 대한 정찰총국 보고 청취
- 전시상황 속 집행과정에서의 성과, 교훈 분석, 총화, 방위력 강화를 위한 전략적 과업

이로써 김정은은 당을 통한 군대 장악력을 강화하는 면모를 과시하고 있다.

공안기구 장악으로 통제력 강화

국가안전보위부, 인민보안부, 검찰 등은 북한 체제 유지의 근간이 되고 있다. 북한의 통제는 사상통제, 법적통제, 육체통제 등 다양한 방식이 동원되고 있다. 김정은 정권은 국가안전보위부 등 통제기관의 활성화로 그의 통제역량을 제고해 나가고 있는 경향을 보이고 있다. 김정은 정권 하에서 국가안전보위부 등 공안기구는 여전히 잘 작동되고 있고, 공안기구의 작동은 거의 일상화된 수준을 유지하고 있다. 또한 물리적 통제는 사상통제와 함께 유일지배적 정권통제를 위해 중요한 요소로 김정은 정권 등장 이후 북한은 탈북자들에 대한 대대적인 단속, 시장단속 등을 실시하여 탈북자수를 급격히 축소시켰고, 사회일탈 행위도 상당히 억제해 왔다.

이는 김정은 정권이 물리적 통제를 통한 체제 장악력을 높여 온 것을 의미한다. 또한 김정은 정권이 장성택과 그의 측근들, 그리고 그와 연계된 것으로 알려진 세력들에 대한 대대적인 공개처형을 단행하여 자신의 유일영도체계 질서를 바로잡아 나가고 있는 것도 김정은의 강한 물리적 통제역량을 과시한 것으로 평가된다.

북한의 공개처형은 유력한 체제유지 수단으로서 공개처형을 목도한 주민들로 하여금 감히 체제나 정권, 최고지도자에게 도전할 의도를 갖지 못하게 한다. 이에 북한에서 공개처형은 국제사회의 지속적인 비난에도 불구하고 꾸준히 유지되어 왔다. 통일연구원의 「북한인권백서」에 따르면 2000년부터 2014년까지 공개처형된 북한 주민은 1,382명이나 된다고 한다. 탈북자들이 목격하고 밝힌 공개처형 숫자는 2010년 106명, 2011년 131명, 2012년 21명, 2013년 82명, 2014년 5명으로 나타났다. 국정원 발표 자료를 보면, 2012년 김정은이 집권한 이후 처형된 70명 중에서 당 간부가 60명이고 군대와 내각이 나머지 10명이라고 했다.

통일연구원의 박형중에 의하면, 김정은은 처형 숫자를 줄이는 대신 엽기성과 잔혹성을 고도화하여 소수 처형으로 대규모 처형의 효과를 도모하고 있다고 한다. 그는 비밀스럽게 대규모의 인물을 처형하는 것보다 요란스럽고 잔혹하게 소수의 인물을 처형함으로써, 대규모 인물을 처형하는 것에 버금가는 공포 효과를 내고자 하는 것으로 판단하고 있다.

파워엘리트의 균열 가능성 미미

북한 엘리트의 정권 지지도가 높을수록 지도부의 분열 수준이 낮다고 평가할 수 있다. 김정일 시대에는 엘리트들의 정권 지지도가 점차적으로 떨어지면서 불안정성이 비교적 높은 수준을 보여 왔다. 김정은 시대 들어와서는 엘리트들의 정권 지지도는 약간 높아지는 추세를 보여 왔는데, 이는 엘리트들의 김정은 정권에 대한 기대치가 높아진 상황을 반영한 것처럼 보인다.

또한 조직 간 대립사례는 점차적으로 많아지는 추세를 보이고 있어 이것이 지도부의 분열을 가져올 가능성에 대해서 주목할 필요가 있다. 그러나 북한에서 이러한 조직 간 대립사례가 극단적인 체제 불안정성을 야기할 수 있는 파벌형성을 심화시키는 것으로 발전되고 있지 않은 것으로 나타나고 있다. 김정일 시대에서나 김정은 시대에도 파벌형성이나 활동은 지극히 미미한 수준을 유지해오고 있기 때문이다.

무너진 배급망에 흔들리는 민심

북한의 공식경제 부문의 생산능력은 전반적으로 정체상태에 있는 것으로 평가된다. 몇몇 산업분야에서 부분적인 개선 가능성이 추정되고 있지만, 전체적으로 공식부문의 생산능력은 여전히 위축된 상태에서 회복되지 못하고 있는 것으로 보인다. 그러나 김정은 체제 첫해인 2012년 북한이 강성국가 건설의 대문을 열었다고 선전하기 위한 성과물 생산에 주력했고, 주민들의 불만을 완화시키고 후계체제 구축의 명분을 쌓기 위해 인민 생활 향상을 위한 경공업부문의 생산증가를 강조한 점을 고려해 볼 때 공식경제부문 생산능력이 다소 향상될 소지가 있다.

북한 경제는 김일성이 사망한 1994년 이후 최악의 상황에 직면한 이후 공식경제의 생산력이 오랫동안 회복되지 못한 것으로 평가되며, 2008년에 특이하게 개선된 모습을 보인 것은 대규모 수력발전소 건설과 기존 발전설비에 대한 개보수 등을 위한 대규모 투자를 단행하고, 6자회담의 틀에서 공급된 중유가 화력발전의 가동능력을 증대시켰기 때문인 것으로 판단된다. 따라서 북한이 발전능력 제고를 위해 최근 몇 년 동안 국가적으로 재원을 집중시킨 점을 고려할 때, 발전 능력 향상을 기반으로 공식경제부문의 생산수준이 다소 개선될 가능성은 상존한다.

:: 북한의 국가재정 수입원

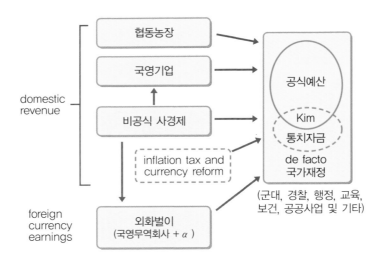

출처 김석진, 통일연구원 북한연구실 자료, 2015

국가 공급능력의 경우 1998년 김정일 국방위원장 체제를 뒷받침하는 헌법 개정 이후 국가의 공급능력은 전체적으로는 부족한 상황이 지속되는 가운데 극히 제한적인 범위에서 조금씩 개선되는 모습을 보여 주고 있는 것으로 평가된다. 그러나 공급능력이 전반적으로 개선되지 않아 여전히 심각하게 부족한 상황이 지속되고 있는 것은 국가의 생산능력 확대 노력에도 불구하고 별다른 성과를 내고 있지 못하기 때문인 것으로 판단된다.

그럼에도 공급능력이라는 측면에서 미미하게나마 개선된 추세를 보여 온 것은 북한 당국의 집중적 투자가 이루어진 공장과 기업소들이 가동되기 시작되었기 때문이다. 이에 더하여 북한 당국이 국영유통망의 기능을 보완하고 시장을 위축시킨다는 목표로 도입한 대형 유통매장이 부분적으로 국가의 물자 공급능력을 보완해 주고 있다.

시장이 인민을 먹여살린다

식량난이 악화되면서 북한 주민들의 시장의존도가 높아지는 특성이 나타났다. 1996~2003년 동안 북한 주민의 총소득 중 비공식소득이 차지하는 비중이 70~80%에 이른다는 연구 결과도 있다. 탈북자 설문조사에 따르면, 장사 경험이 있느냐는 질문에 2008년

56.8%, 2009년 66.7%, 2010년 69.3%으로 꾸준히 증가했으며 2011년에는 약 70%의 응답자가 장사 경험이 있다고 응답하기도 했다. 특히 응답자 대부분이 노동자, 농민, 사무원, 전문직업 출신이라는 점을 고려할 때 장사는 이들의 제2의 직업으로 비공식 수입원이었을 가능성이 크다고 한다.

북한 주민들은 배급제가 제대로 운영되지 못하면서 시장을 통해 식량을 확보하고 있다. 그러나 시장은 사회주의 체제의 근간을 흔들기 때문에 북한 사회에서 단속을 통해 국가의 영향력을 확대하고자 한다. 이런 가운데 김정은 정권이 들어서면서 사회주의 기강 확립과 주민들의 결속 등을 위해 북한 사회 전반에 통제가 강화된

■ 북한 주민들은 배급제가 제대로 운영되지 못하면서 시장을 통해 식량을 확보하고 있다. 그
러나 시장은 사회주의 체제의 근간을 흔들기 때문에 북한 사회에서는 단속을 통해 국가의
영향력을 확대하고자 한다. ⓒ연합뉴스

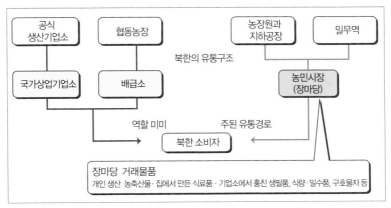

*출처 대외경제정책연구원

것으로 파악되고 있다. 이는 북한의 시장에 대한 통제를 의미하는 것이며 이 같은 통제는 북한 주민들의 시장의존도에도 부정적인 영향을 미쳐 불안정성이 높게 나타나는 것으로 분석할 수 있다.

북한 당국이 2002년 발표한 7·1조치는 시장경제활동을 공식적으로 인정하되, 시장경제영역에서 발생한 잉여를 국가 및 계획경제 부문이 수취해 가는 방향으로 구조를 재편한 것이다. 북한은 7·1조치 이후 종합시장을 허용하면서 각종 국가납부금과 사용료 제도 등 새로운 세원의 발굴을 통해 국가재정 수입의 확대를 도모했다. 또한 시장경제영역에서 발생한 잉여를 국가예산으로 흡수해 예산의 부족분을 보충하려 했다.

또한 북한 당국은 고난의 행군 시기 재정난이 극도로 악화되자 대부분의 당·군·정 기관에서 자체로 예산을 벌어들이기 위한 상업적 활동이 허용되고 장려되면서 시장을 적극 활용했다. 1990년대 초 각 기관 기업소별로 식량배급의 자체 해결 지시가 하달되자 식량의 새로운 무역체계가 도입되었고 북한의 당·군·정 거의 모든 기관은 자체로 무역회사를 조직해 외화벌이에 나섰다. 또한 선군정치가 시작된 이후에는 여러 정권 기관 중에서도 군부에 소속된 외화벌이 사업단위가 상업적 활동에 가장 강력한 특혜와 보호를 누리게 됐다.

이제 북한에서는 시장 없이 경제가 돌아가지 않을 정도로 시장이 확대되고 있는 것으로 파악되고 있다. 미국존스홉킨스대학 한미연구소의 커티스 멜빈 연구원에 따르면, "2010년 위성사진 분석 때는 200여 개의 공식시장이 확인됐는데 5년 만에 2배인 406개로 늘었다"(자유라디오방송 RFA, 2015. 10. 24)고 한다. 여기에서 말하는 시장은 소위 '장마당'과는 구분된다. 시장은 상행위를 허가한 공식장소로서 공식시장 건물을 갖고 있고 이 건물 개수가 406개로 늘어났다는 것이다.

골목이나 길거리 등 비합법적인 곳을 말하는 '장마당' 역시 전국에 산재해 있다. 대한민국 국정원은 2015년 10월 20일 국정감사에서 과거 "북한은 '수령'의 힘이 대단했지만 지금은 '돈에 충성하는 사회'로 바뀌고" 있으며, 주민들은 "당이 두 개가 있는데 장마당은 도움이 되고 노동당은 도움이 안 된다"는 말을 하고 있다고 했다.

경제 위기가 만성적으로 지속됨에 따라 북한의 국가 재정능력이 급격하게 하락하게 되고, 계획경제영역도 축소되어 시장에 의존하는 비중이 높아져 가고 있는 추세다. 이는 이전에 비해 경제영역에서 국가의 실질적인 역할을 크게 축소하는 결과를 가져와 수령(당)과 인민을 연결하는 고리로서의 국가기능이 크게 약화되는 결과가 초래되고 있는 것이다.

심화되는 빈부격차

북한에서 국가의 역할이 축소되고 개인 상행위가 증대되면서 초래되고 있는 북한 주민들 간의 빈부격차 심화현상은 김정은 체제를 심각하게 위협할 수 있는 부정적 요소로 부각되고 있다. 서울대학교 통일평화연구원의 설문조사에 의하면 공식월급이 100원 이하인 사람은 2008년 22.0%에서 2009년 23.2%로, 2011년에는 38.6%로 늘어났다. 또한 2011년에는 공식월급이 아예 없다고 한 사람도 26.3%나 돼 하층민이 증가하는 추세를 나타내고 있다. 반면에 2008~2009년 1만 원 이상 공식 월급자가 2% 미만이었으나 2011년에는 8.8%로 늘어 최근 2~3년 사이에 소득의 양극화 현상이 심화됨을 알 수 있다.

또한 북한의 월 평균소득 격차는 상위계층의 소득이 하위계층의 약 18배에 달하고 있다고 한다. 2015년 FAO가 발표한 세계식량농

■ 북한에서 개인 상행위가 증대되면서 주민들 간의 빈부격차는 더욱 심화되고 있다. 옷차림
과 머리모양이 세련된 북한 여성들이 휴대전화를 사용하고 있다. ⓒ연합뉴스

업백서에 따르면, "북한 농촌지역에서 4명 중 1명인 27%의 어린이
가 저체중인 반면, 도시는 7.6명에 1명인 13%"라 한다. 이 수치는
도농간 빈곤 격차의 심각성을 반영하는 것이다. 지금 북한에서는
이 같은 경제문제를 해결하는 것이 급선무로 받아들여지고 있는
듯하다. 김정은이 김정일 시대보다 경제관련 공개활동을 더 벌이
고 있는 이유도 여기에 있다.

물자부족 현상이 경제 전 분야에 걸쳐 만성화되어 있는 상황에
서 북한 당국은 전략적으로 중요한 부분에 집중하고 있다. 지방과
상대적으로 국가적 중요성이 낮고 소규모인 기관에는 '자력갱생'
하도록 자율권을 부여하는 대신 중앙정부는 비교적 큰 기업(종업원
1만 명 이상) 또는 전략적으로 중요한 기업을 '특급기업소'로 지정

하여 직접 관리하고 있는 상황이다. 이에 따라 북한에서는 경제부문, 특히 민생 관련 부분에 있어서는 '국가'의 역할이 크게 약화되는 것으로 나타났다.

그 결과 북한에서는 국가차원에서 자연재해 또는 인재에 대처할 수 있는 능력이 저하되고 있다는 점에 주목할 필요가 있다. 북한에서는 홍수, 질병, 산업재해 등을 포함한 위기를 극복하기 어려운 상황에 처해 있다고 할 수 있다. 그나마 다행스러운 것은 위기 때 북한 정부가 대량 인력, 특히 군대를 효율적으로 즉각 동원할 수 있는 강점을 갖고 있다는 점이다.

또한 정부는 자원을 통제할 수 있는 능력을 가지고 있기 때문에 정부의 기능(식량 및 자원공급)이 크게 제한되는 위기상황에서도 이를 극복할 수 있는 획일체제의 강점을 지니고 있다. 이는 1990년대 '고난의 행군' 기를 극복한 것이 대표적이다. 이에 김정은 체제의 출범 이후 추진되고 있는 정부 내각의 자원에 대한 통제력 확대에 성공할 경우 정부의 기능과 역할이 높아질 가능성도 상존한다.

걷잡을 수 없는 개혁개방 바람

북한의 통치 이데올로기는 주민들의 무조건적 충성과 자발성을 유도하는 매우 중요한 기제로 작용해 온 것이 사실이다. 그러나 북한은 1990년대 '고난의 행군' 시기에 공식적인 배급체제가 붕괴되면서 주민들의 수령·당·국가에 대한 의존도는 많이 약화된 것으로 보인다.

김일성·김정일·김정은 3대 세습체제를 거치는 동안 북한 당국은 첫째, 유일사상(주체사상) 강조를 통해서 유일지배체제를 정당화하였고, 둘째, 미국의 적대행위로부터 보호한다는 미명하에 자주성(민족주의)과 선군 강조로 군대와 인민대중을 결집하고자 하였으며, 셋째, 개인숭배 강화로 김일성·김정일·김정은 세습정권의 정통성을 구축하려고 노력하였다.

이에 더하여 3대 세습정권의 정통성을 주민들에게 내면화시키기 위하여 철저한 정보환경의 통제를 실시해 왔다. 북한 당국은 사상교육, 영화, 문화예술, 선전선동, 기념비, 각종 역사박물관, 국경일 등을 통해 주민들에 대한 핵심사상의 내면화를 기해 왔다. 이같은 핵심사상의 내면화는 외부정보 접근에 대한 철저한 통제시스템을 유지함으로써 가능했다고 볼 수 있다.

그러나 1990년대 중후반 이후 주민들의 외부정보에 대한 노출이 확대되면서 3대 세습정권의 정통성에 영향을 미치게 되었다. 김정은은 2012년 4월 15일 김일성 100회 생일을 맞아 평양 김일성광장에서 열린 인민군 열병식에서 "세상에서 제일 좋은 우리 인민, 만난 시련을 이겨내며 당을 충직하게 받들어 온 우리 인민, 사회주의 부귀영화를 마음껏 누리게 하자는 것이 우리 당의 확고한 결심이다"며 "다시는 인민이 허리띠를 조이지 않게 하겠다"고 말하기도 했다.

이런 상황에서 북한은 2013년 5월 29일 최고인민회의 상임위원회 정령으로 '경제개발구법'을 제정했다. 또한 2011년 발표된 '경제개발 10개년 전략계획'의 실무를 담당하기 위해 신설한 '국제경제개발총국'을 '국가경제개발위원회'로 격상시켰다. 이는 경제 살리기를 위해 개혁개방을 하겠다는 김정은의 의지를 잘 보여 주고 있다.

하지만 북한에서의 개방은 체제유지와 대립하는 성격을 지니고 있어 지나치게 개방을 강조할 경우 북한 사회를 유지해 온 결속력이 와해될 가능성이 높아진다. 외국 기업을 유치하게 되면 국제기

■ 2012년 4월 15일 김일성 100회 생일을 맞아 평양 김일성광장에서 열린 인민군 열병식
ⓒ 연합뉴스

준에 적합한 운영방식도 도입해야 하고 경제 주체도 점차 국가에서 민간 중심으로 이동하게 된다. 또한 대부분의 산업에서 노동, 자본, 기술과 같은 생산요소의 한계생산성이 마이너스를 기록할 것으로 추정되는 등 북한 경제가 전면적 개방정책을 실시하더라도 경제성장의 동력을 제공하기에는 이미 늦은 감이 있다고 평가받는 것은 개혁개방의 제한요소로 꼽히고 있다.

이에 더해서 북한 주민들이 풍요로운 한국 사회에 대한 정보를 접하게 되면서 정권의 정당성에 대한 의구심을 키워 나가는 양상을 보일 가능성이 커졌다. 그동안 북한 주민들은 미국을 적대시하고 미국에 기생해서 근근이 연명해 살아나가는 비참한 한국에 대해서 자부심을 가지면서 '우리식 사회주의' 체제에 대한 신뢰를 갖고 있었다고 할 수 있다. 그러나 남한뿐만 아니라 다른 외부정보의 유입으로 이것이 허구에 불과하다는 사실을 인식하게 되면서 북한 정권의 정통성은 쇠퇴하지 않을 수 없게 되었다.

뇌물이 시장을 움직인다

북한 주민들은 더 이상 정권의 시혜(공급)에 의존하기보다 스스로 자구책을 찾아나가는 길에 들어섰다. 즉 북한에서 외부사조가 유입됨에 따라 하위문화가 형성되어 경제 · 사회 · 문화영역에서 사적자율화 현상이 확산되었다. 여기에서 말하는 사적자율화란 국가주의적 · 집단주의적 행위 대신 개인주의적 · 시민사회적 행위가 확산되는 것이다.

동구 및 소련 사회주의 사회에서 경제적 · 사회적 · 문화적 · 정치적 영역에서 사적자율화가 확산되어 자율적 영역이 확대된 결과 제2사회(second society)가 형성된 것이 좋은 선례라 할 수 있다. 북한에서는 동구 사회주의체제 전환과정에서 나타난 이 같은 사적자율화 수준은 아니더라도 여러 측면에서 비슷한 추세가 드러나고 있는 것으로 판단된다. 실제 경제적 측면에서 가장 두드러지게 나타난 것이 시장화다. 국가의 공급기능이 크게 저하된 상태에서 주민들은 시장을 통해서 생필품을 비롯한 소비물품들을 조달하고 있다.

한 여론조사에 의하면 '북한 주민 가운데 시장이나 장마당에서 장사나 개인사업을 하는 사람들이 얼마나 되느냐'는 질문에 '전체 주민의 90% 이상'이라는 답이 21.0%, '80~90% 미만'이 27.5%로 나타났다. 거의 절반에 가까운 탈북자들이 북한 주민들의 상업활동을 인정하고 있을 정도로 북한 사회의 개인 상업활동이 얼마나 많이 확산되고 있는지를 짐작하게 한다.

이에 더하여 북한 주민들은 상업행위를 단순히 생필품 조달수단을 넘어서 개인적인 부를 축적하는 데 활용하고 있다. 이 같은 경제의 사적자율화는 소유주의 또는 소비주의, 물질주의, 배금주의 확산을 낳았다. 그러나 모든 생산수단이 국유화되어 있고 국가의 배급이 수령의 시혜로 받아들여지고 있는 북한에서 사적소유의 확산은 정권의 정당성을 훼손하는 요인으로 작용하게 된다. 이는 주민들의 사적소유 욕구가 지배 이데올로기에 묶어 놓기 어려운 물질주의를 확산시키기 때문이다.

또한 사회적 영역에서도 사적자율화가 심화되고 있다. 북한 사회에서 공적인 의무와 이익은 소홀히 하는 대신 사적 또는 불법적인 이익을 추구하는 사적자율화의 사회적 현상이 심화되고 있는 것이다. 북한 사회의 최대 덕목인 집단주의적 가치가 개인주의적 가치로 전변되어 가고 있다. 북한은 집단주의가 김일성이 직접 조직 영도했다는 항일무장투쟁 시기에 발생했으며 그 빛나는 전통이 이룩되었다고 주장하고 있어 집단주의는 수령에 대한 끝없는 충실성을 의미한다.

이처럼 북한에서는 자기의 운명을 집단의 운명과 결부시키고 집단을 위한 투쟁에서 참다운 삶의 보람과 행복을 찾는 집단주의적 인생관을 중요시하는 데서 정권의 정통성을 찾고 있다. 따라서 개인의 안일과 향락을 최고의 목적으로 여기는 개인주의적 가치의 확산은 정권의 정통성을 해치는 중요한 요인이 되고 있다.

북한 사회에서 뇌물수수 행위가 확산되고 있는 것이 대표적인 개인주의의 사회적 현상이다. 북한에서 뇌물수수 행위와 같은 부패현상에 대해서 한 고위간부 출신 탈북자는 "북한의 간부 부패가 아마 세계적으로 두 번째 가라면 서러워할 겁니다"라고 증언한 것은 뇌물수수는 북한의 대부분의 간부들에게 만연해 있다는 심각성을 말해 주는 것이라 할 수 있다. 이에 대해서 좀 더 적나라하게 다음과 같이 증언했다.

"(부패는) 상호이익이죠. 거래관계입니다. 철저하게. 그러니까 다 자기 이해관계를 위해서 주고받고 하죠. 그게 여기에서 봐도 단편적으로 잘 알 수 있지 않습니까. 그 사람들 월급 받는 것 뻔하지 않습니까. 예를 들어서 중앙당 과장이라고 합시다. 중앙당 부부장이라고 해도 그 사람 월급이 5천 원, 6천원 밖에 안 됩니다. 그럼 5천 원, 6천원 가지고 뭘 합니까. 그거는 부패, 뭐 안 봐도 뻔한 거죠. 뇌물이 형성이 안 된다 하게 되면 안 돌아가요. 저 사회가 돌아갈 수가 없어요. 지금 상황에서 그러니까 뇌물이 저 사회를 돌아가게 하는 윤활유제 역할을 하고 있어요."

북한 관료들의 부패 실태는 매우 다양해 뇌물은 기본이고 착취와 도적질, 돈세탁, 차액 착복, 외부 지원품 유용, 군기 판매 등 거의 모든 부패 종류가 존재한다고 알려져 있다. 특히 부패가 일상화되고 준제도화되어 관료들의 죄의식이 거의 없고 관료들의 부패 정도는 조직부, 간부부, 국가보위부, 인민보안부, 인민무력부 등 소위 힘 있는 부서 중심으로 광범위하게 이루어지고 있다. 또한 중앙당 고위관료들의 부패 규모가 크고, 중견간부들은 직책을 보유하고 있을 때 한몫 챙겨야 한다는 생각에 가득 차 있다고 한다.

북한에서는 "군단에서는 군말없이 떼먹고 사단에서는 사정없이 떼먹고 연대에서는 연속으로 떼먹고 대대에서는 대대적으로 떼먹고 중대에서는 중간중간 떼먹고 소대에서는 소소하게 떼먹는다"는 말이 있을 정도로 군에서의 부패도 심각한 수준이다. 또한 "군사지휘관은 군말없이 부정축재하고 정치지휘관은 정정당당하게 하며 보위지도원은 보란듯이 한다"는 말도 있다.

실제 고난의 행군 시기 이후 식량부족 현상이 심화되면서 군대에도 배급이 안정적으로 이루어지지 못하고 군인들이 경제활동에 동원되면서 군인들이 협동농장의 수확물을 절취하거나 주민들을 감시 통제하고 있다. 이는 군인들이 부패를 쉽게 저지르게 할 수 있는 요인으로 군부의 부패는 사회보다 더 심각하다고 알려져 있다.[87] 이 같은 당과 군의 부패 현상으로 일반 주민들보다 당원이나 군복무자들의 부패에 대한 인식이 높은 상황으로 이는 북한 사회의 불안정 요인으로 작용하고 있다.

한편 북한 사회의 또 다른 사적자율화 현상으로 범죄율의 증가를 들 수 있다. 북한의 안전부가 관리하는 교도소나 교화소의 경우 80~90%가 절도 등의 경제사범이라고 한다.

북한에서 식량과 생필품 공급이 부족해지면서 나타난 대표적인 사회일탈현상이 직장자산 절취행위다. 고위직뿐만 아니라 공장이

---

87 군대의 부패가 사회보다 더 심각하다는 것은 일화를 보면 알 수 있다. 2008년 김정일이 '평양시에서 집을 사고팔고 하는 경우가 많이 이뤄지는데 만 달러짜리 집을 과연 어떤 녀석들이 살고 있는지 조용히 알아봐라' 했더니 60%가 군대였다고 한다. 또한 시장에 군품이나 군복류들이 많이 나오고 또 군에 쌀하고 부식물은 국가가 배정할 수 있게끔 보장해 주는데 그게 다 장마당으로 흘러나온다고 한다. 이 일화를 비롯, 군대의 부패행위와 관련해서는 박형중 외, 『북한 부패 실태와 반부패 전략 : 국제협력의 모색』 (서울 : 통일연구원, 2012) 참조.

나 농장에서 일하는 노동자들이 퇴근 때 직장의 자산이나 생산품을 한두 개씩 훔쳐들고 퇴근한다는 것이다. 이외에도 일반절도행위도 만연해 있다고 한다.

범죄율 증가에 바짝 죄어진 단속고삐

고난의 행군기를 거치면서 북한에서 범죄행위가 증가하는데, 생계형 범죄가 일상화되어 국가통제기제가 제어를 못할 정도가 되었다. 국가통제기제를 벗어나는 조직형 범죄도 증가했으며 고난의 행군기 이후에는 생계형 범죄가 약간 줄어드는 추세에 있으나 경제 상황의 획기적인 개선이 이루어지지 않고 있는 가운데 생계형 범죄는 여전히 높은 추세를 보이고 있다.

북한 사회는 국가통제기제가 범죄를 효율적으로 제어하지 못하고 있다. 생계형 범죄는 주민생활이 개선되면 줄어들 가능성은 있으나 조직형 범죄는 사회 전반의 부정부패와 연결되면서, 사회불안을 야기함과 동시에 정권의 정통성을 해치는 주요한 요인으로도 작용하게 될 것으로 보인다.

김정일 사망 이듬해인 2012년부터 2013년에는 범죄 발생이 다소 줄어든 것으로 나타난다. 이는 김정은 체제 등장과 함께 대대적으로 벌인 강력한 통제조치 활동으로 인해 범죄와 같은 사회일탈

활동이 위축된 결과로 분석된다. 김정은 체제 등장 직후 북한의 통제는 강력해진 것으로 알려졌다. 김정은은 김일성에 비해 짧은 기간의 후계체제 구축기간을 가지면서 당과 군에 대한 통제력이 부족하고 특히 김정은의 생모인 고영희의 출신성분이 재일교포 출신인 것 등은 후계자의 정통성을 약화시키는 요인이다. 이에 북한 당국은 당과 군의 권력 장악과 주민통제를 위해 강력한 통제장치를 구축한 것으로 보인다.

김정은 체제 등장 이후 평양을 다녀온 인사들에 의하면 "평양 사람들 속에서는 '잠꼬대를 해도 허튼소리를 해선 안 된다'고 경계를 했다"면서 "아무렇지도 않는 말을 했다가 보안당국에 불려가 조사받는 일이 비일비재하다"면서 주민들이 얼마나 긴장하며 살아가는지 잘 알 수 있었다고 말했다. 이런 평양의 분위기는 "기가 막힌다는 말보다 숨이 막힌다는 말이 더 적당할 것 같다"면서 주민들을 옥죄는 공안기관의 통제가 끝을 가늠조차 할 수 없다고 전했다.

실제 김정은 체제 등장 이후 북한 공안기관들이 내부통제를 강화하고 있는 가운데 보안부에서는 각 인민반에 "반당·반혁명 분자들과 내부 불순세력들이 퍼뜨리는 유언비어를 철저히 분쇄하자"는 내용의 강연을 진행했으며, "우리 혁명 대오가 더욱 강화되는데 겁을 먹은 미제와 남조선 괴뢰도당이 우리 내부를 분열시키기 위해 불순한 유언비어를 퍼뜨리고 있다. 적들이 우리 내부에 잠입한 불순분자들을 부추겨 혁명의 수뇌부를 헐뜯는 온갖 거짓 선전과 유언비어를 퍼뜨리고 있다. 주민들이 혁명적 경각성을 높여 이러한 유언비어를 퍼뜨리는 자들을 모조리 색출해야 한다"고 포상금까지 제시하면서 독려하고 있다고 한다.

또한 김정은 체제 등장 이후 외부정보 유입, 주민들의 동요 방지와 체제의 결속을 위해, 그리고 주민들의 이탈을 막기 위해 국경봉쇄를 강화하는 것으로 알려졌다. 함경북도 국경경비대 한 관계자는 "당 대표자회에서 후계자로 공식 등장한 김정은이 시작한 첫 사업이 국경 봉쇄"라며 "당 대표자회가 끝난 직후 국가안전보위부를 방문하여 탈북자를 완전 없애기 위해 국경을 봉쇄하는 데 돈을 아끼지 말라"는 지시를 내렸다고 전했다.

이 같은 강력한 통제정책은 고난의 행군 시기 이후 약화된 국가통제력으로 인해 급격히 증가했던 범죄발생율을 낮추고 있다.

미국 피터슨국제경제연구소가 발표한 북한 내 시장경제 가속화에 따른 탈북 및 경제활동 패턴 변화 추이를 살펴보면, 시장경제활동 참여 경험은 남녀 모두 매우 높은 수치를 나타내지만 특히 여성 응답자의 개인 간 교역행위 참여율이 76%로 남성 응답자 비율 63%에 비해 오히려 높게 나타났다. 이는 북한 여성의 시장경제활동 참여가 더 활발함을 시사하고 있다. 그 원인으로 시장경제행위 참여가 북한 정부에 발각될 경우 남성에 대한 처벌이 더 엄격하게 적용됨을 지적하고 있다.

한편, 사회부문의 사적자율화 현상 중 마지막으로 지적되는 것은 하위문화 또는 제2의 문화발달이다. 제2의 문화는 본질적으로 비정치적인 것이지만 결과적으로 정치적인 영향, 즉 정권의 정통성을 해치는 요인이 될 수 있다. 예를 들면 북한에서 록음악과 디스코가 유행한다든가 남한 노래 애창 현상, 남한 또는 자본주의형 패션의 자율화 현상 등의 확산이 이루어지고 있다는 것이다.

북한 당국이 "자본주의사상 문화와 생활양식을 쓸어버리기 위한 투쟁을 힘있게 벌리자"고 독려하고 있는 이유도 여기에 있다. 실제로 그들은 "청년들 속에서 혁명적인 노래가사를 교묘하게 왜곡하거나 다른 나라의 퇴폐적인 노래, 출처 없는 노래들을 부르면서 타락한 생활을 하는 데서 나타나고 있다"고 밝힌다. 또한 "청년들 속에서 이색적인 록화물, 출판선전물들을 몰래 보거나 류포시키는" 현상이 있다고 질타한다. 자본주의적 패션 현상에 대해서도 "옷차림과 머리단장을 괴상망측하게 하고 다니는" 현상을 경계하기도 한다. 북한 당국은 이 같은 하위문화가 정권의 정통성을 해치게 되는 것을 우려하고 있다.

시들해진 노동당 입당 열기

아울러 정치적 영역에서의 사적자율화는 북한 주민들의 입당 선호도가 떨어지고 있는 현실에서 발견된다. 입당 선호도 하락 추세에 대해 경제부문에 종사하였던 한 탈북자는 다음과 같이 증언했다.

"이전에 비해 입당은 10%도 안 됩니다. 그전에는 스무 살만 되면 종업원들이 모두 입당하기 위해 열심히 일했는데 이젠 그렇지 않습니다. 고난의 행군 때는 당증을 주고 돈을 꿔가는 사람도 있었지만, 이제는 '당증 이거 본전 다 뽑았는데 누가 안 살라나' 하는 정도입니다. 당의 위신이 그만큼 떨어졌단 말입니다."

식량배급이 원활하게 이루어질 때만 해도 주민들 사이에서 상행위에 대한 부정적인 인식이 있을 만큼 시장이 발달할 요인은 거의 존재하지 않았으나 배급이 중단된 이후에 식량문제가 대두하면서 자연스럽게 시장경제에 눈을 뜨기 시작했다. 시장화를 통해 북한사회에서 정치적 이념보다 경제적 실리가 더 중요하다는 인식이 확산되었다.

그러나 북한 당국은 주민들의 상행위가 사회주의 도덕에 맞지 않다고 해서 지속적으로 시장을 통제하고 있다. 이에 북한의 시장에서는 무역, 장사행위, 단속 등의 행위가 지속적으로 일어나고 이 같은 행위들은 북한 주민들의 계층을 변화시키기 시작했다.

특히 김정일 및 김정은 정권에서 사회적인 계층과 특권은 이미 선대에서 만들어지고 체계화된 기초적 사회구조의 영향을 받았음에도 불구하고 시장과의 관계에 의해 결정되었다. 배급제가 제대로 운영되지 않으면서 주민들의 식량에 대한 접근성은 사회구조보다는 시장에서의 상업적 능력에 의해 좌우되었기 때문이다.

1960년대 이후 북한은 유일지배체제가 지속되는 가운데 항일유격대 출신을 중심으로 지배집단이 구축되었다. 따라서 지배층의 폐쇄성이 구조화되어 계층 간 사회이동이 어려워졌고 이는 결과적으로 안정적인 사회계층을 유지할 수 있게 했다. 그러나 경제난 이후에는 개인별 소득의 격차가 크게 벌어지면서 정치적 기준에 의한 기존의 계층구조가 실질적으로는 경제적 기준에 의한 계층구조로 바뀌고 있다.

북한 주민의 일상생활 변화 양상을 살펴보면 시장 활동 여부와 장마당 물자 유통에 대한 접근 정도, 활용 가능한 사회적 관계망의 보유 여부, 초기 자본 등에 따라 개별 가구의 소득격차가 발생하여 개인의 경제적 능력을 기준으로 하는 계층의 재편이 이루어지고 있는 것이다. 이로 인해 주민들의 충성심 약화와 함께 통치 이데올로기에 대한 지지도의 저하현상이 심화될 가능성이 커지고 있다.

또한 배급체제의 붕괴와 이에 따른 주민들의 시장행위 확산으로 빈부격차 심화, 범죄 및 부정부패 증가, 개인주의 · 배금주의 성향 등이 대두됨으로써 주민들의 생활양식과 의식의 변화가 초래되고 있다. 이와 더불어 주민들의 개혁개방에 대한 인식이 크게 퍼져가고 있는 현상은 통치 이데올로기의 정당성을 약화시키는 중요한 요인으로 작용하고 있는 것으로 보인다.

북한 3대 세습정권의 미래는…

　북한 김정은 체제가 향후 어떤 운명을 맞게 될 것인지는 한국뿐 아니라 국제사회가 촉각을 곤두세우는 관심사다. 이 때문에 북한 체제의 안정성을 평가하는 연구는 학계의 주요한 관심 영역 중의 하나로 더욱 관심을 받고 있다. 북한 체제가 최고지도자의 영향력이 절대적인 만큼 정권 차원의 안정성을 진단하고 분석해 보는 연구는 의미가 있다.

　김정은의 집권 5년차에 접어들게 되면서 북한의 3대 세습정권의 미래에 대한 관심은 더욱 높아지고 있다. 1990년대 다수 북한 전문가들의 평가는 북한의 붕괴를 기정사실화하고 연착륙시킬 것인가 경착륙시킬 것인가가 핵심이었다. 반면, 2000년대 후반 우리 정부를 비롯한 일부 전문가들은 급변사태의 가능성에 초점을 두었다. 정권의 내구력 자체가 북한의 내구력이고, 정권의 갑작스런 변동은 체제 변동으로 이어질 수 있다고 보았다. 북한을 권력엘리트(power elite), 정권(regime), 체제 혹은 국가(system or state) 차원으로 각각 분류하고 정권 위기 측면에서 북한의 내구력을 측정하고자 한 것이다.

지난 20여 년 간 북한의 국가기능 약화가 정권통제 요인뿐만 아니라 정권의 정통성 요인조차도 바꾸어 놓고 있다. 국가기능 특히 공식경제 공급능력이 위기상태에 놓이게 됨으로써 북한 정권은 주요 엘리트뿐만 아니라 주민들에게 베풀 수 있는 물질적 시혜수단이 크게 제한되었다. 이러한 사태는 자발적으로 정권에 충성하는 열의를 저하시키는 요인으로 작용하여 충성도가 하락하게 되고, 이것은 자연히 정권 통제력 하락에 더하여 정권의 정통성 하락으로 연결되었다.

정부의 공급기능 마비 또는 제한은 북한 주민들이 식량공급처를 정권이 아닌 시장으로 인식하게 되었다. 북한 사회는 주민들의 식량 생필품 조달을 시장에서 스스로 해결해야 하는 상황으로 변모된 것이다. 이런 가운데 북한 당국은 주민들의 시장행위를 단속하고자 노력은 하지만 시장활동이 급속히 확산되면서 경제범죄도 양산되고 있다. 동시에 뇌물과 같은 부정부패 현상도 심화되고 있다. 경제범죄와 같은 비정치적 범죄가 늘어나고 뇌물 등 부정부패 행위에 따른 공권력 행사가 제한되는 사례가 늘어난다는 것은 정권의 통제역량이 그만큼 제한된다는 것을 의미한다.

북한 당국은 주민들의 자발적 충성도 하락과 일반범죄 및 부정부패의 심화에 따른 체제 불안정을 막기 위해 물리적 통제력 강화에 더욱 의존함으로써 정권의 통제력을 높이고자 하였다. 특히 김정은 정권에 들어와 국가안전보위부, 인민보안부 등 물리적 통제력에 의존하는 경향이 더욱 심화된 것은 이러한 사실을 반영한다.

김정은은 사회적 일탈현상의 확산을 차단하기 위해 당 행정부와 중앙검찰소, 국가안전보위부, 인민보안부, 보위사령부, 국경경비총국 요원들이 포함된 300여 명의 이른바 '폭풍군단'을 한 개 도마다 파견하여 검열활동을 하도록 했다. 김정은이 내부통제 강화를 위해 강력한 검열 '그루빠'를 조직한 것이다. 이는 2011년 7월 27일, 지방대의원 선거를 앞두고 체제를 비방하는 낙서사건과 유권자 게시판 파괴사건들이 전국에서 꼬리를 물고 발생하자 이에 격분한 후계자 김정은이 특별지시를 내려 5월 초에 긴급 조직한 군인검열대로 알려져 있다.[88]

또한 김정은의 공식집권 이후에도 외부 영상물 시청과 불법 휴대전화 사용, 사상문화적 일탈행위, 탈북 등에 대한 강력한 처벌과 통제가 크게 강화되었다. 이처럼 사회적 기반이 취약한 상황에서 김정은은 강력한 통제로 인해 인위적으로 체제 불안정성을 억제해 나가고 있다. 그 결과 경제문제에 따른 국가공급기능 제한이 정권의 통제력에 미치는 부정적 영향을 최소화함으로써 김정은 정권이 비교적 안정적인 체제를 유지해 나가고 있다.

이렇게 볼 때 김정은 체제는 안정적 국면에 접어들었으나 불안

---

88 폭풍군단은 보위총국 산하로서 1차로 8월 1일부터 8월 15일 또는 8월 4일부터 9월 4일까지 활동하라는 지시가 내려진 것으로써 한시적 활동을 가진 것으로 판단된다. 박형중 외, 『통일대비를 위한 북한변화 전략』(서울 : 통일연구원, 2011), pp.200~201.

정적 요소가 크게 개선될 가능성은 희박하다. 김정은 정권은 "정치적(당적 통제)·물리적 통제 강화, 경제부문의 불안정성 상쇄, 정치·사회·군사 등 전 부문의 안정성 제고, 정권의 종합적 안정성 제고"의 수순을 밟고 있는 상황이다. 현재 김정은 정권의 안정성 수준은 심각한 상황은 아니지만 불안정한 사건 발생의 가능성은 잠재되어 있다. 따라서 정치적·물리적 정권통제 역량의 강화로 불안정한 사건 발생 가능성을 부분적으로 제한하고 있다.

현재까지 김정은 정권의 안정성 여부와 관련한 특징은 다음과 같이 설명할 수 있다. 첫째, 김정일 정권과 마찬가지로 불안정 요소를 많이 내포하고 있으면서도 안정성을 과시하고 있다. 이제까지 북한 정권의 안정성 관련 장기 추세(정권의 통제력, 국가의 기능, 정권의 정통성)를 보면, 큰 등락폭을 보이지 않으면서 일정한 수준에서 '시-소(see-saw)'식 등락 패턴이 반복적으로 되풀이됨에 따라 비교적 강한 체제의 회복력을 보이고 있다.

둘째, 북한의 국가기능 저하(특히 보급 결핍)로 군대 내의 일탈현상, 부정부패 증가, 사기저하 등과 같은 부정적 요소가 점증하고 있다. 이는 군대의 불안정을 야기하여 김정은 정권의 안정성을 심각하게 위협할 수도 있다. 처형된 장성택의 죄목으로 '군사쿠데타 유발 시도'를 적시한 것은 군사부문의 불안정성 폭발 가능성을 인지할 수 있는 수준에 와 있음을 의미하기도 한다.

셋째, 동구 사회주의국가들과 같이 북한의 국가기능 위기가 반드시 김정은 정권 위기까지 연결될 가능성은 크지 않은 것으로 판단된다. 이제까지 북한의 국가기능(공급기능)이 지속적으로 위기 수준을 유지해 왔음에도 불구하고 정권 통제력의 강화로 정권의 안정성을 지켜오고 있다. 경제난이 가장 극심했던 1998년도와 경제난이 상대적으로 완화된 것으로 나타난 2013년도의 정권 통제력과 정권 충성도에 큰 차이를 보이고 있지 않고 있다는 점이 이를 잘 말해 주고 있다.

넷째, 북한 체제의 체질이 매우 쇠약해진 상황에서 이제까지 제한된 안정성을 유지해 왔으나 갑작스런 충격을 줄 수 있는 촉발요인이 발생할 경우 정권 위기가 초래될 가능성은 크다. 향후 지도부 교체, 장성택 처형과 같은 지도층 숙청이 빈발해질 경우 이는 정권 통제력을 제한하고 압박하는 요소로 작용하여 체제위기가 급작스럽게 초래될 수도 있다. 특히 김정은 정권은 물리적 통제력 강화로 정권의 안정성을 급조해 나가고 있는 특성을 지니고 있기 때문에 내부동요 등 촉발요인에는 더욱 취약할 것으로 판단된다.

★ 참고문헌

1. 국내문헌

1) 단행본

강정인 옮김, 니콜로 마키아벨리, 『군주론』 서울 : 까치, 1994

경남대학교, 북한대학원 편, 『북한연구방법론』, 서울 : 한울아카데미, 2003

고경민, 『북한의 IT전략』, 서울 : 커뮤니케이션북스, 2004

고유환 외, 『북한언론현황과 기능에 관한 연구』, 서울 : 한국언론진흥재단, 2012

김규식, 『김정일 평전』, 서울 : 양문각, 1992

김성철 외, 『북한 사회주의체제의 위기수준 평가 및 내구력 전망』, 서울 : 통일
　　　　연구원, 1996

박형중 외, 『통일대비를 위한 북한변화 전략』, 서울 : 통일연구원, 2011

박형중 · 정영태 외, 『2014년 북한 신년사 분석』, 서울 : 통일연구원, 2014

백종천 외, 『한국의 군대와 사회』, 서울 : 나남출판사, 1994

법무부, 『북한법의 체계적 고찰(Ⅱ)』, 서울 : 법무부, 1993

북한연구학회, 『북한의 사회』, 서울 : 경인문화사, 2006

북한연구학회, 『북한의 정치 1』, 서울 : 경인문화사, 2006

북한연구학회, 『북한의 정치 2』 서울 : 경인문화사, 2006

서재진, 『주체사상의 이반』 서울 : 박영사 2006

　　　　『북한의 경제난과 체제 내구력』, 서울 : 통일연구원, 2007

　　　　『북한의 개인숭배 및 정치 사회화의 효과에 대한 평가 연구』,
　　　　서울 : 통일연구원, 2004

　　　　『북한주민들의 가치의식변화 : 소련 및 동구와의 비교연구』,
　　　　서울 : 민족통일연구원, 1997

이교덕, 『김정일 현지지도의 특성』, 서울 : 통일연구원, 2002

이극찬, 『정치학』, 서울 : 법문사, 1999

이민룡, 『김정일체제의 북한군대 해부』, 서울 : 황금알, 2004

이우영, 『전환기의 북한 사회통제 체제』, 서울 : 통일연구원. 1999

전우택, 『사람의 통일. 땅의 통일 : 통일에 대한 사회 정신의학적 고찰』,

　　　　서울 : 연세대학교 출판부, 2007

전현준, 『金正日 리더십 硏究』, 서울 : 民族統一硏究院, 1994

전현준, 『북한의 사회통제기구 고찰 : 인민보안성을 중심으로』,

　　　　서울 : 통일연구원, 2003

정영태 외, 『북한의 부문별 조직실태 및 조직문화 비교연구 : 당·정·군 및

　　　　경제, 사회부문 기간조직 내의 당기관 실태를 중심으로』,

　　　　서울 : 통일연구원, 2011

　　　　『북한의 국방위원장 체제의 특성과 정책 전망』, 서울 : 통일연구원. 2000

　　　　『북한의 당·군·민 관계와 체제 안정성 평가』, 서울 : 통일연구원, 2006

통일부 정보분석국 자료, 2012

통일부 정보분석국, 『2000 북한개요』, 서울 : 통일부, 2000

통일연구원, 『김정일 현지지도 동향 1994~2011』, 서울 : 통일연구원, 2011

통일연구원, 『통일환경 및 남북한관계 전망 : 2009~2010』,

　　　　서울 : 통일연구원, 2010

통일원, 『김정일 우상화 사례집』, 서울 : 통일원. 1992

행정학 용어표준화연구회, 『이해하기 쉽게 쓴 행정학 용어사전』,

　　　　서울 : 새정보미디어, 2010

현성일, 『북한의 국가전략과 파워 엘리트』, 서울 : 선인, 2007

황장엽, 『나는 역사의 진리를 보았다』, 서울 : 한울, 1999

2) 논문

고유환, "김정은 후계구축과 북한 리더십 변화 : 군에서 당으로 권력 이동",

　　　　「한국 정치학회보」, 제45집 제5호, 2011

고유환, "북한 핵문제의 전개과정과 해결방안", 『통일논총 제2집』, 2003

고유환, "북한식 사회주의 체제의 지속과 변화 : 김일성 사후 3년 평가와

　　　　전망", 「통일문제연구」, 제28호 제1호, 1997

고유환, "북한식 사회주의 체제의 지속과 변화", 『통일문제연구』,
    제28호, 1997

김동엽, "김정은 정권의 생존전략과 체제변화", 『현대북한연구』, 제15권 3호, 2012

김보근, "북한의 '차등적 식량분배 모형'과 2008년 식량위기",
    『통일정책연구』, 제17권 1호, 2008

김병연, "북한 경제의 시장화 : 비공식화 가설 평가를 중심으로",
    『7·1경제관리개선조치 이후 북한 경제와 사회 : 계획에서 시장으로』,
    서울 : 한울, 2009

김병로, "탈북자 면접조사를 통해 본 북한사회의 변화", 『현대북한연구』
    15권 1호, 북한대학원대학교 북한미시사연구소, 2012

김상훈, "북한의 곡물수확 및 식량공급에 대한 FAO/WFP의 평가 :
    Special Report", 『나라경제』, 제12권 제11·12호, 2010

김양희, "체제유지를 위한 북한의 식량정치(food politics)", 『통일문제연구』,
    제24권 제1호, 2012

    "김정일 시대 북한의 식량정치 연구", 동국대학교대학원 박사학위논문, 2013
    "〈조선녀성〉에 나타난 북한의 식생활정책 변화", 한국민족문화 41호,
    부산대학교 한국민족문화연구소, 2012

김영훈, "2013년 상반기 북한의 식량 및 농업", 『KDI 북한경제 리뷰』,
    7월호, 2013

김용현 외, "북한 권력 내부의 당·정·군 관계 : 지도 인맥을 중심으로",
    『동향과 전망』, 제31호, 1996

김용현, "북한 군사국가화의 기원에 관한 연구", 「한국정치학회보」, 37집 1호

김용현, "북한 내부정치와 남북관계 : 7·4 남북기본합의서, 6·15 비교",
    「통일문제연구」, 제42호, 2004

김용현, "선군정치와 김정일 국방위원장 체제의 정치변화", 「현대북한연구」,
    8권 3호, 2005

김창희, "김정은 체제의 권력구조와 정치행태 분석", 『통일전략』,
    제13권 제1호, 2013

김창희, "김정은 후계구축과 리더십 변화 : 군에서 당으로 권력 이동",

『한국정치학회보』, 제45집 제5호, 2011

박동훈, "김정은 시대 북한 체제 개혁의 과제 : 포스트 마오시기(1976~1978)
　　　중국과의 비교를 중심으로", 『통일정책연구』, 제22권 1호. 2013

박영자, "북핵과 김정은 체제의 권력구조", 『진보평론』, 제55호, 2013

박형중 · 정영태 외, 『2014년 북한 신년사 분석』, 서울 : 통일연구원, 2014

송정호, 「김정일 권력승계의 공식화 과정 연구 : 1964~1986을 중심으로」,
　　　한양대학교대학원 정치외교학과 박사학위논문, 2004

양운철, "김정은 정권의 경제정책 평가", 『김정은 정권의 대내전략과 대외관계』,
　　　서울 : 세종연구소, 2014

오경섭, "북한의 신경제관리체제 평가와 전망", 『정세와 정책』, 2012년 9월호
　　　경기 : 세종연구소, 2012

윤진형, "김정은 시대 당중앙군사위원회와 국방위원회 비교 연구 : 위상 권한
　　　엘리트 변화를 중심으로", 『국제정치논총』, 제53집 제2호, 2013

이기동, "김정은 체제의 권력구조와 향후 변화전망", 『KDI 북한경제리뷰』,
　　　10월호, 2013

이석기, "김정은 체제 이후 북한 경제정책과 변화 가능성",
　　　『KDI 북한경제리뷰』, 10월호, 2013

이수석, "김정은 시대의 권력개편과 체제변화", 『KDI 북한경제리뷰』,
　　　10월호, 2013

이승열, "김정은 체제의 변화와 전망 : 엘리트 정책선택을 중심으로",
　　　『KDI 북한 경제리뷰』, 12월호, 2012

이태섭, "1970년대 김정일 후계체제의 확립과 수령체제", 『북한의 정치 1』,
　　　서울 : 경인문화사, 2006

전우택, "탈북자들을 통하여 본 북한주민 의식 조사", 『사람의 통일 · 땅의
　　　통일』, 연세대학교 출판부, 2007, pp.148~149

정영태, "김정일 체제 출범 이후 북한의 미래 전망", 『INSS학술회의 자료집』,
　　　2012년 4월 23일 서울 : 국가안보전략연구소, 2012

차정미, "김정은 체제 평가와 전망 : 중국의 역할과 주요국 리더십 교체 요인
　　　을 중심으로", 『KDI 북한경제리뷰』, 10월호, 2012

최봉대, "탈북자 면접조사 방법",『북한연구방법론』, 서울 : 한울아카데미,
　　2003, pp.306~334

최진욱, "북한 체제의 안정성 평가 : 시나리오 워크숍",『Online Series』,
　　통일연구원, 2009

최완규, "북한의 후계자론 : 3대 권력세습을 정당화할 수 있을 것인가?",
　　『한반도 포커스』, 제9호, 2010

2. 북한문헌

1) 단행본

고초봉,『선군시대 혁명의 주체』, 평양 : 평양출판사, 2005

김민 · 한봉서,『위대한 주체사상 총서 9 : 령도체계』, 평양 : 사회과학출판사,
　　1985

김봉호,『위대한 선군시대』, 평양 : 평양출판사, 2004

김인옥,『김정일 장군 선군정치리론』, 평양 : 평양출판사, 2003

김일성,『김일성 저작집 : 제8권』, 평양 : 조선로동당출판사, 1980

김일성,『김일성 저작집 : 제10권』, 평양 : 조선로동당출판사, 1980

김일성,『김일성 저작집 : 제27권』, 평양 : 조선로동당출판사, 1984

김일성,『김일성 저작집 : 제43권』, 평양 : 조선로동당출판사, 1996

김일성, 김일성 저작집 : 제44권』, 평양 : 조선로동당출판사, 1996

김정일,『친애하는 지도자 김정일 동지의 문헌집』, 평양 : 조선로동당출판사, 1992

김정일,『주체혁명위업의 완성을 위하여(3)』, 평양 : 조선로동당출판사, 1988

김희일,『민족대단합의 길에 빛나는 거룩한 자욱』, 평양 : 평양출판사, 2007

사회과학원 주체경제학연구소,『경제사전 1권』, 평양 : 사회과학원 주체경제
　　연구소, 1985

사회과학원 철학연구소,『철학사전』, 평양 : 사회과학 출판사, 1985,

사회과학출판사,『조선말 대사전(1)』, 평양 : 사회과학출판사, 1992,

사회과학출판사,『주체사상 총서 4 : 반제반봉건민주주의혁명과 사회주의혁
　　명이론』, 서울 : 백산서당, 1989,

사회과학출판사, 『조선말 대사전(2)』, 평양 : 사회과학출판사, 1992

조선로동당출판사, 『우리당의 선군정치』, 평양 : 조선로동당출판사, 2006

조선로동당출판사, 『조선로동당 력사』, 평양 : 조선로동당출판사, 1991

조선중앙통신사, 『조선중앙년감 1987』, 평양 : 조선중앙통신사, 1987

      『강연제강 : 근로청년용』, 평양 : 금성출판사, 2002

      『직맹학생제강 4』, 평양 : 근로단체출판사, 2003

      『학습제강 : 간부용』, 평양 : 조선로동당출판사, 2002

      『학습제강 : 군관, 장령용』, 평양 : 조선인민군출판사, 2004

2) 논문

김일성 연설, 인도네시아 사회과학원, 1965년 4월 14일

김일성 연설, 제6차 로동당대회, 1980년 10월

김정은 위대성 교양자료(북한 문건), 2009년 9월

김정일 연설, 당정연합회의, 1982년 4월

북한 고위급 공무원 출신 탈북자 면담, 2012년 9월 5일

조선민주주의인민공화국 국방위원회 성명, 2013년 1월 24일

조선민주주의인민공화국 사회주의 헌법 전문(2009년 4월 9일 9차 수정보충)

중앙인민위원회 정령, 1982년 2월 16일

3. 외국문헌

1) 단행본

Charles, Wolf, Jr. and Kamil Akramov. North Korean Paradoxes : Circumstances, Costs, and Consequences of Korean Unification. Rand, 2005.

Christensen, Thomas J. Useful Adversaries : Grand Strategy, Domestic Mobilization, and Sino-American Conflict, 1947~1958. Princeton, New Jersey : Princeton University Press, 1996.

CIA. Intelligence Report. CIA, January 1998.

CSIS. A Blue Pint for U.S. Policy toward a Unified Korea. CSIS, August 2002.

Department of Defence. Annual Report on the Military Power of the People and Republic of China. Department of Defence, May 2004.

Greenfeld, Liah. Nationalism : Five Roads to Modernity. Cambridge, Massachusetts : Harvard University Press, 1993.

Hunter, Helen-Louise. Kim Il-song's North Korea. Westport, Connecticut : Praeger, 1999.

Leites, Nathan and Charles Wolf Jr. Rebellion and Authority : An Analytic Essay on Insurgent Conflicts. Chicago : Markham, 1971.

Linz, Juan J. Totalitarian and Authoritarian Regimes. Boulder, Colorado : Lynne Rienner, 2000.

Lustick, Ian. Arabs in the Jewish State : Israel's Control of a National Minority. Austin : University of Texas Press, 1980.

Martin, Bradley K. Under the Loving Care of the Fatherly Leader : North Korea and the Kim Dynasty. New York : St. Martin's Press, 2004.

Oh, Kongdan and Ralph C. Hassig. North Korea through the looking glass. Washington, D.C. : Brookings Institution Press, 2000.

Skilling, H. Gordon and Paul Wilson, eds. Civic Freedom in Central Europe : Voices from Czechoslovakia. London : Macmillan, 1991.

Skocpol, Theda. States and Social Revolutions : A Comparative Analysis of France, Russia and China. Cambridge : Cambridge University Press, 1979.

Stogdill, Ralph M. Handbook of Leadership : A Survey of Theory and Research. New York : The Free Press, 1974.

Weber, Max. Economy and Society. Berkeley : University of California Press, 1978.

2) 논문

Bellin, Eva. "The Robustness of authoritarianism in the Middle East : Exceptionalism in Comparative Perspective." Comparative Politics. Vol. 36, No. 2, January 2004.

Easton, David. "Systems Analysis and Its Classical Critics." Political Science Reviewer. vol. 3, Fall 1973.

Glaser, Bonnie, Scott Snyder, and John S. Park. "Keeping an Eye on an Unruly Neighbor : Chinese Views of Economic Reform and Stability in North Korea." United States Institute of Peace, 2008.

Margolis, J. Eli. "Estimating State Instability : Following Trends and Triggers." Studies in Intelligence. Vol. 56, No. 1, March 2012..

Quinlivan, James T. "Coup-proofing : Its Practice and Consequences in the Middle East." International Security. Vol. 24, No. 2, Fall 1999.

Thompson, Mark R. "To Shoot or Not to Shoot : Posttotalitarianism in China and Eastern Europe." Comparative Politics. Vol. 34, No. 1, October 2001.

4. 기타

데일리 NK

로동신문

로동청년

산케이신문

연합뉴스

월간조선

조선신보

조선중앙방송

조선중앙통신

중앙일보

Los Angeles Times

New York Review of Books

The Economist

북한 '당의 유일사상체계 확립의 10대 원칙' 전문

1. 위대한 수령 김일성 동지의 혁명사상으로 온 사회를 일색화하기 위하여 몸 바쳐 투쟁하여야 한다.

   수령님의 혁명사상으로 온 사회를 일색화하는 것은 우리 당의 최고 강령이 며 당의 유일사상체계를 세우는 사업의 새로운 높은 단계이다.

   1) 당의 유일사상체계를 세우는 사업을 끊임없이 심화시키며 대를 이어 계 속해 나가야 한다.
   2) 위대한 수령 김일성 동지께서 창건하신 우리 당을 영원히 영광스러운 김일성 동지의 당으로 강화 발전시켜 나가야 한다.
   3) 위대한 수령 김일성 동지께서 세우신 프롤레타리아 독재정권과 사회주 의제도를 튼튼히 보위하고 공고 발전시키기 위하여 헌신적으로 투쟁하여 야 한다.
   4) 주체사상의 위대한 혁명적 기치를 높이 들고 조국통일과 혁명의 전국적 승리를 위하여, 우리나라에서의 사회주의, 공산주의 위업의 완성을 위하여 모든 것을 다 바쳐 투쟁하여야 한다.
   5) 전세계에서 주체사상의 승리를 위하여 끝까지 싸워나가야 한다.

2. 위대한 수령 김일성 동지를 충성으로 높이 우러러 모셔야 한다.

   위대한 수령 김일성 동지를 높이 우러러 모시는 것은 수령님께 끝없이 충 직한 혁명전사들의 가장 숭고한 의무이며 수령님을 높이 우러러 모시는 여 기에 우리 조국의 끝없는 영예와 우리 인민의 영원한 행복이 있다.

1) 혁명의 영재이시며 민족의 태양이시며 전설적 영웅이신 위대한 김일성동지를 수령으로 모시고 있는 것을 최대의 행복, 최고의 영예로 여기고 수령님을 끝없이 존경하고 흠모하며 영원히 높이 우러러 모셔야 한다.

2) 한순간을 살아도 오직 수령님을 위하여 살고 수령님을 위하여서는 청춘도 생명도 기꺼이 바치며 어떤 역경 속에서도 수령님에 대한 충성의 한마음을 변함없이 간직하여야 한다.

3) 위대한 수령 김일성 동지께서 가리키시는 길은 곧 승리와 영광의 길이라는 것을 굳게 믿고 수령님께 모든 운명을 전적으로 의탁하며 수령님의 령도따라 나아가는 길에서는 못 해낼 일이 없다는 철석같은 몸과 마음을 다 바쳐야 한다.

3. 위대한 수령 김일성 동지의 권위를 절대화하여야 한다.
위대한 수령 김일성동지의 권위를 절대화하는 것은 우리 혁명의 지상의 요구이며 우리 당과 인민의 혁명적의지이다.

1) 위대한 수령 김일성동지밖에는 그 누구도 모른다는 확고한 립장과 관점을 가져야 한다.

2) 위대한 수령 김일성동지를 정치사상적으로 옹호하며 목숨으로 사수하여야 한다.

3) 경애하는 수령 김일성동지의 위대성을 내외에 널리 선전하여야 한다.

4) 위대한 수령 김일성동지의 절대적인 권위와 위신을 백방으로 옹호하며 현대수정주의와 온갖 원쑤들의 공격과 비난으로부터 수령님을 견결히 보위하여야 한다.

5) 위대한 수령 김일성동지의 권위와 위신을 훼손시키려는 자그마한 요소도 비상사건화하여 그와 비타협적인 투쟁을 벌려야 한다.

6) 경애하는 수령 김일성동지의 초상화, 석고상, 동상, 초상휘장, 수령님의 초상화를 모신 출판물, 수령님을 형상한 미술작품, 수령님의 현지교시판, 당의 기본구호들을 정중히 모시고 다루며 철저히 보위하여야 한다.

7) 경애하는 수령 김일성동지의 위대한 혁명력사와 투쟁업적이 깃든 위대

한 수령 김일성동지의 뜻있는 혁명전적지와 혁명사적지, 당의 유일사상교양의 거점인 '김일성동지혁명사적관'과 '김일성동지혁명사상연구실'을 정중히 잘 꾸리고 잘 관리하며 철저히 보위하여야 한다.

4. 위대한 수령 김일성동지의 혁명사상을 신념으로 삼고 수령님의 교시를 신조화하여야 한다.

위대한 수령 김일성동지의 혁명사상을 확고한 신념으로 삼고 수령님의 교시를 신조화 하는 것은 끝없이 충직한 주체형의 공산주의혁명가가 되기 위한 가장 중요한 요구이며 혁명투쟁과 건설사업의 승리를 위한 선결조건이다.

1) 위대한 수령 김일성동지의 혁명사상, 주체사상을 자기의 뼈와 살로, 유일한 신념으로 만들어야 한다.

2) 위대한 수령 김일성동지의 교시를 모든 사업과 생활의 확고한 지침으로 철석같은 신조로 삼아야 한다.

3) 위대한 수령 김일성동지의 교시를 무조건 접수하고 그것을 자로하여 모든것을 재여보며 수령님의 사상의지대 로만 사고하고 행동하여야 한다.

4) 위대한 수령 김일성동지의 로작들과 교시들, 수령님의 영광찬란한 혁명력사를 체계적으로, 전면적으로 깊이 연구 체득하여야 한다.

5) 위대한 수령 김일성동지의 혁명사상을 배우는 학습회, 강연회, 강습을 비롯한 집체학습에 빠짐없이 성실히 참가하며 매일 2시간이상 학습하는 규률을 철저히 세우고 학습을 생활화, 습성화하며 학습을 게을리 하거나 방해하는 현상을 반대하여 적극 투쟁하여야 한다.

6) 위대한 수령 김일성동지의 교시 침투체계를 철저히 배우고 수령님의 교시와 당의 의도를 제때에 정확히 전달침투 하여야 하며 왜곡전달하거나 자기 말로 전달하는 일이 없어야 한다.

7) 보고, 토론, 강연을 하거나 출판물에 실릴 글을 쓸 때에 언제나 수령님의 교시를 정중히 인용하고 그에 기초하여 내용을 전개하며 그와 어긋나게 말하거나 글을 쓰는 일이 없어야 한다.

8) 위대한 수령 김일성동지의 교시와 개별적간부들의 지시를 엄격히 구별

하며 개별적간부들의 지시에 대하여서는수령님의 교시에 맞는가 맞지 않는가를 따져보고 조금이라도 어긋날때에는 즉시 문제를 세우고 투쟁하여야 하며 개별적간부들의 발언내용을《결론》이요,《지시》요 하면서 조직적으로 전달하거나 집체적으로 토의하는 일이 없어야 한다.

9) 위대한 수령 김일성동지의 교시와 당정책에 대하여 시비중상하거나 반대하는 반당적인 행동에 대하여서는 추호도 융화묵과하지 말고 견결히 투쟁하여야 한다.

10) 위대한 수령 김일성동지의 혁명사상과 어긋나는 자본주의사상, 봉건유교사상, 수정주의, 교조주의, 사대주의를 비롯한 온갖 반당적, 반혁명적, 사상조류를 반대하며 날카롭게 투쟁하며 수령님의 혁명사상, 주체사상의 순결성을 철저히 고수하여야 한다.

5. 위대한 수령 김일성동지의 교시 집행에서 무조건성의 원칙을 철저히 지켜야 한다.

위대한 수령 김일성동지의 교시를 무조건 집행하는것은 수령님에 대한 충실성의 기본요구이며 혁명투쟁과 건설사업의 승리를 위한 결정적조건이다.

1) 위대한 수령 김일성동지의 교시를 곧 법으로, 지상의 명령으로 여기고 사소한 리유와 구실도 없이 무한한 헌신성과 희생성을 발휘하여 무조건 철저히 관철하여야 한다.

2) 경애하는 수령 김일성동지의 심려를 덜어드리는 것을 최상의 영예로, 신성한 의무로 간주하고 모든것을 다 바쳐 투쟁하여야 한다.

3) 위대한 수령 김일성동지의 교시를 관철하기 위한 창발적의견들을 충분히 제기하며 일단 수령님께서 결론하신문제에 대해서는 중앙집권제원칙에 따라 자그마한 드팀도 없이 정확히 집행하여야 한다.

4) 위대한 수령 김일성동지의 교시와 당정책을 접수하면 곧 집체적으로 토의하여 옳은 집행대책과 구체적인 계획을 세우고 조직정치사업을 짜고들며 속도전을 벌려 제때에 철저히 집행하여야 한다.

5) 위대한 수령 김일성동지의 교시 집행대장을 만들어놓고 교시집행정형

을 정상적으로 총화하고 재포치하는 사업을 끊임없이 심화시켜 교시를 중도반단함이 없이 끝까지 관철하여야 한다.

6) 경애하는 수령 김일성동지의 교시를 말로만 접수하고 집행을 태공하는 현상, 무책임하고 주인답지 못한 태도, 요령주의, 형식주의, 보신주의를 비롯한 온갖 불건전한 현상을 반대하며 적극 투쟁하여야 한다.

6. 위대한 수령 김일성동지를 중심으로 하는 전당의 사상의지적통일과 혁명적단결을 강화하여야 한다.
전당의 강철같은 통일단결은 당의 불패의 힘의 원천이며 혁명승리의 확고한 담보이다.

1) 위대한 수령 김일성동지를 중심으로 하는 전당의 사상의지적통일을 눈동자와 같이 지키고 더욱 튼튼히 다져나가야 한다.

2) 모든 단위, 모든 초소에서 수령님에 대한 충실성에 기초하여 혁명적동지애를 높이 발양하며 대렬의 사상의지적 단결을 강화하여야 한다.

3) 위대한 수령 김일성동지에 대한 충실성을 척도로 하여 모든 사람들을 평가하고 원칙적으로 대하며 수령님께 불충실하고 당의 유일사상체계와 어긋나게 행동하는 사람에 대해서는 직위와 공로에 관계없이 날카로운 투쟁을 벌려야 한다.

4) 개별적간부들에 대하여 환상을 가지거나 아부아첨하며 개별적간부들을 우상화하거나 무원칙하게 내세우는 현상을 철저히 반대하여야 하며 간부들이 선물을 주고받는 현상을 없애야 한다.

5) 당의 통일단결을 파괴하고 좀먹는 종파주의, 지방주의, 가족주의를 비롯한 온갖 반당적사상요소를 반대하여 견결히 투쟁하며 그 사소한 표현도 절대로 묵과하지 말고 철저히 극복하여야 한다.

7. 위대한 수령 김일성동지를 따라 배워 공산주의풍모와 혁명적사업방법, 인민적사업작풍을 소유하여야 한다.
위대한 수령 김일성동지께서 지니신 고매한 공산주의적풍모와 혁명적사업방법, 인민적 사업 작품을 따라배우는 것은 모든 당원들과 근로자들의 신성한 의무이며 수령님의 혁명전사로서의 영예로운 사명을 다하기 위한 필수적 요구이다.

1) 당과 로동계급과 인민의 리익을 첫자리에 놓고 그것을 위하여 모든것을 다 바쳐 투쟁하는 높은 당성, 로동 계급성, 인민성을 소유하여야 한다.
2) 계급적원쑤들에 대한 비타협적투쟁정신과 확고한 혁명적원칙성, 불요불굴의 혁명정신과 필승의 신념을 가지고 혁명의 한길로 억세게 싸워나가야 한다.
3) 혁명의 주인다운 태도를 가지고 자력갱생의 혁명정신을 높이 발휘하여 모든 일을 책임적으로 알뜰하고 깐지게 하며 부닥치는 난관을 자체의 힘으로 뚫고나가야 한다.
4) 로쇠와 침체, 안일과 해이를 반대하고 왕성한 투지와 패기와 정열에 넘쳐 언제나 긴장하게 전투적으로 일하며 소극과 보수를 배격하고 모든 사업을 대담하고 통이 크게 벌려나가야 한다.
5) 혁명적군중관점을 튼튼히 세우고 청산리정신, 청산리방법을 철저히 배우고 대중속에 깊이 들어가 대중을 가르치고 대중에게서 배우며 대중과 생사고락을 같이하여야 한다.
6) 이신작칙의 혁명적기풍을 높이 발휘하며 어렵고 힘든 일에서 언제나 앞장서야 한다.
7) 사업과 생활에서 항상 검박하고 겸손하여 소탈한 품성을 소유하여야 한다.
8) 관료주의, 주관주의, 형식주의, 본위주의를 비롯한 낡은 사업 방법과 작풍을 철저히 배격하여야 한다.

8. 위대한 수령 김일성동지께서 안겨주신 정치적생명을 귀중히 간직하며 수령님의 크나큰 정치적신임과 배려에 높은 정치적자각과 기술로써 충성으로 보답하여야 한다.
   위대한 수령 김일성동지께서 안겨주신 정치적생명을 지닌것은 우리의 가장 높은 영예이며 수령님의 정치적신임에충성으로 보답하는 여기에 정치적생명을 빛내여나가는 참된 길이 있다.

1) 정치적생명을 제일생명으로 여기고 생명의 마지막순간까지 자기의 정치적신념과 혁명적지도를 굽히지 말며 정치적 생명을 위해서는 육체적생명을 초개와 같이 바칠줄 알아야 한다.
2) 혁명조직을 귀중히 여기고 개인의 리익을 조직의 리익에 복종시키며 집단주의정신을 높이 발휘하여야 한다.
3) 조직생활에 자각적으로 참가하며 사업과 생활을 정규화, 규범화하여야 한다.
4) 조직의 결정과 위임분공을 제때에 성실히 수행하여야 한다.
5) 2일 및 주 조직생활총화에 적극 참가하여 수령님의 교시와 당정책을 자로 하여 자기의 사업과 생활을 높은 정치사상적수준에서 검토총화하며 비판의 방법으로 사상투쟁을 벌리고 사상투쟁을 통하여 혁명적으로 단련하고 끊임없이 개조해나가야 한다.
6) 혁명과업수행에 투신하고 로동에 성실히 참가하며 혁명적실천과정을 통하여 혁명화를 다그쳐야 한다.
7) 가장 고귀한 정치적생명을 안겨주신 수령님의 크나큰 정치적신임과 배려에 충성으로 보답하기 위하여 높은 정치적 열성을 발휘하여 정치리론수준과 기술실무수준을 높여 언제나 수령님께서 맡겨주신 혁명임무를 훌륭히 수행하여야 한다.

9. 위대한 수령 김일성동지의 유일적령도밑에 전당, 전국, 전군이 한결같이 움직이는 강한 조직규률을 세워야 한다.
위대한 수령 김일성동지의 유일적령도체계를 튼튼히 세우는 것은 당을 조직사상적으로 강화하고 당의 령도적역할과 전투적 기능을 높이기 위한 근본요구이며 혁명과 건설의 승리를 위한 확고한 담보이다.

1) 위대한 수령 김일성동지의 혁명사상을 유일한 지도적지침으로 하여 혁명과 건설을 수행하며 수령님의 교시와 명령, 지시에 따라 전당, 전국, 전군이

하나와 같이 움직이는 수령님의 유일적령도체계를 철저히 세워야 합니다.

2) 모든 사업을 수령님의 유일적령도체계에 의거하여 조직진행하며 정책적문제들은 수령님의 교시와 당중앙의 결론에 의해서만 처리하는 강한 혁명적 질서와 규률을 세워야 한다.

3) 모든 부문, 모든 단위에서 혁명투쟁과 건설사업에 대한 당의 령도를 확고히 보장하며 국가, 경제 기관 및 근로 단체 일군들은 당에 철저히 의거하고 당의 지도밑에 모든 사업을 조직집행해나가야 한다.

4) 위대한 수령 김일성동지의 교시를 관철하기 위한 당과 국가의 결정, 지시를 정확히 집행하여야 하며 그것을 그릇되게 해석하고 변경시키거나 그 집행을 어기는 현상과는 강하게 투쟁하며 국가의 법규범과 규정들을 자각적으로 엄격히 지켜야 한다.

5) 개별적간부들 아래단위의 당, 정권 기관 및 근로단체의 조직적인 회의를 자의대로 소집하거나 회의에서 자의대로 《결론》하며 조직적인 승인없이 당의 구호를 마음대로 때거나 만들어붙이며 당중앙의 승인없이 사회적 운동을 위한 조직을 내오는것과 같은 일체 비조직적인 현상들을 허용하지 말아야 한다.

6) 개별적간부들이 월권행위를 하거나 직권을 람용하는것과 같은 온갖 비원칙적인 현상들을 반대하여 적극 투쟁 하여야 한다.

7) 위대한 수령 김일성동지에 대한 충실성을 기본척도로하여 간부들을 평가하고 선발배치하여야 하며 친척, 친우, 동향, 동창, 사제 관계와 같은 정실, 안면 관계에 의하여 간부 문제를 처리하거나 개별적간부들이 제멋대로 간부들을 떼고 등용하는 행동에 대하여서는 묵과하지 말고 강하게 투쟁하며 간부사업에서 제정된 질서와 당적규률을 철저히 지켜야 한다.

8) 당, 국가 및 군사 기밀을 엄격히 지키며 비밀을 루설하는 현상들을 반대하며 날카롭게 투쟁하여야 한다.

9) 당의 유일사상체계와 당의 유일적지도체제에 어긋나는 비조직적이며 무규률적인 현상에 대하여서는 큰 문제이건 작은 문제이건 제떼에 당중앙위원회에 이르기까지 당조직에 보고하여야 한다.

10. 위대한 수령 김일성동지께서 개척하신 혁명위업을 대를 이어 끝까지 계승하며 완성하여나가야 한다.

당의 유일적지도체제를 확고히 세우는것은 위대한 수령님의 혁명위업을 고수하고 빛나게 계승발전시키며 우리 혁명위업의 종국적승리를 이룩하기 위한 결정적담보이다.

1) 전당과 온 사회에 유일사상체계를 철저히 세우며 수령님께서 개척하신 혁명적위업을 대를 이어 빛나게 완수하기 위하여 수령님의 령도밑에 당중앙의 유일적지도체제를 확고히 세워야 한다.

2) 위대한 수령 김일성동지께서 항일혁명투쟁시기에 이룩하신 영광스러운 혁명전통을 고수하고 영원히 계승발전 시키며 혁명전통을 헐뜯거나 말살하려는 반당적행동에 대해서는 그 자그마한 표현도 반대하며 견결히 투쟁하여야 한다.

3) 당중앙의 유일적지도체제와 어긋나는 사소한 현상과 요소에 대해서도 묵과하지 말고 비타협적으로 투쟁하여야 한다.

4) 자신뿐아니라 온 가족과 후대들도 위대한 수령님을 우러러모시고 수령님께 충성다하며 당중앙의 유일적지도에 끝없이 사수하여야 한다.

5) 당중앙의 권위를 백방으로 보장하며 당중앙을 목숨으로 사수하여야 한다.

조선로동당규약

1980년 10월 13일 제6차 당 대회에서 개정
2010년 9월 28일 제3차 당 대표자회에서 개정

조선로동당은 위대한 수령 김일성동지의 당이다.

위대한 김일성동지는 조선로동당의 창건자이시고 당과 혁명을 백승의 한길로 이끌어 오신 탁월한 령도자이시며 조선로동당과 조선인민의 영원한 수령이시다.

위대한 수령 김일성동지는 영생불멸의 주체사상을 창시하시고 항일혁명의 불길 속에서 당 창건의 조직사상적 기초와 빛나는 혁명 전통을 마련하시였으며 그에 토대하여 영광스러운 조선로동당을 창건하시었다.

위대한 수령 김일성동지는 혁명적 당건설로선과 원칙을 일관하게 견지하시어 조선로동당을 사상의지적으로 통일단결되고 높은 조직성과 규률성을 지닌 강철의 당으로 인민대중의 절대적인 지지와 신뢰를 받는 불패의 당으로 강화 발전시키시었다.

위대한 령도자 김정일동지는 위대한 수령 김일성동지의 당건설사상과 업적을 옹호고수하고 빛나게 계승발전시키시여 조선로동당을 유일사상체계와 유일적 령도체계가 확고히 선 사상적순결체, 조직적 전일체로, 선군혁명을 승리적으로 전진시켜나가는 로숙하고 세련된 향도적 력량으로 강화 발전시키시었다.

위대한 수령 김일성동지와 위대한 령도자 김정일동지의 령도밑에 조선로동당은 자주시대 로동계급의 혁명적 당건설의 새 력사를 창조하고 김일성조선의 부강발전과 인민대중의 자주위업, 사회주의 위업수행에서 불멸의 업적을 이룩하시었다.

조선로동당은 위대한 수령 김일성 동지를 영원히 높이 모시고 위대한 령도자 김정일 동지를 중심으로 하여 조직사상적으로 공고하게 결합된 로동계급과 근로인민대중의 핵심부대, 전위부대이다.

조선로동당은 위대한 수령 김일성 동지의 혁명사상, 주체사항을 유일한 지도사상으로 하는 주체형의 혁명적 당이다.

조선로동당은 주체사상을 당건설과 당활동의 출발점으로 당의 조직사상적 공고화의 기초로, 혁명과 건설을 령도하는데서 지도적 지침으로 한다.

조선로동당은 로동자, 농민, 인테리를 비롯한 근로인민 대중 속에 깊이 뿌리박고 그들 가운데서 사회주의 위업의 승리를 위하여 몸바쳐 싸우는 선진투사들로 조직한 로동계급의 혁명적 당 근로인민대중의 대중적 당이다.

조선로동당은 조선민족과 조선인민의 리익을 대표한다.

조선로동당은 근로인민대중의 모든 정치조직들 가운데서 가장 높은 형태의 정치조직이며 정치, 군사경제, 문화를 비롯한 모든 분야를 통일적으로 이끌어나가는 사회의 령도적 정치조직이며 혁명의 참모부이다.

조선로동당은 위대한 수령 김일성 동지께서 개척하신 주체혁명 위업의 승리를 위하여 투쟁한다.

조선로동당의 당면목적은 공화국북반부에서 사회주의 강성대국을 건설하며 전국적 범위에서 민족해방민주주의 혁명의 과업을 수행하는 데 있으며 최종목적은 온 사회를 주체사상화하여 인민대중의 자주성을 완전히 실현하는 데 있다.

조선로동당은 당안에 사상과 령도의 유일성을 보장하고 당이 인민대중과 혼연일체를 이루며 당건설에서 계승성을 보장하는 것을 당건설의 기본원칙으로 한다.

조선로동당은 주체사상의 기치 밑에 위대한 령도자 김정일동지를 중심으로 하는 당과 군대와 인민의 일심단결을 백방으로 강화하고 그 위력을 높이 발양시켜나간다.

조선노동당은 주체사상교양을 강화하며 자본주의사상, 봉건유교 사상, 수정주의, 교조주의, 사대주의를 비롯한 온갖 반동적 기회주의적 사상조류들을 반대 배격하여 맑스 레닌주의의 혁명적 원칙을 견지한다.

조선로동당은 계급로선과 군중로선을 철저히 관철하여 당과 혁명의 계급진지를 굳건히 다지며 인민의 리익을 옹호하고 인민을 위하여 복무하며 인민대중의 운명을 책임진 어머니 당으로서의 본분을 다해나간다.

조선로동당은 인민 생활을 끊임없이 높이는 것을 당활동의 최고 원칙으로 한다. 조선로동당은 사람과의 사업을 당사업의 기본으로 한다.

조선로동당은 사상을 기본으로 틀어쥐고 인민대중의 정신력을 발동하여 모든 문제를 풀어나간다.

조선로동당은 항일유격대식 사업방법, 주체의 사업방법을 구현한다.

조선로동당은 혁명과 건설을 령도하는데서 로동계급적 원칙, 사회주의원칙을 견지하며 주체성과 민족성을 고수한다.

조선로동당은 선군정치를 사회주의 기본정치방식으로 확립하고 선군의 기치 밑에 혁명과 건설을 령도한다.

조선로동당은 인민정권을 강화하고 사상, 기술문화의 3대 혁명을 힘있게 다그치는 것을 사회주의건설의 총로선으로 틀어쥐고 나간다.

조선로동당은 혁명대오를 정치사상적으로 튼튼히 꾸리고 인민대중 중심의 사회주의 제도를 공고발전시키며 인민군대를 강화하고 나라의 방위력을 철벽으로 다지며 사회주의 자립적 민족경제와 사회주의문화를 발전시켜 나간다.

조선로동당은 근로단체들의 역할을 높여 광범한 군중을 당의 두리에 묶어 세우며 사회주의 강성대국건설을 위한 투쟁에로 조직동원한다.

조선로동당은 전조선의 애국적 민주력량과의 통일전선을 강화한다.

조선로동당은 남조선에서 미제의 침략무력을 몰아내고 온갖 외세의 지배와 간섭을 끝장내며 일본군국주의의 재침책동을 짓부시며 사회의 민주화와 생존의 권리를 위한 남조선인민들의 투쟁을 적극 지지성원하며 우리민족끼리 힘을 합쳐 자주, 평화통일, 민족대단결의 원칙에서 조국을 통일하고 나라와 민족의 통일적발전을 이룩하기 위하여 투쟁한다.

조선로동당은 자주, 평화, 친선을 대외정책의 기본리념으로 하여 반제 자주력량과의 련대성을 강화하고 다른 나라들과의 선린우호관계를 발전시키며 제국주의의 침략과 전쟁책동을 반대하고 세계의자주화와 평화를 위하여, 세계사회주의 운동의 발전을 위하여 투쟁한다.

제1장 당원

1. 조선로동당은 위대한 수령 김일성 동지께서 개척하시고 위대한 령도자 김정일 동지께서 이끄시는 주체혁명위업, 사회주의위업을 위하여 모든 것을 다 바쳐 투쟁하는 주체형의 혁명가이다.

2. 조선로동당원으로는 조선공민으로서 당의 유일사상체계와 유일적 령도체계가 든든히 서고 당과 수령, 조국과 인민을 위하여 헌신적으로 투쟁하며 당 규약을 준수하려는 근로자들이 될 수 있다.

3. 조선로동당원은 후보기간을 마친 후보당원 가운데서 받아들인다.
특수한 경우에는 입당청원자를 직접 당원으로 받아들일 수 있다.
조선로동당에는 열여덟 살부터 입당할 수 있다.

입당절차는 다음과 같다.
1)입당하려는 사람은 입당청원서와 당원 두 사람의 입당보증서를 당세포에 내야 한다.
김일성사회주의청년동맹원이 입당할 때에는 시, 군 청년동맹위원회의 입당보증서를 내야 하며 그것은 당원 한 사람의 입당보증서를 대신한다.
후보당원이 당원으로 입당할 때에는 입당청원서와 입당보증서를 내지 않는다.
그러나 당세포가 요구할 때에는 다른 입당보증서를 내야 한다.
2) 입당보증인은 2년 이상의 당생활 년한을 가져야 한다.
입당보증인은 입당청원자의 사회정치생활을 잘 알아야 하며 보증내용에 대하여 당 앞에 책임져야 한다.
3) 입당문제는 개별적으로 심의하여야 한다.
당세포는 총회에서 입당청원자를 참가시키고 입당문제를 심의하며 채택된 결정은 시, 군 당위원회의 비준을 받아야 한다.
입당보증인은 입당문제를 토의하는 회의에 참가하지 않아도 된다.
시, 군 당위원회는 입당문제에 대한 당세포의 결정을 한 달 안에 심의하고 처리하여야 한다.
4) 후보당원의 후보기간은 1년으로 한다.
당세포는 후보당원의 후보기간이 끝나면 총회에서 그의 입당문제를 심의하고 결정하여야 한다.
특수한 경우에는 후보기간이 끝나지 않은 후보당원을 당원으로 받아들일 수 있다.

후보당원이 당원으로 입당할 준비가 잘 안 되였을 때에는 후보기간을 1년까지의 범위 안에서 한 번 미룰 수 있으며 그 기간에도 입당할 자격을 갖추지 못하면 그를 제명하여야 한다.

후보기간을 미루거나 후보당원을 제명할 데 대한 당세포의 결정은 시, 군 당위원회의 비준을 받아야 한다.

5) 입당날자는 당세포총회에서 입당을 결정한 날로 한다.

6) 당원으로 입당한 사람은 당원증을 수여받을 때 입당선서를 한다.

7) 특수한 환경에서 사업하는 사람과 다른 당에서 탈당한 사람의 입당문제는 당중앙위원회가 따로 규정한 절차와 방법에 따라 취급한다.

4. 당원의 의무는 다음과 같다.

1) 당원은 당의 유일사상체계와 유일적 령도체계를 튼튼히 세워야 한다.

당원은 당과 수령에 대한 끝없는 충실성을 지니고 수령을 결사옹위하며 주체사상, 선군사상과 혁명전통으로 튼튼히 무장하고 당의 로선과 정책을 결사관철하며 당과 혁명대오의 일심단결을 눈동자와 같이 지키고 수령의 유일적 령도 밑에 하나와 같이 움직이는 혁명적 규률을 세워야 한다.

2) 당원은 당생활에 자각적으로 참가하여 당성을 끊임없이 단련하여야 한다.

당원은 당조직관념을 바로 가지고 당회의와 당생활총화, 당학습에 성실히 참가하며 당조직의 결정과 분공을 책임적으로 집행하고 비판과 사상투쟁을 강화하며 당의 규률을 자각적으로 지키고 사업과 생활에서 나서는 문제들을 당조직에 보고하여야 한다.

3) 당원은 사회주의 강성대국 건설을 위한 혁명과업수행에서 선봉적 역할을 하여야 한다.

당원은 혁명적 군인정신을 높이 발휘하여 맡은 과업수행에서 혁신을 일으키고 최첨단을 돌파하기 위한 투쟁과 어렵고 힘든 일에 앞장서며 로동을 사랑하고 로동규률을 자각적으로 지키며 국가사회재산을 주인답게 관리하고 생산문화, 생활문화를 확립하기 위하여 적극 노력하여야 한다.

4) 당원은 사회주의 조국을 튼튼히 보위하여야 한다.

당원은 군사중시기풍을 세워 군사를 성실히 배우고 전투동원준비를 튼튼히 갖추며 원쑤들의 침해로부터 사회주의조국과 혁명의 전취물을 굳건히 지키며 군민일치의 전통적 미풍을 높이 발휘하며 조국통일을 앞당기기 위하여 적극 투쟁하여야 한다.

5) 당원은 당적, 계급적 원칙을 철저히 지켜야 한다.

당원은 모든 문제를 정치적으로 계급적으로 예리하게 분석판단하고 어떤 역경 속에서도 혁명적 신념과 지조를 지키고 계급적 원쑤들과 온갖 이색적인 사상요소들, 비사회주의적 현상을 비롯한 부정적인 현상들을 반대하여 견결히 투쟁하여야 한다.

6) 당원은 군중과 늘 사업하며 실천적 모범으로 군중을 이끌어 나가야 한다.

당원은 혁명적 군중관점을 가지고 군중을 교양개조하여 당의 두리에 묶어 세우고 혁명과업 수행에로 불러일으키며 군중의 생활을 진심으로 돌보아주며 당원의 영예와 존엄을 지켜 사업과 생활에서 군중의 본보기가 되고 자신과 가정, 집단을 혁명화하는 데서 모범이 되어야 한다.

7) 당원은 정치리론수준과 문화기술수준을 끊임없이 높여야 한다.

당원은 혁명적 학습기풍을 세우고 당의 로선과 정책을 깊이 체득하며 경제지식과 현대과학기술을 배우고 자기사업에 정통하며 문화정서적 소양을 높여야 한다.

8) 당원은 혁명적 사업기풍과 생활기풍을 세워야 한다.

당원은 언제 어디서나 혁명적으로, 전투적으로 일하고 생활하며 국가의 법과 규정을 자각적으로 지키고 공민적 의무를 다하며 안일해이를 반대하고 혁명적 경각성을 높이며 당, 국가, 군사비밀을 철저히 지켜야 한다.

9) 당원은 고상한 도덕품성을 지녀야 한다.

당원은 언제나 겸손하고 소박하며 친절하고 례절이 바르며 사리와 공명을 탐내지 말고 청렴결백하며 사회공중 도덕과 질서를 모범적으로 지키며 혁명적 동지애를 높이 발휘하여야 한다.

10) 당원은 매달 당비를 바쳐야 한다.

당비는 월수입의 2%로 한다.

5. 당원의 권리는 다음과 같다.

1) 당원은 당회의와 당출판물을 통하여 당의 로선과 정책을 관철하며 당사
업을 발전시키는 데 도움이 되는 의견을 발표할 수 있다.
2) 당원은 당회의에서 결의권을 가지며 각급 당지도기관 선거에서 선거할
권리와 선거 받을 권리를 가진다.
3) 당원은 정당한 리유와 근거가 있을 때에는 어떤 당원에 대하여서나 비
판할 수 있으며 상급이 주는 어떤 과업이라도 그것이 당의 유일사상체계와
유일적 령도체계에 어긋날 때에는 그 집행을 거부할 수 있다.
4) 당원은 자기의 사업과 생활에 대한 문제를 토의결정하는 당회의에 참가
할 것을 요구할 수 있다.
5) 당원은 당중앙위원회에 이르기까지의 각급 당위원회에 신소와 청원을
할 수 있으며 그에 대한 심의를 요구할 수 있다.

6. 후보당원의 의무는 당원의 의무와 같으며 후보당원의 권리는 결의권과 선
거할 권리, 선거 받을 권리가 없는 이외에는 당원의 권리와 같다.

7. 당의 규률을 어긴 당원에게는 당책벌을 준다.

1) 당의 유일사상체계와 유일적 령도체계에 어긋나는 행동을 하거나 당의
로선과 정책을 반대하고 종파행위를 하거나 적들과 타협하는 것을 비롯하
여 당과 혁명에 엄중한 손실을 끼친 당원은 출당시킨다.
2) 출당시키지 않을 정도의 과오를 범한 당원에게는 그 과오의 크기에 따
라 경고, 엄중경고, 권리정지, 후보당원으로 내려놓는 책벌을 준다.
당책벌은 당원이 과오를 범하게 된 동기와 원인, 과오의 후과와 함께 그의
사업과 생활을 전면적으로 깊이 있게 료해하고 심중하게 주어야 한다.
3) 당세포는 총회에서 과오를 범한 당원을 참가시키고 당책벌을 줄 데 대하
여 심의결정한다. 특수한 경우에는 본인의 참가없이 심의결정할 수 있다.
당원에게 당책벌을 줄 데 대한 당세포의 결정은 시, 군 당위원회의 비준을

받아야 하며 당원을 출당시킬 데 대한 당세포의 결정은 도(직할시) 당위원회의 비준을 받아야 한다.

4) 당세포는 당책벌을 받은 당원이 자기의 과오를 깊이 뉘우치고 고치기 위하여 노력하며 사업에서 개선이 있을 때에는 총회에서 책벌을 벗겨줄 데 대하여 심의결정하여야 하며 그 결정은 시, 군 당위원회의 비준을 받아야 한다.

5) 당중앙위원회와 도(직할시), 시, 군 당위원회 위원, 후보위원에 대한 당책벌 문제를 비롯하여 당책벌을 주거나 벗겨주는 모든 문제는 당중앙위원회가 정한 절차와 방법에 따라 취급한다.

6) 당중앙위원회와 도(직할시), 시, 군 당위원회는 당규률 문제와 관련한 당원의 신소를 제때에 책임적으로 심의하고 처리하여야 한다.

8. 정당한 리유 없이 여섯 달 이상 당생활에 참가하지 않고 있는 당원에 대하여서는 당세포총회에서 그를 제명할 것을 결정하여야 하며 그 결정은 시, 군 당위원회의 비준을 받아야 한다.

9. 당원의 등록과 이동은 당중앙위원회가 정한 절차와 방법에 따라 한다.

10. 조선로동당원으로서 당과 수령, 조국과 인민을 위하여 투쟁하다가 년로보장 또는 사회보장을 받고 있는 당원을 비롯하여 당원으로서의 활동을 제대로 할 수 없는 당원은 명예당원으로 한다.

명예당원에게는 명예당원증을 수여한다.

당원을 명예당원으로 넘기는 문제는 시, 군 당위원회에서 비준한다.

제2장 당의 조직원칙과 조직구조

11. 당은 민주주의중앙집권제원칙에 따라 조직하며 활동한다.

1) 각급 당지도기관은 민주주의적으로 선거하며 선거된 지도기관은 선거받은 당 조직 앞에 자기의 사업을 정기적으로 총화보고한다.

2) 당원은 당조직에, 소수는 다수에, 하급당조직은 상급당조직에 복종하며 모든 당조직은 당중앙위원회에 절대복종한다.

3) 모든 당조직은 당의 로선과 정책을 무조건 옹호관철하며 하급당조직은 상급당조직의 결정을 의무적으로 집행한다.

4) 상급당조직은 하급당조직의 사업을 계통적으로 지도검열하며 하급 당조직은 자기의 사업정형을 상급당조직에 정상적으로 보고한다.

12. 각급 당조직은 지역단위와 생산 및 사업단위에 따라 조직한다.

어느 한 지역을 맡은 당조직은 그 지역의 일부를 맡은 모든 당조직의 상급당조직으로 되며 어느 한 부문이나 단위의 사업을 맡은 당조직은 그 부문이나 단위의 일부 사업을 맡은 모든 당조직의 상급당조직으로 된다.

13. 각급 당위원회는 해당 단위의 최고지도기관이며 정치적 참모부이다.

당위원회의 활동에서 기본은 집체적 지도이다.

각급 당위원회는 새롭고 중요한 문제들을 반드시 집체적으로 토의결정하고 집행하며 여기에 당지도기관 성원들과 당원들의 책임성과 창발성을 밀접히 결합시켜야 한다.

14. 각급 당조직의 최고지도기관은 다음과 같이 조직한다.

1) 당의 최고지도기관은 당대회이며 당대회와 당대회 사이에는 당대회가 선거한 당중앙위원회이다.

도(직할시), 시, 군당조직의 최고지도기관은 해당 회이며 회와 회 사이에는 회가 선거한 해당 당위원회이다.

기층 당조직의 최고지도기관은 당총회(회)이며 당총회(회)와 당총회(회) 사이에는 당총회(회)가 선거한 해당 당위원회이다.

2) 당대회, 회 대표자는 한급 낮은 당조직의 회 또는 당총회에서 선거한다.

당대회 대표자 선출비률은 당중앙위원회가 규정하며 도(직할시), 시, 군 당대표회 대표자 선출비률은 당중앙위원회가 정한 기준에 따라 해당 당위원회가 규정한다.

3) 당중앙위원회 위원, 후보위원 수는 당대회에서 결정한다.

도(직할시), 시, 군당위원회 위원, 후보위원 수와 기층당 조직의 위원 수는 당중앙위원회가 정한 기준에 따라 해당 회 또는 당총회에서 결정한다.

당위원회 위원, 후보위원 수를 변경시킬 필요가 있을 때에는 해당 당위원회 전원회의에서 다시 결정할 수 있다.

각급 당지도기관의 선거는 당중앙위원회가 만든 선거세칙에 따라 한다.

15. 각급 당조직의 지도기관 성원의 소환(제명)과 보선은 다음과 같이 한다.

1) 당중앙위원회와 도(직할시), 시, 군 당위원회 위원, 후보위원의 제명과 보선은 해당 당위원회 전원회의에서 한다.

당중앙위원회와 도(직할시), 시, 군 당위원회 위원이 결원되었을 때는 해당 당위원회 후보위원 가운데서 보선한다. 필요에 따라 후보위원이 아닌 당원을 위원으로 보선할 수 있다.

2) 기층 당조직의 지도기관 성원의 소환과 보선은 해당 당총회(회)에서 한다. 규모가 크거나 아래 당조직들이 멀리 널려져 있거나 사업상 특성으로 당총회(회)를 제때에 소집할 수 없는 초급당, 분초급당에서는 당위원회에서 위원을 제명, 보선할 수 있다.

3) 상급당위원회는 결원된 하급당위원회 책임비서(비서), 비서(부비서)를 파견할 수 있다.

16. 당회의는 해당 당조직에 소속된 당원(위원, 대표자) 총수의 3분의 2 이상이 참가하여야 성립되며 제기된 문제의 가결은 결의권을 가진 당회의 참가자의 절반을 넘는 찬성을 받아야 확정된다. 각급 당위원회 후보위원은 해당 당위원회 전원회의에서 발언권만 가진다.

17. 도(직할시), 시, 군당위원회의 조직과 해체문제는 당중앙위원회에서, 초급당위원회와 분초급당위원회의 조직과 해체문제는 도(직할시)당위원회에

서, 부문당위원회와 당세포의 조직과 해체문제는 시, 군 당위원회에서 비준한다. 당 조직의 조직과 해체정형을 시, 군 당위원회는 도(직할시) 당위원회에, 도(직할시) 당위원회는 당중앙위원회에 보고하여야 한다. 각급 당위원회에는 필요한 부서를 둔다. 부서를 내오거나 없애는 권한은 당중앙위원회에 있다.

18. 당중앙위원회는 정치, 군사, 경제적으로 중요한 부문에 정치기관을 조직한다.

1) 정치기관들은 해당 부문에서 당원들과 근로자들에 대한 정치사상교양사업을 조직진행하며 해당 단위에 조직된 당위원회의 집행부서로 사업한다. 정치기관들은 당의 로선과 정책을 관철하기 위한 투쟁에 당원들과 군중을 조직동원하기 위하여 당열성자회의를 소집할 수 있다.
2) 중앙기관에 조직된 정치국(정치부)들은 당 중앙위원회에 직속되어 그 지도 밑에 사업하며 자기 사업정형을 당중앙위원회에 정상적으로 보고한다. 정치국(정치부)들은 아래 정치기관들에 대한 지도에서 해당지역 당위원회들과 긴밀한 련계를 가진다.
3) 정치기관들은 조선로동당규약과 당중앙위원회가 비준한 지도서와 규정에 따라 조직되며 사업한다.

19. 당중앙위원회는 어떤 당조직이든지 당의 로선과 정책, 당 규약을 엄중하게 어기거나 집행하지 않을 때에는 해산하고 거기에 소속되었던 당원들을 개별적으로 심사하여 다시 등록하고 당조직을 새로 조직할 수 있다.

20. 정치, 군사, 경제적으로 중요한 지역과 부문, 특수한 환경에 맞는 당조직의 형식과 활동방법, 그 밖의 당건설에서 나서는 문제들을 따로 결정할 수 있다.

제3장 당의 중앙조직

21. 당대회는 당의 최고기관이다.

　　당대회는 당중앙위원회가 소집하며 당대회 소집날자는 여섯달 전에 발표한다.

　　당대회의 사업은 다음과 같다.

　　1) 당중앙위원회와 당중앙검사위원회의 사업을 총화한다.

　　2) 당의 강령과 규약을 채택 또는 수정 보충한다.

　　3) 당의 로선과 정책, 전략전술의 기본문제를 토의결정한다.

　　4) 조선로동당 총비서를 추대한다.

　　5) 당중앙위원회와 당중앙검사위원회를 선거한다.

22. 조선로동당 총비서는 당의 수반이다.

　　조선로동당 총비서는 당을 대표하며 전당을 령도한다.

　　조선로동당 총비서는 당중앙군사위원회 위원장으로 된다.

23. 당중앙위원회는 당대회와 당대회 사이에 당의 모든 사업을 조직지도한다.

　　당중앙위원회는 전당과 온 사회의 주체사상화를 당사업의 총적임무로 틀어쥐고 당의 유일사상체계와 유일적 령도체계를 튼튼히 세우며 당과 혁명대오를 수령결사옹위의 전투부대로 꾸리고 그 위력을 높이며 주체사상, 선군사상을 구현하여 당의 로선과 정책을 세우고 혁명투쟁과 건설사업을 정치적으로 지도하며 국내외의 각 정당, 단체들과 사업하며 당의 재정을 관리한다.

24. 당중앙위원회는 전원회의를 1년에 한 번 이상 소집한다.

　　당중앙위원회 전원회의는 해당 시기 당 앞에 나서는 중요한 문제들을 토의결정하며 당중앙위원회 정치국과 정치국상무위원회를 선거하며 당중앙위원회 비서들을 선거하고 비서국을 조직하며 당 중앙군사위원회를 조직하고 당중앙위원회 검열위원회를 선거한다.

25. 당중앙위원회 정치국과 정치국상무위원회는 전원회의와 전원회의 사이에 당중앙위원회의 이름으로 당의 모든 사업을 조직지도한다.

26. 당중앙위원회 비서국은 당 내부사업에서 나서는 문제와 그 밖의 실무적 문제들을 주로 토의결정하고 그 집행을 조직지도한다.

27. 당 중앙군사위원회는 당대회와 당대회 사이에 군사분야에서 나서는 모든 사업을 당적으로 조직지도한다.
    당 중앙군사위원회는 당의 군사로선과 정책을 관철하기 위한 대책을 토의 결정하며 혁명무력을 강화하고 군수공업을 발전시키기 위한 사업을 비롯 하여 국방사업 전반을 당적으로 지도한다.

28. 당중앙위원회 검열위원회는 당의 유일사상체계와 유일적령도체계에 어긋 나는 행동을 하거나 당 규약을 위반하는 것을 비롯하여 당규률을 어긴 당 원에게 당적 책임을 추궁하며 당규률 문제와 관련한 도(직할시) 당위원회 의 제의와 당원의 신소를 심의하고 처리한다.

29. 당중앙검사위원회는 당의 재정관리사업을 검사한다.

30. 당중앙위원회는 당대회와 당대회 사이에 당 대표자회를 소집할 수 있다.
    당 대표자회 대표자 선출비률과 대표자선거절차는 당중앙위원회가 규정한다.
    당 대표자회는 당의 로선과 정책, 전략전술의 중요한 문제들을 토의결정 하며 당중앙지도기관 성원들을 소환하고 보선한다.
    당 대표자회는 조선로동당 최고지도기관을 선거하거나 당 규약을 수정보 충할 수 있다.

제4장 당의 도(직할시) 조직

31. 도(직할시) 회는 당의 도(직할시) 조직의 최고지도기관이다.

도(직할시) 회는 당중앙위원회의 지시에 따라 도(직할시) 당위원회가 소집한다.

32. 도(직할시) 회의 사업은 다음과 같다.

1) 도(직할시) 당위원회와 도(직할시) 당검사위원회의 사업을 총화한다.
2) 도(직할시) 당위원회와 도(직할시) 당검사위원회를 선거한다.
3) 당대회에 보낼 대표자를 선거한다.

33. 도(직할시) 당위원회는 다음과 같은 사업을 한다.

당의 유일사상체계와 유일적 령도체계를 세우는 사업을 주선으로 틀어쥐고 당원들과 근로자들이 수령을 결사옹위하고 당의 로선과 정책을 결사관철하며 당과 혁명대오의 일심단결을 강화하고 수령의 유일적 령도 밑에 하나와 같이 움직이도록 지도한다.

간부대렬을 튼튼히 꾸리고 그 순결성을 보장하며 당원들에 대한 당생활지도를 강화하고 당력량을 합리적으로 배치하며 광범한 군중을 당의 두리에 묶어 세우며 당조직들을 튼튼히 꾸리고 그 전투적 기능과 역할을 높이도록 지도한다.

당원들과 근로자들을 주체형의 혁명가로 키우기 위한 사상교양을 강화하고 사회주의 강성대국 건설에서 대중의 정신력을 높이 발양시키며 제국주의자들의 사상문화적 침투책동을 짓부시고 온갖 이색적인 사상요소들과 비사회주의적 현상을 비롯한 부정적인 현상들을 반대하여 투쟁한다.

행정경제사업에 대한 당적 지도를 강화하여 정치, 경제문화의 모든 사업이 당의 정책적 요구에 맞게 진행되도록 하며 근로단체 조직들을 튼튼히 꾸리고 그 역할을 높이도록 지도한다. 민간무력의 전투력을 높이며 전투동원준비를 완성하고 인민군대를 적극 원호하도록 지도한다.

도(직할시) 당위원회의 재정을 관리한다.

당중앙위원회에 자기의 사업정형을 정상적으로 보고한다.

34. 도(직할시) 당위원회는 전원회의를 넉달에 한 번 이상 소집한다.

도(직할시) 당위원회 전원회의는 당의 로선과 정책을 관철하기 위한 대책을 토의결정하며 도(직할시) 당위원회 집행위원회와 책임비서, 비서들을 선거하고 비서처를 조직하며 도(직할시) 당위원회 군사위원회와 검열위원회를 선거한다.

35. 도(직할시) 당위원회 집행위원회, 비서처, 군사위원회, 검열위원회는 다음과 같은 사업을 한다.

1) 도(직할시) 당위원회 집행위원회는 전원회의와 전원회의 사이에 도(직할시) 당위원회의 이름으로 행정경제사업과 관련한 당정책관철에서 나서는 중요한 문제들을 토의결정하고 그 집행을 위한 사업을 조직지도한다. 도(직할시) 당위원회 집행위원회는 한 달에 두 번 이상 한다.

2) 도(직할시) 당위원회 비서처는 간부사업을 비롯한 당내부사업에서 나서는 문제들을 수시로 토의결정하고 조직집행한다.

3) 도(직할시) 당위원회 군사위원회는 당의 군사로선과 정책을 관철하기 위한 대책을 토의결정하고 그 집행을 위한 사업을 조직지도한다.

4) 도(직할시) 당위원회 검열위원회는 당의 유일사상체계와 유일적 령도체계에 어긋나는 행동을 하거나 당 규약을 위반하는 것을 비롯하여 당규률을 어긴 당원에게 당적 책임을 추궁하며 당규률 문제와 관련한 시, 군 당위원회의 제의와 당원의 출당을 최종적으로 비준하며 당규률 문제와 관련한 당원의 신소를 심의하고 처리한다.

제5장 당의 시(구역), 당조직

36. 시(구역), 군 회는 당의 시(구역), 군조직의 최고지도기관이다.

시(구역), 군 회는 당중앙위원회의 지시에 따라 시(구역), 군 당위원회가 소집한다.

37. 시(구역), 군 회의 사업은 다음과 같다.

  1) 시(구역), 군 당위원회와 시(구역), 군 당검사위원회의 사업을 총화한다.
  2) 시(구역), 군 당위원회와 시(구역), 군 당검사위원회를 선거한다.
  3) 도(직할시) 회에 보낼 대표자를 선거한다.

38. 시(구역), 군 당위원회는 당의 말단지도단위, 집행단위로서 다음과 같은
    사업을 한다.
    당의 유일사상체계와 유일적 령도체계를 세우는 사업을 주선으로 틀어쥐
    고 당원들과 근로자들이 수령을 결사옹위하며 주체사상, 선군사상과 혁명
    전통으로 튼튼히 무장하고 당의 로선과 정책을 결사 관철하며 당과 혁명
    대오의 일심단결을 강화하고 수령의 유일적 령도 밑에 하나와 같이 움직
    이는 혁명적 규률을 세우도록 한다.
    간부대렬을 튼튼히 꾸리고 일군들의 책임성과 역할을 높이며 당생활지도
    체계를 정연하게 세우고 당생활지도를 강화하며 당장성사업과 당원등록
    사업을 진행하고 군중과의 사업을 강화하여 그들을 당의 두리에 묶어 세
    우며 기층 당조직들을 튼튼히 꾸리고 그 전투적 기능과 역할을 높이기 위
    한 사업을 조직진행한다.
    선전선동체계를 정연하게 세우고 당원들과 근로자들을 주체형의 혁명가
    로 키우기 위한 사상교양을 강화하며 사회주의 강성대국건설을 위한 투쟁
    에서 대중의 정신력을 높이 발양시키며 부르죠아 사상문화의 침습을 막고
    온갖 이색적인 사상요소들과 비사회주의적 현상을 비롯한 부정적인 현상
    들을 반대하여 투쟁한다.
    행정경제사업에 대한 당적 지도를 강화하여 해당 단위의 모든 사업이 당
    의 정책적 요구에 맞게 진행되도록 하고 인민 생활을 향상시키며 근로단
    체조직들을 튼튼히 꾸리고 그 기능과 역할을 높이도록 한다.
    로농적위대와 붉은청년근위대 대렬을 튼튼히 꾸리고 정치군사훈련을 강
    화하며 전투동원준비를 완성하고 인민군대를 적극 원호한다.
    시(구역), 군 당위원회의 재정을 관리한다.

상급당위원회에 자기의 사업정형을 정상적으로 보고한다.

39. 시(구역), 군 당위원회는 전원회의를 석 달에 한 번 이상 소집한다.
시(구역), 군 당위원회 전원회의는 당의 로선과 정책을 관철하기 위한 대책을 토의결정하며 시(구역), 군 당위원회 집행위원회와 책임비서, 비서들을 선거하고 비서처를 조직하며 시(구역), 군 당위원회 군사위원회와 검열위원회를 선거한다.

40. 시(구역), 군 당위원회 집행위원회, 비서처, 군사위원회, 검열위원회는 다음과 같은 사업을 한다.

1) 시(구역), 군 당위원회 집행위원회는 전원회의와 전원회의 사이에 시(구역), 군 당위원회의 이름으로 행정경제사업과 관련한 당정책 관철에서 나서는 중요한 문제들을 토의결정하고 그 집행을 위한 사업을 조직지도한다. 시(구역), 군 당위원회 집행위원회는 한 달에 두 번 이상 한다.
2) 시(구역), 군 당위원회 비서처는 간부사업을 비롯한 당내부 사업에서 나서는 문제들을 수시로 토의결정하고 조직집행한다.
3) 시(구역), 군 당위원회 군사위원회는 당의 군사로선과 정책을 관철하기 위한 대책을 토의결정하고 그 집행을 위한 사업을 조직지도한다.
4) 시(구역), 군 당위원회 검열위원회는 당의 유일사상체계와 유일적 령도체와 유일적 령도체계에 어긋나는 행동을 하거나 당 규약을 위반하는 것을 비롯하여 당규률을 어긴 당원에게 당적 책임을 추궁하며 당규률 문제와 관련한 당세포의 결정을 토의비준하며 당규률 문제와 관련한 당원의 신소를 심의하고 처리한다.

제6장 당의 기층조직

41. 당의 기층조직에서는 초급당, 분초급당, 부문당, 당세포가 있다.
당의 말단기층조직은 당세포이다.

당세포는 당원들의 당생활의 거점이며 당과 대중을 이어주고 군중을 당의 두리에 묶어 세우는 기본단위이며 당원들과 근로자들을 조직동원하여 당의 로선과 정책을 관철하는 직접적 전투단위이다.

42. 당의 기층조직은 다음과 같이 조직한다.

1) 당원이 5명부터 30명까지 있는 단위에는 당세포를 조직한다.
당원이 5명 못 되는 단위에는 따로 당세포를 조직하지 않고 그 단위의 당원들과 후보당원들을 가까이에 있는 당세포에 소속시키거나 사업의 성격과 린접관계를 고려하여 두 개 이상 단위의 당원들을 합하여 당세포를 조직할 수 있다.
당원이 3명 못 되는 단위에는 시(구역), 군 당위원회가 추천하는 당원을 책임자로 하는 당소조를 조직할 수 있다.
2) 당원이 31명 이상 있는 단위에는 초급당을 조직한다.
3) 초급당과 당세포 사이에 당원이 31명 이상 있는 생산 및 사업단위에는 부문당을 조직한다.
4) 초급당, 부문당, 당세포의 조직형식만으로 기층 당조직을 합리적으로 조직할 수 없을 때에는 초급당과 부문당 사이의 생산 및 사업단위에 분초급당을 조직한다.
이상의 당조직형식들이 실정에 맞지 않을 때에는 당중앙위원회의 비준을 받아 다른 형식의 당조직을 내세울 수 있다.
5) 다른 단위에 림시 이동하여 생활하는 당원들로 림시당조직을 조직한다.

43. 당총회(회)는 당의 기층조직의 최고지도기관이다.

1) 당세포 총회는 한 달에 한 번 이상 한다.
2) 초급당, 분초급당, 부문당 총회는 석 달에 한 번 이상한다.
당원과 후보당원이 500명이 넘거나 아래 당조직이 멀리 널려져 있을 때에는 초급당총회(대표회)를 1년에 한 번 이상 할 수 있다.

44. 기층 당조직에서는 1년에 한 번씩 지도기관 사업을 총화하고 새로운 지도기관을 선거한다.

1) 당세포에서는 총회에서 당세포사업을 총화하고 비서와 부비서를 선거한다. 시(구역), 군 당위원회에 직속된 당세포에 당원이 20명 이상 되면 당세포위원회를 선거하고 그 위원회에서 비서와 부비서들을 선거한다.
당세포위원회는 한 달에 한 번 이상 한다.
2) 초급당, 분초급당, 부문당에서는 당총회(회)에서 해당 당위원회 사업을 총화하고 새로운 당위원회를 선거하며 그 위원회에서 비서와 부비서들을 선거한다.
초급당, 분초급당위원회에서는 필요에 따라 집행위원회를 선거할 수 있다.
초급당, 분초급당, 부문당위원회는 한 달에 두 번 이상 하며 집행위원회가 조직된 초급당, 분초급당에서는 한 달에 위원회는 한 번 이상, 집행위원회는 두 번 이상 한다.

45. 기층 당조직의 임무는 다음과 같다.

1) 당원들과 근로자들 속에 당의 유일사상체계와 유일적 령도체계를 튼튼히 세운다.
당원들과 근로자들이 투철한 혁명적 수령관을 지니고 수령을 결사옹위하며 주체사상, 선군사상과 혁명전통으로 튼튼히 무장하고 당의 로선과 정책을 결사관철하며 당과 혁명대오의 일심단결을 강화하고 수령의 유일적 령도 밑에 하나와 같이 움직이는 혁명적 규률을 세우도록 한다.
2) 당원들에 대한 당생활조직과 지도를 강화한다.
당원, 후보당원들을 당조직에 빠짐없이 소속시키고 당회의와 당생활총화, 당학습을 높은 정치사상적 수준에서 조직진행하며 당원들에게 당적 분공을 정상적으로 주고 총화하며 당원들이 당 규약상 규범의 요구대로 사업하고 생활하며 혁명과업수행에서 선봉적 역할을 하도록 한다.
3) 초급일군대렬을 튼튼히 꾸리며 검열되고 준비된 사람들을 당에 받아들인다.

초급일군들을 당과 수령에게 충실하고 실력이 있으며 사업작풍이 좋은 사람들로 선발배치하고 그들이 맡은 일을 잘하도록 지도하며 입당대상자들을 료해장악하고 체계적으로 키우며 당원의 자격을 갖춘 사람들을 엄선하여 당에 받아들인다.

4) 당원들과 근로자들에 대한 사상교양사업을 힘있게 벌린다.

당원들과 근로자들 속에서 주체사상, 선군사상원리교양, 충실성교양, 당정책교양, 혁명전통교양, 계급교양, 집단주의교양, 사회주의애국주의교양, 혁명적 신념과 락관주의교양, 사회주의도덕교양을 비롯한 사상교양을 강화하여 부르죠아사상문화의 침습을 막고 비사회주의적 현상을 비롯한 온갖 부정적인 현상들을 반대하여 견결히 투쟁하도록 한다.

5) 군중과의 사업을 실속있게 진행한다.

군중과의 사업체계를 정연하게 세우고 군중을 혁명적으로 교양 개조하며 민심을 틀어쥐고 군중의 요구와 의견을 제때에 풀어주며 군중을 당의 두리에 묶어 세운다.

행정경제사업에 대한 당적 지도를 강화한다.

당의 로선과 정책을 관철하기 위한 대책을 집체적으로 토의결정하고 그 집행을 위한 조직정치사업을 실속있게 진행하며 근로자들의 정신력을 높이 발양시키고 최첨단을 돌파하기 위한 투쟁을 힘있게 벌려 생산과 건설에서 끊임없는 혁신을 일으키며 생산문화, 생활문화를 확립하고 국가사회재산을 주인답게 관리하며 근로자들의 후방사업을 개선하도록 한다.

7) 근로단체사업에 대한 당적지도를 실속있게 진행한다.

근로단체 초급일군들을 잘 꾸리고 그들의 역할을 높이며 근로단체 조직들의 사업정형을 료해하고 개선대책을 세우며 근로단체조직들에 사업방향을 정상적으로 주고 근로단체 조직들이 자립성과 창발성을 높여 본신 임무를 원만히 수행하도록 한다.

8) 민방위 사업을 강화하며 인민군대를 적극 원호한다.

로농적위대와 붉은청년근위대 대렬을 튼튼히 꾸리고 정치군사훈련을 강화하도록 하며 자기 단위의 전투동원 준비를 완성하며 원군기풍을 세우고 인민군대를 성심성의로 원호한다.

9) 3대혁명붉은기쟁취운동을 비롯한 대중운동을 힘있게 벌린다.

10) 상급당위원회에 자기의 사업정형을 정상적으로 보고한다.

제7장 조선인민군 안의 당조직

46. 조선인민군은 위대한 수령 김일성 동지께서 항일혁명투쟁의 불길 속에서 몸소 창건하신 혁명적 무장력이다.

조선인민군은 당위 위업, 주체혁명위업을 무장으로 옹호 보위하는 수령의 군대, 당의 선군혁명령도를 맨 앞장에서 받들어나가는 혁명의 핵심부대, 주력군이다.

조선인민군은 모든 정치활동을 당의 령도 밑에 진행한다.

47. 조선인민군 각급 단위에는 당조직을 두며 그를 망라하는 조선인민군 당위원회를 조직한다.

조선인민군 당위원회는 당중앙위원회 지도 밑에 사업한다.

48. 조선인민군 안의 각급 당조직들은 다음과 같은 사업을 한다.

전군의 주체사상화를 군건설의 총적과업으로 틀어쥐고 그 실현을 위하여 투쟁한다.

당의 유일적 령군체계와 혁명적 군풍을 확고히 세워 인민군대 안에 당의 사상과 령도의 유일성을 철저히 보장하며 모든 당원들과 군인들을 당과 수령을 결사옹위하는 총폭탄으로, 조국과 인민을 위하여 한목숨 바쳐 싸우는 당의 참된 전사로 튼튼히 준비시킨다.

간부대렬과 당대렬을 튼튼히 꾸리며 당원들에 대한 당생활조직과 지도를 강화하여 그들의 당성을 끊임없이 단련한다.

당원들과 근로자들 속에서 사상교양사업을 강화하여 그들을 주체사상, 선군사상으로 튼튼히 무장한 사상과 신념의 강자로 키운다.

인민군 안의 청년동맹조직들을 튼튼히 꾸리고 그 기능과 역할을 높이도록 한다.

당위원회의 집체적 지도를 강화하고 군사사업을 당적으로, 정치적으로, 군사기술적으로, 육체적으로 튼튼히 준비시킨다.

군인들 속에서 혁명적 동지애와 관병일치, 군민일치의 전통적 미풍을 높이 발양시킨다.

49. 조선인민군 각급 단위에는 정치기관을 조직한다.

조선인민군 총정치국은 인민군 당위원회의 집행부서로서 당중앙위원회 부서와 같은 권능을 가지고 사업한다.

조선인민군 총정치국 아래 각급 정치부들은 해당 당위원회의 집행부로서 당정치사업을 조직집행한다.

50. 조선인민군 각급 부대들에는 정치위원을 둔다.

정치위원은 해당 부대에 파견된 당의 대표로서 당정치사업과 군사사업을 비롯한 부대 안의 전반사업에 대하여 당적으로, 정치적으로 책임지며 부대의 모든 사업이 당의 로선과 정책에 맞게 진행되도록 장악지도한다.

51. 조선인민군 안의 각급 당조직들과 정치기관들은 조선로동당규약과 조선인민군 당정치사업지도서에 따라 사업한다.

제8장 당과 인민정권

52. 인민정권은 위대한 수령 김일성 동지께서 창건하신 인민대중 중심의 사회주의 정권이다.

인민정권은 사회주의위업, 주체혁명위업 수행의 강력한 정치적 무기이며 당과 인민대중을 련결시키는 가장 포괄적인 인전대이며 당의 로선과 정책의 집행자이다.

인민정권기관은 당의 령도 밑에 활동한다.

53. 당은 인민정권기관 안의 당의 유일사상체계와 유일적 령도체계를 튼튼히 세우고 인민정권이 주체사상, 선군사상과 그 구현인 당의 로선과 정책을 철저히 관철하도록 정치적으로 지도한다.

54. 당은 인민정권이 인민대중의 자주적 권리와 리익의 대표자, 창조적 능력과 활동의 조직자, 인민 생활을 책임진 호주로서의 사명을 훌륭히 수행하며 사회에 대한 통일적 지도기능과 인민민주주의 독재기능을 강화하여 사회주의 제도를 옹호 고수하고 공고 발전시키며 사회주의 강성대국 건설을 다그치도록 지도한다.

55. 각급 당조직들은 인민정권기관 일군대렬을 튼튼히 꾸리고 일군들의 역할을 높이며 인민정권기관들이 본신 임무를 책임적으로 수행하도록 지도한다.

제9장 당과 근로단체

56. 근로단체들은 위대한 수령 김일성 동지께서 조직하신 근로자들의 대중적 정치 조직이며 사상교양 단체이다.
근로단체들은 당의 외곽단체이고 당과 대중을 련결시키는 인전대이며 당의 믿음직한 방조자이다.
김일성사회주의청년동맹은 조선청년운동의 개척자이신 위대한 수령 김일성 동지께서 몸소 무어주신 주체적인 청년조직이며 주체혁명 선군혁명의 대를 이어 나갈 당의 정치적 후비대이다.
근로단체들은 당의 령도 밑에 활동한다.

57. 당은 근로단체조직들 안에 당의 유일사상체계와 유일적 령도체계를 튼튼히 세워 근로단체들을 당에 충실한 정치조직으로 만들며 근로단체들이 당의 사상과 로선을 철저히 관철하도록 정치적으로 지도한다.
당은 근로단체들이 동맹원들 속에서 사상교양사업과 동맹조직 생활을 강화하고 대중운동을 힘있게 벌려 그들을 당의 두리에 튼튼히 묶어 세우며 사회주의 강성대국 건설에 적극 조직동원하도록 지도한다.

당은 청년중시로선을 일관하게 틀어쥐고 김일성사회주의청년동맹이 당에 끝없이 충실한 청년전위의 대오, 조국보위와 사회주의 강성대국건설에 앞장서는 돌격대가 되도록 지도한다.

58. 각급 당조직들은 청년동맹을 비롯한 근로단체 일군대렬을 튼튼히 꾸리고 근로단체들의 특성에 맞게 사업방향을 정확히 주며 근로단체조직들이 본신 임무를 자립적으로, 창발적으로 수행하도록 지도한다.

제10장 당마크, 당기

59. 당마크는 마치와 낫, 붓이 한곳에서 교차되게 그려진 조선로동당의 상징적 표식이다.

당마크는 조선로동당이 수령을 중심으로 하여 조직사상적으로 굳게 뭉친 로동자, 농민, 인테리를 비롯한 근로인대중의 전위부대이며 인민대중 속에 깊이 뿌리박고 인민대중의 요구와 리익을 위하여 투쟁하는 혁명적이며 대중적인 당이라는 것을 상징한다.

60. 당기는 붉은색 기폭의 중심에 당마크가 새겨져 있는 조선로동당의 상징적 기발이다.

당기는 위대한 수령 김일성 동지의 혁명사상을 지도사상으로 하고 백두의 혁명 전통을 순결하게 이어나가며 전체인민을 당과 수령의 두리에 굳게 묶어 세워 주체혁명 위업을 끝까지 완성해 나가는 조선로동당의 혁명적이며 대중적인 성격과 불굴의 의지, 투쟁정신을 상징한다.

조선노동당규약 서문

주체101(2012)년 4월 12일 노동신문

조선로동당은 위대한 김일성동지와 김정일동지의 당이다.

위대한 김일성동지는 조선로동당의 창건자이시고 당과 혁명을 백승의 한길로 이끌어오신 탁월한 령도자이시며 조선로동당과 조선인민의 영원한 수령이시다.

위대한 수령 김일성동지는 영생불멸의 주체사상을 창시하시고 항일혁명의 불길속에서 마련하신 당창건의 조직사상적기초와 빛나는 혁명전통에 토대하여 영광스러운 조선로동당을 창건하시였으며 조선로동당을 사상의지적으로 통일단결되고 높은 조직성과 규률성을 지닌 강철의 당으로,인민대중의 절대적인 지지와 신뢰를 받는 위력한 당으로,주체혁명의 대를 굳건히 이어나가는 불패의 당으로 강화발전시키시였다.

위대한 수령 김일성동지는 혁명무력과 인민정권을 창건하시고 혁명의 주체적력량을 비상히 강화하시였으며 항일혁명투쟁과 조국해방전쟁,민주주의혁명과 사회주의혁명을 승리에로 이끄시여 민족해방,계급해방의 력사적위업을 이룩하시고 사회주의건설을 힘있게 다그쳐 이 땅우에 자주,자립,자위로 위용떨치는 인민대중중심의 사회주의나라를 일떠세우시였으며 조국통일과 인류자주위업수행에 거대한 공헌을 하시였다.

위대한 김정일동지는 조선로동당을 위대한 김일성동지의 당으로 강화발전시키시고 선군혁명을 승리에로 이끌어오신 탁월한 령도자이시며 조선로동당의 영원한 총비서이시고 조선로동당과 조선인민의 영원한 수령이시다.

위대한 령도자 김정일동지는 주체사상을 자주시대의 위대한 지도사상으로 심화발전시키시고 조선로동당을 유일사상체계와 유일적령도체계가 확고히 선 사상적순결체,조직적전일체로 건설하시였으며 조선로동당을 인민대중과 혼연일체를 이루고 인민대중의 운명을 책임지고 보살피는 어머니당으로,높은 령도예술을 지닌 로숙하고 세련된 당으로,령도의 계승성을 확고히 보장한 전도양양한 당으로 강화발전시키시였다.

위대한 령도자 김정일동지는 온 사회의 김일성주의화를 당의 최고강령으로 내세우시고 혁명과 건설의 모든 분야에서 기적과 변혁의 새 력사를 창조하시였으며 선군의 기치높이 나라와 민족의 자주권을 굳건히 수호하시고 김일성조선을 일심단결된 정치사상강국,무적의 군사강국으로 일떠세우시였으며 조국땅우에 강성번영의 일대 전성기를 펼치시고 조국통일과 세계의 자주화위업수행에서 전환적국면을 열어놓으시였다.

위대한 김일성동지와 김정일동지는 천재적인 예지와 비범한 령도력,불굴의 의지와 인민에 대한 열렬한 사랑을 지니시고 한평생을 오로지 당의 강화발전과 인민의 행복을 위하여 모든것을 다 바치신 탁월한 사상리론가,걸출한 령도자,인민의 자애로운 어버이이시다.

조선로동당은 위대한 김일성동지와 김정일동지의 성스러운 혁명생애와 고귀한 업적을 천추만대에 빛내여나갈것이며 김일성동지와 김정일동지의 거룩한 존함은 조선로동당과 더불어 영구불멸할것이다.

경애하는 김정은동지는 위대한 김일성동지와 김정일동지의 혁명위업을 승리에로 이끄시는 조선로동당과 조선인민의 위대한 령도자이시다.

조선로동당은 위대한 김일성동지와 김정일동지를 영원히 높이 모시고 경애하는 김정은동지를 중심으로 하여 조직사상적으로 공고하게 결합된 로동계급과 근로인민대중의 핵심부대,전위부대이다.

조선로동당은 위대한 김일성-김정일주의를 유일한 지도사상으로 하는 김일성-김정일주의당,주체형의 혁명적당이다.

조선로동당은 위대한 김일성-김정일주의를 당건설과 당활동의 출발점으로,당의 조직사상적공고화의 기초로,혁명과 건설을 령도하는데서 지도적지침으로 한다.

조선로동당은 위대한 김일성동지와 김정일동지께서 이룩하신 주체의 혁명전통을 고수하고 계승발전시키며 당건설과 당활동의 초석으로 삼는다.

조선로동당은 로동자,농민,인테리를 비롯한 근로인민대중속에 깊이 뿌리박고 그들가운데서 사회주의위업의 승리를 위하여 몸바쳐싸우는 선진투사들로 조직한 로동계급의 혁명적당,근로인민대중의 대중적당이다.

조선로동당은 조선민족과 조선인민의 리익을 대표한다.

조선로동당은 근로인민대중의 모든 정치조직들가운데서 가장 높은 형태의 정치조직이며 정치,군사,경제,문화를 비롯한 모든 분야를 통일적으로 이끌어나가는 사회의 령도적 정치조직이며 혁명의 참모부이다.

조선로동당은 위대한 김일성동지와 김정일동지의 위업,주체혁명위업의 승리를 위하여 투쟁한다.

조선로동당의 당면목적은 공화국북반부에서 사회주의강성국가를 건설하며 전국적범위에서 민족해방민주주의혁명의 과업을 수행하는데 있으며 최종목적은 온 사회를 김일성-김정일주의화하여 인민대중의 자주성을 완전히 실현하는데 있다.

조선로동당은 당안에 사상과 령도의 유일성을 보장하고 당이 인민대중과 혼연일체를 이루며 당건설에서 계승성을 보장하는것을 당건설의 기본원칙으로 한다.

조선로동당은 당의 유일적령도체계를 세우는 사업을 주선으로 틀어쥐고 당대렬을 수령결사옹위의 전위대오로 꾸리며 경애하는 김정은동지를 중심으로 하는 당과 군대와 인민의 일심단결을 백방으로 강화하고 그 위력을 높이 발양시켜나간다.

조선로동당은 주체사상교양을 강화하며 자본주의사상,봉건유교사상,수정주의,교조주의, 사대주의를 비롯한 온갖 반동적,기회주의적사상조류들을 반대배격하며 맑스－레닌주의의 혁명적원칙을 견지한다.

조선로동당은 계급로선과 군중로선을 철저히 관철하여 당과 혁명의 계급진지를 굳건히 다지며 인민의 리익을 옹호하고 인민을 위하여 복무하며 인민대중의 운명을 책임지고 돌보는 어머니당으로서의 본분을 다해나간다.

조선로동당은 인민생활을 끊임없이 높이는것을 당활동의 최고원칙으로 한다.

조선로동당은 사람과의 사업을 당사업의 기본으로 한다.

조선로동당은 사상을 기본으로 틀어쥐고 인민대중의 정신력을 발동하여 모든 문제를 풀어나간다.

조선로동당은 항일유격대식사업방법,주체의 사업방법을 구현한다.

조선로동당은 혁명과 건설을 령도하는데서 로동계급적원칙,사회주의원칙을 견지하며 주체성과 민족성을 고수한다.

조선로동당은 선군정치를 사회주의기본정치방식으로 확립하고 선군의 기치밑에 혁명과 건설을 령도한다.

조선로동당은 인민정권을 강화하고 사상,기술,문화의 3대혁명을 힘있게 다그치는것을 사회주의건설의 총로선으로 틀어쥐고나간다.

조선로동당은 혁명대오를 정치사상적으로 튼튼히 꾸리고 인민대중중심의 사회주의제도를 공고발전시키며 인민군대를 강화하고 나라의 방위력을 철벽으로 다지며 사회주의자립적민족경제와 사회주의문화를 발전시켜나간다.

조선로동당은 근로단체들의 역할을 높여 광범한 군중을 당의 두리에 묶어세우며 사회주의강성국가건설을 위한 투쟁에로 조직동원한다.

조선로동당은 전조선의 애국적민주력량과의 통일전선을 강화한다.

조선로동당은 남조선에서 미제의 침략무력을 몰아내고 온갖 외세의 지배와 간섭을 끝장내며 일본군국주의의 재침책동을 짓부시며 사회의 민주화와 생존의 권리를 위한 남조선인민들의 투쟁을 적극 지지성원하며 우리 민족끼리 힘을 합쳐 자주,평화통일,민족대단결의 원칙에서 조국을 통일하고 나라와 민족의 통일적발전을 이룩하기 위하여 투쟁한다.

조선로동당은 자주,평화,친선을 대외정책의 기본리념으로 하여 반제자주력량과의 련대성을 강화하고 다른 나라들과의 선린우호관계를 발전시키며 제국주의의 침략과 전쟁책동을 반대하고 세계의 자주화와 평화를 위하여, 세계사회주의운동의 발전을 위하여 투쟁한다. (끝)

조선민주주의인민공화국
사회주의헌법

주체61(1972)년 12월 27일 최고인민회의 제5기 제1차회의에서 채택
주체81(1992)년 4월 9일 최고인민회의 제9기 제3차회의에서 수정보충
주체87(1998)년 9월 5일 최고인민회의 제10기 제1차회의에서 수정보충
주체98(2009)년 4월 9일 최고인민회의 제12기 제1차회의에서 수정보충
주체99(2010)년 4월 9일 최고인민회의 제12기 제2차회의에서 수정
주체101(2012)년 4월 13일 최고인민회의 제12기 제5차회의에서 수정보충

서　　문

조선민주주의인민공화국은 위대한 수령 김일성동지와 위대한 령도자 김정일동지의 사상과 령도를 구현한 주체의 사회주의조국이다.

위대한 수령 김일성동지는 조선민주주의인민공화국의 창건자이시며 사회주의조선의 시조이시다.

김일성동지께서는 영생불멸의 주체사상을 창시하시고 그 기치밑에 항일혁명투쟁을 조직령도하시여 영광스러운 혁명전통을 마련하시고 조국광복의 력사적위업을 이룩하시였으며 정치, 경제, 문화, 군사분야에서 자주독립국가건설의 튼튼한 토대를 닦은데 기초하여 조선민주주의인민공화국을 창건하시였다.

김일성동지께서는 주체적인 혁명로선을 내놓으시고 여러 단계의 사회혁명과 건설사업을 현명하게 령도하시여 공화국을 인민대중중심의 사회주의나라로, 자주, 자립, 자위의 사회주의국가로 강화발전시키시였다.

김일성동지께서는 국가건설과 국가활동의 근본원칙을 밝히시고 가장 우월한 국가사회제도와 정치방식, 사회관리체계와 관리방법을 확립하시였으며 사회주의조국의 부강번영과 주체혁명위업의 계승완성을 위한 확고한 토대를 마련하시였다.

위대한 령도자 김정일동지는 김일성동지의 사상과 위업을 받들어 우리 공화국을 김일성동지의 국가로 강화발전시키시고 민족의 존엄과 국력을 최상의 경지에 올려세우신 절세의 애국자, 사회주의조선의 수호자이시다.

김정일동지께서는 김일성동지께서 창시하신 영생불멸의 주체사상, 선군사상을 전면적으로 심화발전시키시고 자주시대의 지도사상으로 빛내이시였으며 주체의 혁명전통을 견결히 옹호고수하시고 순결하게 계승발전시키시여 조선혁명의 명맥을 굳건히 이어놓으시였다.

김정일동지께서는 세계사회주의체계의 붕괴와 제국주의련합의 악랄한 반공화국압살공세속에서 선군정치로 김일성동지의 고귀한 유산인 사회주의전취물을 영예롭게 수호하시고 우리 조국을 불패의 정치사상강국, 핵보유국, 무적의 군사강국으로 전변시키시였으며 강성국가건설의 휘황한 대통로를 열어놓으시였다.

김일성동지와 김정일동지께서는 《이민위천》을 좌우명으로 삼으시여 언제나 인민들과 함께 계시고 인민을 위하여 한평생을 바치시였으며 숭고한 인덕정치로 인민들을 보살피시고 이끄시여 온 사회를 일심단결된 하나의 대가정으로 전변시키시였다.

위대한 수령 김일성동지와 위대한 령도자 김정일동지는 민족의 태양이시며 조국통일의 구성이시다. 김일성동지와 김정일동지께서는 나라의 통일을 민족지상의 파업으로 내세우시고 그 실현을 위하여 온갖 로고와 심혈을 다 바치시였다. 김일성동지와 **김정일동지**께서는 공화국을 조국통일의 강유력한 보루로 다지시는 한편 조국통일의 근본원칙과 방도를 제시하고 조국통일운동을 전민족적인 운동으로 발전시키시여 온 민족의 단합된 힘으로 조국통일위업을 성취하기 위한 길을 열어놓으시였다.

위대한 수령 김일성동지와 위대한 령도자 김정일동지께서는 조선민주주의인민공화국의 대외정책의 기본리념을 밝히시고 그에 기초하여 나라의 대외관계를 확대발전시키시였으며 공화국의 국제적권위를 높이 떨치게 하시였다. 김일성동지와 김정일동지는 세계정치의 원로로서 자주의 새시대를 개척하시고 사회주의운동과 뿔럭불가담운동의 강화발전을 위하여, 세계평화와 인민들사이의 친선을 위하여 정력적으로 활동하시였으며 인류의 자주위업에 불멸의 공헌을 하시였다.

김일성동지와 김정일동지는 사상리론과 령도예술의 천재이시고 백전백승의 강철의 령장이시였으며 위대한 혁명가, 정치가이시고 위대한 인간이시였다.

김일성동지와 김정일동지의 위대한 사상과 령도업적은 조선혁명의 만년재보이며 조선민주주의인민공화국의 륭성번영을 위한 기본담보이다.

조선민주주의인민공화국과 조선인민은 조선로동당의 령도밑에 위대한 수령 김일성동지를 공화국의 영원한 주석으로, 위대한 령도자 김정일동지를 공화국의 영원한 국방위원회 위원장으로 높이 모시며 김일성동지와 김정일동지의 사상과 업적을 옹호고수하고 계승발전시켜 주체혁명위업을 끝까지 완성하여나갈것이다.

조선민주주의인민공화국 사회주의헌법은 위대한 수령 김일성동지와 위대한 령도자 **김정일동지**의 주체적인 국가건설사상과 국가건설업적을 법화한 김일성ㅡ김정일헌법이다.

제1장 정 치

제1조 조선민주주의인민공화국은 전체 조선인민의 리익을 대표하는 자주적인 사회주의국가이다.

제2조 조선민주주의인민공화국은 제국주의침략자들을 반대하며 조국의 광복과 인민의 자유와 행복을 실현하기 위한 영광스러운 혁명투쟁에서 이룩한 빛나는 전통을 이어받은 혁명적인 국가이다.

제3조 조선민주주의인민공화국은 사람중심의 세계관이며 인민대중의 자주성을 실현하기 위한 혁명사상인 주체사상, 선군사상을 자기 활동의 지도적지침으로 삼는다.

제4조 조선민주주의인민공화국의 주권은 로동자, 농민, 군인, 근로인테리를 비롯한 근로인민에게 있다.

근로인민은 자기의 대표기관인 최고인민회의와 지방 각급 인민회의를 통하여 주권을 행사한다.

제5조 조선민주주의인민공화국에서 모든 국가기관들은 민주주의중앙집권제원칙에 의하여 조직되고 운영된다.

제6조 군인민회의로부터 최고인민회의에 이르기까지의 각급 주권기관은 일반적, 평등적, 직접적원칙에 의하여 비밀투표로 선거한다.

제7조 각급 주권기관의 대의원은 선거자들과 밀접한 련계를 가지며 자기 사업에 대하여 선거자들앞에 책임진다.

선거자들은 자기가 선거한 대의원이 신임을 잃은 경우에 언제든지 소환할수 있다.

제8조 조선민주주의인민공화국의 사회제도는 근로인민대중이 모든것의 주인으로 되고있으며 사회의 모든것이 근로인민대중을 위하여 복무하는 사람중심의 사회제도이다.

국가는 착취와 압박에서 해방되여 국가와 사회의 주인으로 된 로동자, 농민, 군인, 근로인테리를 비롯한 근로인민의 리익을 옹호하며 인권을 존중하고 보호한다.

제9조 조선민주주의인민공화국은 북반부에서 인민정권을 강화하고 사상, 기술, 문화의 3대혁명을 힘있게 벌려 사회주의의 완전한 승리를 이룩하며 자주, 평화통일, 민족대단결의 원칙에서 조국통일을 실현하기 위하여 투쟁한다.

제10조 조선민주주의인민공화국은 로동계급이 령도하는 로농동맹에 기초한 전체 인민의 정치사상적통일에 의거한다.

국가는 사상혁명을 강화하여 사회의 모든 성원들을 혁명화, 로동계급화하며 온 사회를 동지적으로 결합된 하나의 집단으로 만든다.

제11조 조선민주주의인민공화국은 조선로동당의 령도밑에 모든 활동을 진행한다.

제12조 국가는 계급로선을 견지하며 인민민주주의독재를 강화하여 내외적대분자들의 파괴책동으로부터 인민주권과 사회주의제도를 굳건히 보위한다.

제13조 국가는 군중로선을 구현하며 모든 사업에서 우가 아래를 도와주고 대중속에 들어가 문제해결의 방도를 찾으며 정치사업, 사람과의 사업을 앞세워 대중의 자각적열성을 불러일으키는 청산리정신, 청산리방법을 관철한다.

제14조 국가는 3대혁명붉은기쟁취운동을 비롯한 대중운동을 힘있게 벌려 사회주의건설을 최대한으로 다그친다.

제15조 조선민주주의인민공화국은 해외에 있는 조선동포들의 민주주의적민족권리와 국제법에서 공인된 합법적권리와 리익을 옹호한다.

제16조 조선민주주의인민공화국은 자기 령역안에 있는 다른 나라 사람의 합법적권리와 리익을 보장한다.

제17조 자주, 평화, 친선은 조선민주주의인민공화국의 대외정책의 기본리념이며 대외활동원칙이다.

국가는 우리 나라를 우호적으로 대하는 모든 나라들과 완전한 평등과 자주성, 호상존중과 내정불간섭, 호혜의 원칙에서 국가적 또는 정치, 경제, 문화적관계를 맺는다.

국가는 자주성을 옹호하는 세계인민들과 단결하며 온갖 형태의 침략과 내정간섭을 반대하고 나라의 자주권과 민족적, 계급적해방을 실현하기 위한 모든 나라 인민들의 투쟁을 적극 지지성원한다.

제18조 조선민주주의인민공화국의 법은 근로인민의 의사와 리익의 반영이며 국가관리의 기본무기이다.

법에 대한 존중과 엄격한 준수집행은 모든 기관, 기업소, 단체와 공민에게 있어서 의무적이다.

국가는 사회주의법률제도를 완비하고 사회주의법무생활을 강화한다.

제2장 경 제

제19조 조선민주주의인민공화국은 사회주의적생산관계와 자립적민족경제의 토대에 의거한다.

제20조 조선민주주의인민공화국에서 생산수단은 국가와 사회협동단체가 소유한다.

제21조 국가소유는 전체 인민의 소유이다.

국가소유권의 대상에는 제한이 없다.

나라의 모든 자연부원, 철도, 항공운수, 체신기관과 중요공장, 기업소, 항만, 은행은 국가만이 소유한다.

국가는 나라의 경제발전에서 주도적역할을 하는 국가소유를 우선적으로 보호하며 장성시킨다.

제22조 사회협동단체소유는 해당 단체에 들어있는 근로자들의 집단적소유이다.

토지, 농기계, 배, 중소공장, 기업소 같은것은 사회협동단체가 소유할수 있다.

국가는 사회협동단체소유를 보호한다.

제23조 국가는 농민들의 사상의식과 기술문화수준을 높이고 협동적소유에 대한 전인민적소유의 지도적역할을 높이는 방향에서 두 소유를 유기적으로 결합시키며 협동경리에 대한 지도와 관리를 개선하여 사회주의적협동경리제도를 공고발전시키며 협동단체에 들어있는 전체 성원들의 자원적의사에 따라 협동단체소유를 점차 전인민적소유로 전환시킨다.

제24조 개인소유는 공민들의 개인적이며 소비적인 목적을 위한 소유이다.

개인소유는 로동에 의한 사회주의적분배와 국가와 사회의 추가적혜택으로 이루어진다.

터밭경리를 비롯한 개인부업경리에서 나오는 생산물과 그밖의 합법적인 경리활동을 통하여 얻은 수입도 개인소유에 속한다.

국가는 개인소유를 보호하며 그에 대한 상속권을 법적으로 보장한다.

제25조 조선민주주의인민공화국은 인민들의 물질문화생활을 끊임없이 높이는것을 자기 활동의 최고원칙으로 삼는다.

세금이 없어진 우리 나라에서 늘어나는 사회의 물질적부는 전적으로 근로자들의 복리증진에 돌려진다.

국가는 모든 근로자들에게 먹고 입고 쓰고 살수 있는 온갖 조건을 마련하여준다.

제26조 조선민주주의인민공화국에 마련된 자립적민족경제는 인민의 행복한 사회주의생활과 조국의 륭성번영을 위한 튼튼한 밑천이다.

국가는 사회주의자립적민족경제건설로선을 틀어쥐고 인민경제의 주체화, 현대화, 과학화를 다그쳐 인민경제를 고도로 발전된 주체적인 경제로 만들며 완전한 사회주의사회에 맞는 물질기술적토대를 쌓기 위하여 투쟁한다.

제27조 기술혁명은 사회주의경제를 발전시키기 위한 기본고리이다.

국가는 언제나 기술발전문제를 첫자리에 놓고 모든 경제활동을 진행하며 과학기술발전과 인민경제의 기술개조를 다그치고 대중적기술혁신운동을 힘있게 벌려 근로자들을 어렵고 힘든 로동에서 해방하며 육체로동과 정신로동의 차이를 줄여나간다.

제28조 국가는 도시와 농촌의 차이, 로동계급과 농민의 계급적차이를 없애기 위하여 농촌기술혁명을 다그쳐 농업을 공업화, 현대화하며 군의 역할을 높이고 농촌에 대한 지도와 방조를 강화한다.

국가는 협동농장의 생산시설과 농촌문화주택을 국가부담으로 건설하여준다.

제29조 사회주의는 근로대중의 창조적로동에 의하여 건설된다.

조선민주주의인민공화국에서 로동은 착취와 압박에서 해방된 근로자들의 자주적이며 창조적인 로동이다.

국가는 실업을 모르는 우리 근로자들의 로동이 보다 즐거운것으로, 사회와 집단과 자신을 위하여 자각적열성과 창발성을 내여 일하는 보람찬것으로 되게 한다.

제30조 근로자들의 하루로동시간은 8시간이다.

국가는 로동의 힘든 정도와 특수한 조건에 따라 하루로동시간을 이보다 짧게 정한다.

국가는 로동조직을 잘하고 로동규률을 강화하여 로동시간을 완전히 리용하도록 한다.

제31조 조선민주주의인민공화국에서 공민이 로동하는 나이는 16살부터이다.

국가는 로동하는 나이에 이르지 못한 소년들의 로동을 금지한다.

제32조 국가는 사회주의경제에 대한 지도와 관리에서 정치적지도와 경제기술적지도, 국가의 통일적지도와 매개 단위의 창발성, 유일적지휘와 민주주의, 정치도덕적자극과 물질적자극을 옳게 결합시키는 원칙을 확고히 견지한다.

제33조 국가는 생산자대중의 집체적힘에 의거하여 경제를 과학적으로, 합리적으로 관리운영하는 사회주의경제관리형태인 대안의 사업체계와 농촌경리를 기업적방법으로 지도하는 농업지도체계에 의하여 경제를 지도관리한다.

국가는 경제관리에서 대안의 사업체계의 요구에 맞게 독립채산제를 실시하며 원가, 가격, 수익성 같은 경제적공간을 옳게 리용하도록 한다.

제34조 조선민주주의인민공화국의 인민경제는 계획경제이다.

국가는 사회주의경제발전법칙에 따라 축적과 소비의 균형을 옳게 잡으며 경제건설을 다그치고 인민생활을 끊임없이 높이며 국방력을 강화할수 있도록 인민경제발전계획을 세우고 실행한다.

국가는 계획의 일원화, 세부화를 실현하여 생산장성의 높은 속도와 인민경제의 균형적발전을 보장한다.

제35조 조선민주주의인민공화국은 인민경제발전계획에 따르는 국가예산을 편성하여 집행한다.

국가는 모든 부문에서 증산과 절약투쟁을 강화하고 재정통제를 엄격히 실시하여 국가축적을 체계적으로 늘이며 사회주의적소유를 확대발전시킨다.

제36조 조선민주주의인민공화국에서 대외무역은 국가기관, 기업소, 사회협동단체가 한다.

국가는 완전한 평등과 호혜의 원칙에서 대외무역을 발전시킨다.

제37조 국가는 우리 나라 기관, 기업소, 단체와 다른 나라 법인 또는 개인들과의 기업합영과 합작, 특수경제지대에서의 여러가지 기업창설운영을 장려한다.

제38조 국가는 자립적민족경제를 보호하기 위하여 관세정책을 실시한다.

제3장 문 화

제39조 조선민주주의인민공화국에서 개화발전하고있는 사회주의적문화는 근로자들의 창조적능력을 높이며 건전한 문화정서적수요를 충족시키는데 이바지한다.

제40조 조선민주주의인민공화국은 문화혁명을 철저히 수행하여 모든 사람들을 자연과 사회에 대한 깊은 지식과 높은 문화기술수준을 가진 사회주의건설자로 만들며 온 사회를 인테리화한다.

제41조 조선민주주의인민공화국은 사회주의근로자들을 위하여 복무하는 참다운 인민적이며 혁명적인 문화를 건설한다.

국가는 사회주의적민족문화건설에서 제국주의의 문화적침투와 복고주의적경향을 반대하며 민족문화유산을 보호하고 사회주의현실에 맞게 계승발전시킨다.

제42조 국가는 모든 분야에서 낡은 사회의 생활양식을 없애고 새로운 사회주의적 생활양식을 전면적으로 확립한다.

제43조 국가는 사회주의교육학의 원리를 구현하여 후대들을 사회와 인민을 위하여 투쟁하는 견결한 혁명가로, 지덕체를 갖춘 주체형의 새 인간으로 키운다.

제44조 국가는 인민교육사업과 민족간부양성사업을 다른 모든 사업에 앞세우며 일반교육과 기술교육, 교육과 생산로동을 밀접히 결합시킨다.

제45조 국가는 1년동안의 학교전의무교육을 포함한 전반적11년제의무교육을 현대 과학기술발전추세와 사회주의건설의 현실적요구에 맞게 높은 수준에서 발전시킨다.

제46조 국가는 학업을 전문으로 하는 교육체계와 일하면서 공부하는 여러가지 형태의 교육체계를 발전시키며 기술교육과 사회과학, 기초과학교육의 과학리론수준을 높여 유능한 기술자, 전문가들을 키워낸다.

제47조 국가는 모든 학생들을 무료로 공부시키며 대학과 전문학교학생들에게는 장학금을 준다.

제48조 국가는 사회교육을 강화하며 모든 근로자들이 학습할수 있는 온갖 조건을 보장한다.

제49조 국가는 학령전어린이들을 탁아소와 유치원에서 국가와 사회의 부담으로 키워준다.

제50조 국가는 과학연구사업에서 주체를 세우며 선진과학기술을 적극 받아들이고 새로운 과학기술분야를 개척하여 나라의 과학기술을 세계적수준에 올려세운다.

제51조 국가는 과학기술발전계획을 바로세우고 철저히 수행하는 규률을 세우며 과학자, 기술자들과 생산자들의 창조적협조를 강화하도록 한다.

제52조 국가는 민족적형식에 사회주의적내용을 담은 주체적이며 혁명적인 문학예술을 발전시킨다.

국가는 창작가, 예술인들이 사상예술성이 높은 작품을 많이 창작하며 광범한 대중이 문예활동에 널리 참가하도록 한다.

제53조 국가는 정신적으로, 육체적으로 끊임없이 발전하려는 사람들의 요구에 맞게 현대적인 문화시설들을 충분히 갖추어주어 모든 근로자들이 사회주의적문화정서생활을 마음껏 누리도록 한다.

제54조 국가는 우리 말을 온갖 형태의 민족어말살정책으로부터 지켜내며 그것을 현대의 요구에 맞게 발전시킨다.

제55조 국가는 체육을 대중화, 생활화하여 전체 인민을 로동과 국방에 튼튼히 준비시키며 우리 나라 실정과 현대체육기술발전추세에 맞게 체육기술을 발전시킨다.

제56조 국가는 전반적무상치료제를 공고발전시키며 의사담당구역제와 예방의학제도를 강화하여 사람들의 생명을 보호하며 근로자들의 건강을 증진시킨다.

제57조 국가는 생산에 앞서 환경보호대책을 세우며 자연환경을 보존, 조성하고 환경오염을 방지하여 인민들에게 문화위생적인 생활환경과 로동조건을 마련하여 준다.

제4장 국 방

제58조 조선민주주의인민공화국은 전인민적, 전국가적방위체계에 의거한다.

제59조 조선민주주의인민공화국 무장력의 사명은 선군혁명로선을 관철하여 혁명의 수뇌부를 보위하고 근로인민의 리익을 옹호하며 외래침략으로부터 사회주의제도와 혁명의 전취물, 조국의 자유와 독립, 평화를 지키는데 있다.

제60조 국가는 군대와 인민을 정치사상적으로 무장시키는 기초우에서 전군간부화, 전군현대화, 전민무장화, 전국요새화를 기본내용으로 하는 자위적군사로선을 관철한다.

제61조 국가는 군대안에서 혁명적령군체계와 군풍을 확립하고 군사규률과 군중규률을 강화하며 관병일치, 군정배합, 군민일치의 고상한 전통적미풍을 높이 발양하도록 한다.

제5장 공민의 기본권리와 의무

제62조 조선민주주의인민공화국 공민이 되는 조건은 국적에 관한 법으로 규정한다.

공민은 거주지에 관계없이 조선민주주의인민공화국의 보호를 받는다.

제63조 조선민주주의인민공화국에서 공민의 권리와 의무는 《하나는 전체를 위하여, 전체는 하나를 위하여》라는 집단주의원칙에 기초한다.

제64조 국가는 모든 공민에게 참다운 민주주의적권리와 자유, 행복한 물질문화생활을 실질적으로 보장한다.

조선민주주의인민공화국에서 공민의 권리와 자유는 사회주의제도의 공고발전과 함께 더욱 확대된다.

제65조 공민은 국가사회생활의 모든 분야에서 누구나 다 같은 권리를 가진다.

제66조 17살이상의 모든 공민은 성별, 민족별, 직업, 거주기간, 재산과 지식정도, 당별, 정견, 신앙에 관계없이 선거할 권리와 선거받을 권리를 가진다.

군대에 복무하는 공민도 선거할 권리와 선거받을 권리를 가진다.

재판소의 판결에 의하여 선거할 권리를 빼앗긴자, 정신병자는 선거할 권리와 선거받을 권리를 가지지 못한다.

제67조 공민은 언론, 출판, 집회, 시위와 결사의 자유를 가진다.

국가는 민주주의적정당, 사회단체의 자유로운 활동조건을 보장한다.

제68조 공민은 신앙의 자유를 가진다. 이 권리는 종교건물을 짓거나 종교의식 같은것을 허용하는것으로 보장된다.

종교를 외세를 끌어들이거나 국가사회질서를 해치는데 리용할수 없다.

제69조 공민은 신소와 청원을 할수 있다.

국가는 신소와 청원을 법이 정한데 따라 공정하게 심의처리하도록 한다.

제70조 공민은 로동에 대한 권리를 가진다.

로동능력있는 모든 공민은 희망과 재능에 따라 직업을 선택하며 안정된 일자리와 로동조건을 보장받는다.

공민은 능력에 따라 일하며 로동의 량과 질에 따라 분배를 받는다.

제71조 공민은 휴식에 대한 권리를 가진다. 이 권리는 로동시간제, 공휴일제, 유급휴가제, 국가비용에 의한 정휴양제, 계속 늘어나는 여러가지 문화시설들에 의하여 보장된다.

제72조 공민은 무상으로 치료받을 권리를 가지며 나이많거나 병 또는 불구로 로동능력을 잃은 사람, 돌볼 사람이 없는 늙은이와 어린이는 물질적방조를 받을 권리를 가진다. 이 권리는 무상치료제, 계속 늘어나는 병원, 료양소를 비롯한 의료시설, 국가사회보험과 사회보장제에 의하여 보장된다.

제73조 공민은 교육을 받을 권리를 가진다. 이 권리는 선진적인 교육제도와 국가의 인민적인 교육시책에 의하여 보장된다.

제74조 공민은 과학과 문학예술활동의 자유를 가진다.
국가는 발명가와 창의고안자에게 배려를 돌린다.
저작권과 발명권, 특허권은 법적으로 보호한다.

제75조 공민은 거주, 려행의 자유를 가진다.

제76조 혁명투사, 혁명렬사가족, 애국렬사가족, 인민군후방가족, 영예군인은 국가와 사회의 특별한 보호를 받는다.

제77조 녀자는 남자와 똑같은 사회적지위와 권리를 가진다.
국가는 산전산후휴가의 보장, 여러 어린이를 가진 어머니를 위한 로동시간의 단축, 산원, 탁아소와 유치원망의 확장 그밖의 시책을 통하여 어머니와 어린이를 특별히 보호한다.
국가는 녀성들이 사회에 진출할 온갖 조건을 지어준다.

제78조 결혼과 가정은 국가의 보호를 받는다.
국가는 사회의 기층생활단위인 가정을 공고히 하는데 깊은 관심을 돌린다.

제79조 공민은 인신과 주택의 불가침, 서신의 비밀을 보장받는다.
법에 근거하지 않고는 공민을 구속하거나 체포할수 없으며 살림집을 수색할수 없다.

제80조 조선민주주의인민공화국은 평화와 민주주의, 민족적독립과 사회주의를 위하여, 과학, 문화활동의 자유를 위하여 투쟁하다가 망명하여온 다른 나라 사람을 보호한다.

제81조 공민은 인민의 정치사상적통일과 단결을 견결히 수호하여야 한다.
공민은 조직과 집단을 귀중히 여기며 사회와 인민을 위하여 몸바쳐 일하는 기풍을 높이 발휘하여야 한다.

제82조 공민은 국가의 법과 사회주의적생활규범을 지키며 조선민주주의인민공화국의 공민된 영예와 존엄을 고수하여야 한다.

제83조 로동은 공민의 신성한 의무이며 영예이다.
공민은 로동에 자각적으로 성실히 참가하며 로동규률과 로동시간을 엄격히 지켜야 한다.

제84조 공민은 국가재산과 사회협동단체재산을 아끼고 사랑하며 온갖 탐오랑비현상을 반대하여 투쟁하며 나라살림살이를 주인답게 알뜰히 하여야 한다.
국가와 사회협동단체재산은 신성불가침이다.

제85조 공민은 언제나 혁명적경각성을 높이며 국가의 안전을 위하여 몸바쳐 투쟁하여야 한다.

제86조 조국보위는 공민의 최대의 의무이며 영예이다.
공민은 조국을 보위하여야 하며 법이 정한데 따라 군대에 복무하여야 한다.

제6장 국가기구

제1절 최고인민회의

제87조 최고인민회의는 조선민주주의인민공화국의 최고주권기관이다.

제88조 최고인민회의는 립법권을 행사한다.

최고인민회의 휴회중에는 최고인민회의 상임위원회도 립법권을 행사할수 있다.

제89조 최고인민회의는 일반적, 평등적, 직접적선거원칙에 의하여 비밀투표로 선거된 대의원들로 구성한다.

제90조 최고인민회의 임기는 5년으로 한다.

최고인민회의 새 선거는 최고인민회의 임기가 끝나기 전에 최고인민회의 상임위원회의 결정에 따라 진행한다.

불가피한 사정으로 선거를 하지 못할 경우에는 선거를 할 때까지 그 임기를 연장한다.

제91조 최고인민회의는 다음과 같은 권한을 가진다.

1. 헌법을 수정, 보충한다.
2. 부문법을 제정 또는 수정, 보충한다.
3. 최고인민회의 휴회중에 최고인민회의 상임위원회가 채택한 중요부문법을 승인한다.
4. 국가의 대내외정책의 기본원칙을 세운다.
5. 조선민주주의인민공화국 국방위원회 제1위원장을 선거 또는 소환한다.
6. 최고인민회의 상임위원회 위원장을 선거 또는 소환한다.
7. 조선민주주의인민공화국 국방위원회 제1위원장의 제의에 의하여 국방위원회 부위원장, 위원들을 선거 또는 소환한다.
8. 최고인민회의 상임위원회 부위원장, 명예부위원장, 서기장, 위원들을 선거 또는 소환한다.
9. 내각총리를 선거 또는 소환한다.
10. 내각총리의 제의에 의하여 내각 부총리, 위원장, 상 그밖의 내각성원들을 임명한다.
11. 최고검찰소 소장을 임명 또는 해임한다.
12. 최고재판소 소장을 선거 또는 소환한다.
13. 최고인민회의 부문위원회 위원장, 부위원장, 위원들을 선거 또는 소환한다.
14. 국가의 인민경제발전계획과 그 실행정형에 관한 보고를 심의하고 승인한다.
15. 국가예산과 그 집행정형에 관한 보고를 심의하고 승인한다.
16. 필요에 따라 내각과 중앙기관들의 사업정형을 보고받고 대책을 세운다.
17. 최고인민회의에 제기되는 조약의 비준, 폐기를 결정한다.

제92조 최고인민회의는 정기회의와 림시회의를 가진다.

정기회의는 1년에 1~2차 최고인민회의 상임위원회가 소집한다.

림시회의는 최고인민회의 상임위원회가 필요하다고 인정할 때 또는 대의원전원의 3분의 1이상의 요청이 있을 때에 소집한다.

제93조 최고인민회의는 대의원전원의 3분의 2이상이 참석하여야 성립된다.

제94조 최고인민회의는 의장과 부의장을 선거한다.

의장은 회의를 사회한다.

제95조 최고인민회의에서 토의할 의안은 조선민주주의인민공화국 국방위원회

제1위원장, 국방위원회, 최고인민회의 상임위원회, 내각과 최고인민회의 부문위원회가 제출한다.

대의원들도 의안을 제출할수 있다.

제96조 최고인민회의 매 기 제1차회의는 대의원자격심사위원회를 선거하고 그 위원회가 제출한 보고에 근거하여 대의원자격을 확인하는 결정을 채택한다.

제97조 최고인민회의는 법령과 결정을 낸다.

최고인민회의가 내는 법령과 결정은 거수가결의 방법으로 그 회의에 참석한 대의원의 반수이상이 찬성하여야 채택된다.

헌법은 최고인민회의 대의원전원의 3분의 2이상이 찬성하여야 수정, 보충된다.

제98조 최고인민회의는 법제위원회, 예산위원회 같은 부문위원회를 둔다.

최고인민회의 부문위원회는 위원장, 부위원장, 위원들로 구성한다.

최고인민회의 부문위원회는 최고인민회의 사업을 도와 국가의 정책안과 법안을 작성하거나 심의하며 그 집행을 위한 대책을 세운다.

최고인민회의 부문위원회는 최고인민회의 휴회중에 최고인민회의 상임위원회의 지도밑에 사업한다.

제99조 최고인민회의 대의원은 불가침권을 보장받는다.

최고인민회의 대의원은 현행범인 경우를 제외하고는 최고인민회의, 그 휴회중에 최고인민회의 상임위원회의 승인없이 체포하거나 형사처벌을 할수 없다.

제2절 조선민주주의인민공화국
국방위원회 제1위원장

제100조 조선민주주의인민공화국 국방위원회 제1위원장은 조선민주주의인민공화국의 최고령도자이다.

제101조 조선민주주의인민공화국 국방위원회 제1위원장의 임기는 최고인민회의 임기와 같다.

제102조 조선민주주의인민공화국 국방위원회 제1위원장은 조선민주주의인민공화국 전반적무력의 최고사령관으로 되며 국가의 일체 무력을 지휘통솔한다.

제103조 조선민주주의인민공화국 국방위원회 제1위원장은 다음과 같은 임무와 권한을 가진다.

1. 국가의 전반사업을 지도한다.
2. 국방위원회사업을 직접 지도한다.
3. 국방부문의 중요간부를 임명 또는 해임한다.
4. 다른 나라와 맺은 중요조약을 비준 또는 폐기한다.
5. 특사권을 행사한다.
6. 나라의 비상사태와 전시상태, 동원령을 선포한다.

제104조 조선민주주의인민공화국 국방위원회 제1위원장은 명령을 낸다.

제105조 조선민주주의인민공화국 국방위원회 제1위원장은 자기 사업에 대하여 최고인민회의앞에 책임진다.

제3절 국방위원회

제106조 국방위원회는 국가주권의 최고국방지도기관이다.

제107조 국방위원회는 제1위원장, 부위원장, 위원들로 구성한다.

제108조 국방위원회 임기는 최고인민회의 임기와 같다.

제109조 국방위원회는 다음과 같은 임무와 권한을 가진다.

1. 선군혁명로선을 관철하기 위한 국가의 중요정책을 세운다.
2. 국가의 전반적무력과 국방건설사업을 지도한다.
3. 조선민주주의인민공화국 국방위원회 제1위원장 명령, 국방위원회 결정, 지시 집행정형을 감독하고 대책을 세운다.
4. 조선민주주의인민공화국 국방위원회 제1위원장 명령, 국방위원회 결정, 지시 에 어긋나는 국가기관의 결정, 지시를 폐지한다.
5. 국방부문의 중앙기관을 내오거나 없앤다.
6. 군사칭호를 제정하며 장령이상의 군사칭호를 수여한다.

제110조 국방위원회는 결정, 지시를 낸다.

제111조 국방위원회는 자기 사업에 대하여 최고인민회의앞에 책임진다.

제4절 최고인민회의 상임위원회

제112조 최고인민회의 상임위원회는 최고인민회의 휴회중의 최고주권기관이다.

제113조 최고인민회의 상임위원회는 위원장, 부위원장, 서기장, 위원들로 구성 한다.

제114조 최고인민회의 상임위원회는 약간명의 명예부위원장을 둘수 있다.

최고인민회의 상임위원회 명예부위원장은 최고인민회의 대의원가운데서 오랜 기 간 국가건설사업에 참가하여 특출한 기여를 한 일군이 될수 있다.

제115조 최고인민회의 상임위원회 임기는 최고인민회의 임기와 같다.

최고인민회의 상임위원회는 최고인민회의 임기가 끝난 후에도 새 상임위원회가 선 거될 때까지 자기 임무를 계속 수행한다.

제116조 최고인민회의 상임위원회는 다음과 같은 임무와 권한을 가진다.

1. 최고인민회의를 소집한다.
2. 최고인민회의 휴회중에 제기된 새로운 부문법안과 규정안, 현행부문법과 규정 의 수정, 보충안을 심의채택하며 채택실시하는 중요부문법을 다음번 최고인민 회의의 승인을 받는다.
3. 불가피한 사정으로 최고인민회의 휴회기간에 제기되는 국가의 인민경제발전계 획, 국가예산과 그 조절안을 심의하고 승인한다.
4. 헌법과 현행부문법, 규정을 해석한다.
5. 국가기관들의 법준수집행을 감독하고 대책을 세운다.
6. 헌법, 최고인민회의 법령, 결정, 조선민주주의인민공화국 국방위원회 제1위원장 명령, 국방위원회 결정, 지시, 최고인민회의 상임위원회 정령, 결 정, 지시에 어긋나는 국가기관의 결정, 지시를 폐지하며 지방인민회의의 그릇 된 결정집행을 정지시킨다.
7. 최고인민회의 대의원선거를 위한 사업을 하며 지방인민회의 대의원선거사업 을 조직한다.
8. 최고인민회의 대의원들과의 사업을 한다.
9. 최고인민회의 부문위원회와의 사업을 한다.
10. 내각 위원회, 성을 내오거나 없앤다.
11. 최고인민회의 휴회중에 내각총리의 제의에 의하여 부총리, 위원장, 상 그밖 의 내각성원들을 임명 또는 해임한다.
12. 최고인민회의 상임위원회 부문위원회 성원들을 임명 또는 해임한다.

13. 최고재판소 판사, 인민참심원을 선거 또는 소환한다.
14. 다른 나라와 맺은 조약을 비준 또는 폐기한다.
15. 다른 나라에 주재하는 외교대표의 임명 또는 소환을 결정하고 발표한다.
16. 훈장과 메달, 명예칭호, 외교직급을 제정하며 훈장과 메달, 명예칭호를 수여한다.
17. 대사권을 행사한다.
18. 행정단위와 행정구역을 내오거나 고친다.
19. 다른 나라 국회, 국제의회기구들과의 사업을 비롯한 대외사업을 한다.

제117조 최고인민회의 상임위원회 위원장은 상임위원회사업을 조직지도한다.
최고인민회의 상임위원회 위원장은 국가를 대표하며 다른 나라 사신의 신임장, 소환장을 접수한다.

제118조 최고인민회의 상임위원회는 전원회의와 상무회의를 가진다.
전원회의는 위원전원으로 구성하며 상무회의는 위원장, 부위원장, 서기장들로 구성한다.

제119조 최고인민회의 상임위원회 전원회의는 상임위원회의 임무와 권한을 실현하는데서 나서는 중요한 문제들을 토의결정한다.
상무회의는 전원회의에서 위임한 문제들을 토의결정한다.

제120조 최고인민회의 상임위원회는 정령과 결정, 지시를 낸다.

제121조 최고인민회의 상임위원회는 자기 사업을 돕는 부문위원회를 둘수 있다.

제122조 최고인민회의 상임위원회는 자기 사업에 대하여 최고인민회의앞에 책임진다.

제5절 내 각

제123조 내각은 최고주권의 행정적집행기관이며 전반적국가관리기관이다.

제124조 내각은 총리, 부총리, 위원장, 상과 그밖에 필요한 성원들로 구성한다.
내각의 임기는 최고인민회의 임기와 같다.

제125조 내각은 다음과 같은 임무와 권한을 가진다.
1. 국가의 정책을 집행하기 위한 대책을 세운다.
2. 헌법과 부문법에 기초하여 국가관리와 관련한 규정을 제정 또는 수정, 보충한다.
3. 내각의 위원회, 성, 내각직속기관, 지방인민위원회의 사업을 지도한다.
4. 내각직속기관, 중요행정경제기관, 기업소를 내오거나 없애며 국가관리기구를 개선하기 위한 대책을 세운다.
5. 국가의 인민경제발전계획을 작성하며 그 실행대책을 세운다.
6. 국가예산을 편성하며 그 집행대책을 세운다.
7. 공업, 농업, 건설, 운수, 체신, 상업, 무역, 국토관리, 도시경영, 교육, 과학, 문화, 보건, 체육, 로동행정, 환경보호, 관광 그밖의 여러 부문의 사업을 조직집행한다.
8. 화폐와 은행제도를 공고히 하기 위한 대책을 세운다.
9. 국가관리질서를 세우기 위한 검열, 통제사업을 한다.
10. 사회질서유지, 국가 및 사회협동단체의 소유와 리익의 보호, 공민의 권리보장을 위한 대책을 세운다.
11. 다른 나라와 조약을 맺으며 대외사업을 한다.
12. 내각결정, 지시에 어긋나는 행정경제기관의 결정, 지시를 폐지한다.

제126조 내각총리는 내각사업을 조직지도한다.

내각총리는 조선민주주의인민공화국 정부를 대표한다.

제127조 내각은 전원회의와 상무회의를 가진다.

내각전원회의는 내각성원전원으로 구성하며 상무회의는 총리, 부총리와 그밖에 총리가 임명하는 내각성원들로 구성한다.

제128조 내각전원회의는 행정경제사업에서 나서는 새롭고 중요한 문제들을 토의결정한다.

상무회의는 내각전원회의에서 위임한 문제들을 토의결정한다.

제129조 내각은 결정과 지시를 낸다.

제130조 내각은 자기 사업을 돕는 비상설부문위원회를 둘수 있다.

제131조 내각은 자기 사업에 대하여 최고인민회의와 그 휴회중에 최고인민회의 상임위원회앞에 책임진다.

제132조 새로 선거된 내각총리는 내각성원들을 대표하여 최고인민회의에서 선서를 한다.

제133조 내각 위원회, 성은 내각의 부문별집행기관이며 중앙의 부문별판리기관이다.

제134조 내각 위원회, 성은 내각의 지도밑에 해당 부문의 사업을 통일적으로 장악하고 지도판리한다.

제135조 내각 위원회, 성은 위원회의와 간부회의를 운영한다.

위원회, 성 위원회의와 간부회의에서는 내각결정, 지시집행대책과 그밖의 중요한 문제들을 토의결정한다.

제136조 내각 위원회, 성은 지시를 낸다.

제6절 지방인민회의

제137조 도(직할시), 시(구역), 군인민회의는 지방주권기관이다.

제138조 지방인민회의는 일반적, 평등적, 직접적선거원칙에 의하여 비밀투표로 선거된 대의원들로 구성한다.

제139조 도(직할시), 시(구역), 군인민회의 임기는 4년으로 한다.

지방인민회의 새 선거는 지방인민회의 임기가 끝나기 전에 해당 지방인민위원회의 결정에 따라 진행한다.

불가피한 사정으로 선거를 하지 못할 경우에는 선거를 할 때까지 그 임기를 연장한다.

제140조 지방인민회의는 다음과 같은 임무와 권한을 가진다.

1. 지방의 인민경제발전계획과 그 실행정형에 대한 보고를 심의하고 승인한다.

2. 지방예산과 그 집행에 대한 보고를 심의하고 승인한다.

3. 해당 지역에서 국가의 법을 집행하기 위한 대책을 세운다.

4. 해당 인민위원회 위원장, 부위원장, 사무장, 위원들을 선거 또는 소환한다.

5. 해당 재판소의 판사, 인민참심원을 선거 또는 소환한다.

6. 해당 인민위원회와 하급인민회의, 인민위원회의 그릇된 결정, 지시를 폐지한다.

제141조 지방인민회의는 정기회의와 림시회의를 가진다.

정기회의는 1년에 1~2차 해당 인민위원회가 소집한다.

림시회의는 해당 인민위원회가 필요하다고 인정할 때 또는 대의원전원의 3분의 1이상의 요청이 있을 때 소집한다.

제142조 지방인민회의는 대의원전원의 3분의 2이상이 참석하여야 성립된다.

제143조 지방인민회의는 의장을 선거한다.

의장은 회의를 사회한다.

제144조 지방인민회의는 결정을 낸다.

제7절 지방인민위원회

제145조 도(직할시), 시(구역), 군인민위원회는 해당 인민회의 휴회중의 지방주권기관이며 해당 지방주권의 행정적집행기관이다.

제146조 지방인민위원회는 위원장, 부위원장, 사무장, 위원들로 구성한다.

지방인민위원회 임기는 해당 인민회의 임기와 같다.

제147조 지방인민위원회는 다음과 같은 임무와 권한을 가진다.

1. 인민회의를 소집한다.
2. 인민회의 대의원선거를 위한 사업을 한다.
3. 인민회의 대의원들과의 사업을 한다.
4. 해당 지방인민회의, 상급인민위원회 결정, 지시와 최고인민회의 법령, 결정, 조선민주주의인민공화국 국방위원회 제1위원장 명령, 국방위원회 결정, 지시, 최고인민회의 상임위원회 정령, 결정, 지시, 내각과 내각 위원회, 성의 결정, 지시를 집행한다.
5. 해당 지방의 모든 행정사업을 조직집행한다.
6. 지방의 인민경제발전계획을 작성하며 그 실행대책을 세운다.
7. 지방예산을 편성하며 그 집행대책을 세운다.
8. 해당 지방의 사회질서유지, 국가 및 사회협동단체의 소유와 리익의 보호, 공민의 권리보장을 위한 대책을 세운다.
9. 해당 지방에서 국가관리질서를 세우기 위한 검열, 통제사업을 한다.
10. 하급인민위원회사업을 지도한다.
11. 하급인민위원회의 그릇된 결정, 지시를 페지하며 하급인민회의의 그릇된 결정의 집행을 정지시킨다.

제148조 지방인민위원회는 전원회의와 상무회의를 가진다.

지방인민위원회 전원회의는 위원전원으로 구성하며 상무회의는 위원장, 부위원장, 사무장들로 구성한다.

제149조 지방인민위원회 전원회의는 자기의 임무와 권한을 실현하는데서 나서는 중요한 문제들을 토의결정한다.

상무회의는 전원회의가 위임한 문제들을 토의결정한다.

제150조 지방인민위원회는 결정과 지시를 낸다.

제151조 지방인민위원회는 자기 사업을 돕는 비상설부문위원회를 둘수 있다.

제152조 지방인민위원회는 자기 사업에 대하여 해당 인민회의앞에 책임진다.

지방인민위원회는 상급인민위원회와 내각, 최고인민회의 상임위원회에 복종한다.

제8절 검찰소와 재판소

제153조 검찰사업은 최고검찰소, 도(직할시), 시(구역), 군검찰소와 특별검찰소가 한다.

제154조 최고검찰소 소장의 임기는 최고인민회의 임기와 같다.

제155조 검사는 최고검찰소가 임명 또는 해임한다.

제156조 검찰소는 다음과 같은 임무를 수행한다.

1. 기관, 기업소, 단체와 공민들이 국가의 법을 정확히 지키는가를 감시한다.
2. 국가기관의 결정, 지시가 헌법, 최고인민회의 법령, 결정, 조선민주주의인민공화국 국방위원회 제1위원장 명령, 국방위원회 결정, 지시, 최고인민회의 상임위원회 정령, 결정, 지시, 내각 결정, 지시에 어긋나지 않는가를 감시한다.
3. 범죄자를 비롯한 법위반자를 적발하고 법적책임을 추궁하는것을 통하여 조선민주주의인민공화국의 주권과 사회주의제도, 국가와 사회협동단체재산, 인민의 헌법적권리와 생명재산을 보호한다.

제157조 검찰사업은 최고검찰소가 통일적으로 지도하며 모든 검찰소는 상급검찰소와 최고검찰소에 복종한다.

제158조 최고검찰소는 자기 사업에 대하여 최고인민회의와 그 휴회중에 최고인민회의 상임위원회앞에 책임진다.

제159조 재판은 최고재판소, 도(직할시)재판소, 시(구역), 군인민재판소와 특별재판소가 한다.

판결은 조선민주주의인민공화국의 이름으로 선고한다.

제160조 최고재판소 소장의 임기는 최고인민회의 임기와 같다.

최고재판소, 도(직할시)재판소, 시(구역), 군인민재판소의 판사, 인민참심원의 임기는 해당 인민회의 임기와 같다.

제161조 특별재판소의 소장과 판사는 최고재판소가 임명 또는 해임한다.

특별재판소의 인민참심원은 해당 군무자회의 또는 종업원회의에서 선거한다.

제162조 재판소는 다음과 같은 임무를 수행한다.

1. 재판활동을 통하여 조선민주주의인민공화국의 주권과 사회주의제도, 국가와 사회협동단체재산, 인민의 헌법적권리와 생명재산을 보호한다.
2. 모든 기관, 기업소, 단체와 공민들이 국가의 법을 정확히 지키고 계급적원쑤들과 온갖 법위반자들을 반대하여 적극 투쟁하도록 한다.
3. 재산에 대한 판결, 판정을 집행하며 공증사업을 한다.

제163조 재판은 판사 1명과 인민참심원 2명으로 구성된 재판소가 한다. 특별한 경우에는 판사 3명으로 구성하여 할수 있다.

제164조 재판은 공개하며 피소자의 변호권을 보장한다.

법이 정한데 따라 재판을 공개하지 않을수 있다.

제165조 재판은 조선말로 한다.

다른 나라 사람들은 재판에서 자기 나라 말을 할수 있다.

제166조 재판소는 재판에서 독자적이며 재판활동을 법에 의거하여 수행한다.

제167조 최고재판소는 조선민주주의인민공화국의 최고재판기관이다.

최고재판소는 모든 재판소의 재판사업을 감독한다.

제168조 최고재판소는 자기 사업에 대하여 최고인민회의와 그 휴회중에 최고인민회의 상임위원회앞에 책임진다.

제7장 국장, 국기, 국가, 수도

제169조 조선민주주의인민공화국의 국장은 《조선민주주의인민공화국》이라고 쓴 붉은 띠로 땋아올려감은 벼이삭의 타원형테두리안에 웅장한 수력발전소가 있고 그우에 혁명의 성산 백두산과 찬연히 빛나는 붉은 오각별이 있다.

제170조 조선민주주의인민공화국의 국기는 기발의 가운데에 넓은 붉은 폭이 있고 그 아래우에 가는 흰 폭이 있으며 그 다음에 푸른 폭이 있고 붉은 폭의 기대달린쪽 흰 동그라미안에 붉은 오각별이 있다.

기발의 세로와 가로의 비는 1:2이다.

제171조 조선민주주의인민공화국의 국가는 《애국가》이다.

제172조 조선민주주의인민공화국의 수도는 평양이다.